N & K

SAMAR YAZBEK

Die gestohlene Revolution

REISE IN MEIN ZERSTÖRTES SYRIEN

Aus dem Arabischen von
Larissa Bender

Nagel & Kimche

Dieses Buch wurde übersetzt mit Hilfe des
Sharja International Book Fair Translation Grant

Titel der Originalausgabe: *Bawwabât Ard al Adam*

1 2 3 4 5 20 19 18 17 16

Satz im Verlag
Druck und Bindung: GGP Media GmbH, Pößneck
ISBN 978-3-312-00672-4
Printed in Germany

MIX
Papier aus verantwortungsvollen Quellen
FSC® C014496

Ich schreibe mit vierzig Fingern.

Ich schreibe mit blinden Augen.

Ich lebe die Realität. Ich schreibe sie auf – und verschwinde.

Ich bin es, durch deren Kehle die Toten gleiten, einer nach dem anderen, sie rudern in ihrem göttlichen Aufstieg und fallen dann in mein Blut.

Ich bin die Erzählerin, die ihre kurzen Leben betrachtet. Die euch betrachtet, wie wir es in den langen Nächten taten, als wir lachend überlegten: Wen von uns wird die nächste Granate zerreißen? Ich tue das für euch. Ich kann nicht anders, als euch heraufzubeschwören und eure Geschichten in Säulen zu verwandeln, die die Erde mit dem Himmel verbinden.

Ich schreibe euch, ich schreibe für euch und von euch: den Toten der verratenen syrischen Revolution.

Erstes Tor

AUGUST 2012

Der Stacheldraht kratzte mir den Rücken auf. Ein Zittern setzte sich in meinem Kopf fest. Der Stacheldraht, der sich die Grenze entlang erstreckte, war so tief untergraben, dass man darunter durchkriechen konnte. Ich schaffte es, mich durch den Graben zu zwängen, und begann schnell zu laufen. Eine halbe Stunde lang. So lange dauert es, die Grenze zwischen zwei Staaten zu passieren. Damals schlüpften nur wenige Ausländer mit mir über die Grenze. Und ich wusste noch nicht, dass ich diese Geschichten einmal aufzeichnen würde, denn angesichts der Allgegenwärtigkeit des Todes in meiner syrischen Heimat war ich mir nicht sicher, ob ich je wieder von dort zurückkehren würde. Doch in jenem Augenblick, als mein einer Fuß noch im Graben steckte und mein Rücken den Stacheldraht berührte, auf dieser kurzen Entfernung zwischen den beiden Grenzlinien ... als ich den Kopf hob und zum ersten Mal zu dem so fernen, fast schwarzen Himmel blickte, nachdem wir stundenlang auf den Einbruch der Dunkelheit gewartet hatten, um die Grenze überqueren zu können, ohne von den türkischen Soldaten bemerkt zu werden ... In diesem Augenblick atmete ich tief ein, richtete mich auf und begann zu laufen, wie man uns angewiesen hatte. Ich lief und lief, um die Gefahrenzone hinter mir zu lassen. Der Boden war uneben und felsig, aber ich lief ganz leichtfüßig. Ein aus meinem Herzen ragender Kran trug mich und schwang mich durch die Luft. Ich war zurück! Ich war wieder da! Keuchend stammelte ich vor mich hin: «Ich bin zurückgekehrt!» Es war keine Szene aus einem Film. Es war Realität! Ich lief und stammelte: «Ich bin zurück ... ich bin wieder da!»

Wir hörten das Pfeifen von Schüssen, das Poltern von Militärfahrzeugen, die auf der anderen Seite entlangfuhren, aber wir schafften es, uns in Sicherheit zu bringen und zu laufen.

Es schien, als sei alles seit langer Zeit vorherbestimmt.

Ich bedeckte meinen Kopf, zog eine lange Jacke an und schlüpfte in eine weite Hose, dann mussten wir einen hohen Hügel hinaufsteigen, bevor wir auf der anderen Seite zu einem Auto hinunterliefen, das bereits auf uns wartete. Die Nacht war hereingebrochen, alles wirkte ganz normal; zumindest glaubte ich das. Als ich später die Grenze noch mehrmals überwinden sollte, ergab sich ein anderes Bild.

Bereits der Aufenthalt am Flughafen im türkischen Antakya hätte einen Hinweis geben können, wie viele Menschen innerhalb der letzten eineinhalb Jahre nach Syrien eingereist waren. Auch später auf meinen Reisen im Land bestätigte sich das, und es wurde deutlich, was für einen rasanten und tiefgreifenden Wandel die Region durchgemacht hatte. Doch als ich nun mit schmerzenden Beinen den Hügel hinunterlief, dachte ich nicht an all das. Ich erreichte den Fuß des Hügels, dann ließ ich mich auf die Knie fallen, rang mehr als zehn Minuten lang nach Luft und versuchte, mein Herz zur Ruhe kommen zu lassen. Meine Begleiter glaubten, ich sei so aufgeregt darüber, mein Land zu sehen. Aber in diesem Moment ging es nicht um Pathos – wir waren einfach so lange gerannt, dass es mir die Brust zerreißen wollte und ich gar nicht aufstehen konnte.

Schließlich stiegen wir in das Auto, und ich kam wieder zu Atem. Hinten saßen wir zu dritt, vorne saßen zwei neben dem

Fahrer. Maisara und Mohammed, die später ein Teil meiner Welt werden sollten. Sie waren beide Kämpfer, zwei sehr unterschiedliche Charaktere aus der Familie, die mich in Obhut nehmen würde. Der zwanzigjährige Mohammed würde mein Freund und Mitarbeiter werden.

Wir befanden uns im Umland von Idlib, einer Region, die noch nicht vollständig von der Herrschaft der Assad-Truppen befreit war. Wir passierten endlose Olivenhaine. Unterwegs wurden wir immer wieder von Checkpoints der Freien Syrischen Armee aufgehalten. Wir traten durch das erste Tor in das Land des Nichts. Sahen bewaffnete Kämpfer, die das Siegeszeichen machten. Es war eine lange Fahrt. Ich versuchte, der Realität Bilder zu entlocken, streckte meinen Kopf aus dem Autofenster und löste mich von meiner Umgebung. In der Ferne hörte man Detonationen, das Auto fuhr und fuhr, die Strecke schien kein Ende zu nehmen. Ich war zugleich freudig erregt und nervös, als ich das befreite Gebiet sah. Dies war befreites Territorium, doch es gab keinen Grund zu lachen. Der Himmel brannte. Vier voneinander isolierte Szenen drängten sich meinem Auge auf. Ich betrachtete sie nicht nur mit zwei Augen, auch im Nacken wuchsen mir Augen. An meinen Ohren und sogar an den Fingerspitzen. Wie ein Ungeheuer in einer alten Legende. Ich starrte hartnäckig geradeaus, aber das Bild zerfiel in vier Teile: die zerstörten Fahrzeuge, der brennende Himmel, ein Auto mit einer Frau darin und drei Männer auf ihrem Weg nach Saraqib.

Alle Details dieses Berichts sind Realität. Nur eine einzige fiktive Person gibt es dabei, die mit der Erzählung spielt. Ich bin die Einzige, die diese Zerstörung durchqueren kann, als sei ich eine fiktive Person in einem Buch. Ich sauge die Realität auf. Ich beobachte die Details, die Wirklichkeit, das Geschehen nicht auf der Grundlage dessen, was ich bin, sondern ich tue so, als sei ich eine Romanfigur. Ich überlege mir, welche Wahl eine fiktive Person in einem Roman hätte, damit ich weitermachen kann. Die wirkliche Frau lasse ich beiseite. Ich werde die Andere, die Fiktive, deren Reaktionen dem entsprechen müssen, wofür sie gelebt hat. Was ist es, was die eigene Existenz gewährleistet? Die Identität? Das Exil? Die Gerechtigkeit? Der irre Blutrausch? Und all diese Straßen, über die das Auto in tiefer Dunkelheit zum Haus der Familie fuhr, die ein Teil meiner Welt werden sollte.

Seltsam, dass mir manche Ereignisse jetzt ganz plötzlich wieder einfallen, denn bei dieser ersten Reise hatte ich nicht geplant, sie aufzuschreiben. Nachdem ich das Land im Juli 2011 hatte verlassen müssen, war ich nun im August 2012 nach Syrien zurückgekehrt, um im Norden des Landes Frauen- und Schulprojekte zu initiieren. Ich suchte nach einem umsetzbaren Projekt, durch das wir zivile demokratische Institutionen in jenen Regionen gründen könnten, die außerhalb des Machtbereichs des Regimes lagen. Ich dachte nicht im Geringsten daran, dieses Tagebuch zu schreiben, sondern wollte eigentlich bald meinen neuen Roman beginnen. Doch als ich das Land wieder verließ, änderte ein kleines Ereignis den Lauf der Dinge und bewog mich dazu, dieses Zeugnis abzulegen: Als wir von Sarmada aus wieder zurück in die Türkei wollten, trafen wir auf ein paar junge Kämpfer. Was einer von ihnen erzählte, veranlasste mich, meinen Stift zur Hand zu nehmen und seinen Bericht in einem kleinen Heft zu notieren. In dem Augenblick, als er sagte: «Wir wollen einen zivilen Staat», da beschloss ich zu schreiben.

Es war am letzten Tag kurz vor unserer Abreise, am Checkpoint des Al-Faruq-Bataillons. Ein junger Mann erzählte mit blitzenden Augen, wie er von den Spezialtruppen der Armee desertiert war, weil er sich geweigert hatte, Menschen zu töten. Dann setzte er hinzu: «Wie soll ich mich dem Tod in die Arme werfen? Wer will schon den Tod? Niemand! Aber wir waren wie Tote, dabei wollten wir einfach nur leben.»

Der Himmel war blau, nichts trübte unsere Freude über die Befreiung großer Teile im Norden Syriens, nicht das Pfeifen der Schüsse, nicht die Straßensperren, nicht einmal all die zerstörten Gebäude beidseits der Straße. Wir hatten Sarmada mit seinen bunten Mauern, auf die die Fahne der Revolution gemalt war, noch nicht lange hinter uns gelassen.

«Wir wollen einen zivilen Staat», wiederholte der andere junge Mann. Der Erste sagte: «Diese verdammten Offiziere! Das sind alles Alawiten!» Darauf schaute der andere ihn bestürzt an und stammelte: «Nein, nicht alle.»

Ich hörte genau zu, als mir der junge Kerl die Geschichte seiner Desertion zum zweiten Mal erzählte. Plötzlich kam sein Freund zu ihm und flüsterte ihm etwas ins Ohr. Der Jüngere mit den leuchtenden Augen und dem honigfarbenen Pony schaute mich verblüfft an. Er ließ seine Waffe auf den Boden fallen. Ich sah ihm in die ängstlichen Augen. Er drehte sein Gesicht weg.

Der Himmel hatte sich nicht verändert. Er war immer noch blau. Und der Steinberg, den wir hinter uns gelassen hatten, starrte immer noch schweigend, aber ich konnte ein Knacken hören, als der junge Mann mir sein Gesicht wieder zuwandte. Es war der gleiche junge Mann, der mit seiner Waffe an einem Checkpoint gestanden und dem Himmel seinen Zorn entgegengestreckt hatte. Er biss sich auf die Lippen und sagte mit zitternder Stimme: «Verzeihen Sie mir, ich habe es wirklich nicht gewusst.»

Sein kindliches Gesicht wurde wieder milde. Die bewaffneten Männer unter der Brücke blickten neugierig zu uns herüber. In der Nähe flatterte eine weiße Fahne, auf der stand: «Es gibt keinen Gott außer Gott, und Mohammed ist sein Prophet.» Zwei der Männer hatten sich lange Bärte wachsen lassen. Noch immer war der Himmel blau, doch der Soldat, der zum Kind geworden war, kam zu mir und sagte stotternd: «Ich hasse niemanden. Aber das sind Hunde, sie wollen, dass wir Menschen töten ... Bitte verzeihen Sie!»

Der etwas ältere Kämpfer stand neben ihm. Mit zornigem Blick wiederholte er: «Wir wollen einen zivilen Staat. Ich bin im Faruq-Bataillon, und ich möchte einen zivilen Staat. Ich studiere Handelswissenschaften im zweiten Jahr.»

Wir blieben nicht lange bei ihnen. Ich sagte: «Kein Problem ... Es ist nichts passiert.» Aber der junge Mann, dessen Augen nun weniger leuchteten, bestand darauf, mir zu erklären, dass er mich nicht hatte beleidigen wollen. Bevor wir weiterfuhren, sagte ich noch: «Aber ich bin keine Alawitin, und du bist kein Sunnit. Ich bin Syrerin und du bist Syrer.»

Erstaunt schaute er mich an. Ich fügte hinzu: «Das ist die Wahrheit. Wir sind einfach nur Syrer.»

Als wir den Checkpoint des Faruq-Bataillons hinter uns ließen, brummte ich vor mich hin: «Wer muss hier besänftigt werden? Wer möchte eine Heimat aus Blut und Feuer bauen? Dieser desertierte Soldat, der zu einem Kind geworden ist? Oder diese Mörder, Assads Schergen?» Die Männer schauten mich verwundert an und lachten. Sie verstanden kein Wort von dem, was ich sagte.

Woher kommt die Kraft dieser jungen Männer? Wer von uns hat sich von der Bedeutung des Lebens entfremdet? Wer klebt mehr am Sinn des Lebens: wir oder sie? Diejenigen, die im Angesicht des Todes leben und ihn wie einen leichten Happen mit ihrem Lachen verschlucken, bis ihre Leichen in verstreuten Einzelteilen herumliegen. Sie sind nur eine Vorstellung in den Köpfen der Menschen. Unter der «Freien Syrischen Armee» mag man sich vielleicht eine kompakte Armee vorstellen, dabei sind es genau diese vereinzelten Männer, die man zufällig auf der Straße trifft. Es sind einzelne Gruppen, die sich in ihrer Ausrichtung und ihrer Prägung voneinander unterscheiden, in ihrer Brutalität und ihrer Barmherzigkeit. Sie unterscheiden sich darin, wie sehr sie die Prinzipien der Revolution verinnerlicht haben oder ignorieren. Sie haben kaum etwas miteinander gemeinsam. Die Mitglieder der Freien Syrischen Armee spiegeln unser eigenes Leben, unsere Vielfalt wider. Das Einzige, was sie verbindet, ist, dass ein federleichter Tod zwischen ihnen umherstolziert, und die wohl realistischste Bezeichnung ist: «Bataillone des bewaffneten Volkswiderstands».

Ich weiß selbst nicht, warum dieser letzte bewaffnete Checkpoint vor meiner Ausreise den Ausschlag gab für meine Aufzeichnungen über die Tore ins Land des Nichts. Ich weiß nur, dass ich so beeindruckt war von dem desertierten Soldaten, der zu einem Kind geworden war, dass sich mir, sobald ich die Augen schloss, immer wieder das Bild des jungen Mannes aufdrängte, der seine Waffe zu Boden geworfen hatte, um sich bei mir für etwas zu entschuldigen, wofür er gar nichts konnte, und zwar, dass die Frau vor ihm zur gleichen Religionsgemeinschaft gehörte wie die Offiziere der Regierungsarmee.

Das erste Tor, durch das wir Syrien betraten, führte bereits durch das türkische Krankenhaus in Reyhanli nahe der syrischen Grenze. Dort war ein ganzes Stockwerk verletzten Syrern vorbehalten. Aus mehreren Zimmern drang der Geruch der Menschen, denen ganze Beine oder Arme fehlten. Sie lagen mit verlorenem Blick auf den weißen Laken, und ihre Körperteile schwebten in der Leere. Manhal, einer der Revolutionäre der ersten Stunde aus Saraqib, bat mich im Voraus, mich zusammenzunehmen, als wir das Zimmer zweier Mädchen betraten, der vierjährigen Diana und der elfjährigen Schaima.

Diana, durch eine Kugel im Rückgrat getroffen, war gelähmt. Wie ein verängstigtes weißes Häschen lag sie da. Es war ein Wunder, dass die Kugel ihren kleinen zerbrechlichen Körper nicht in Stücke gerissen hatte. Was mochte der Scharfschütze gedacht haben, als er auf den Rücken eines Mädchens zielte, das die Straße überquerte, um Süßigkeiten für das Fastenbrechen zu kaufen?

In dem Bett neben Diana lag Schaima, deren Bein von einer Granate abgerissen worden war. Die Granate war ganz plötzlich eingeschlagen, als sie mit ihrer Familie vor dem Haus gesessen hatte. Neun Familienmitglieder starben, einschließlich ihrer Mutter. Neben dem Bett stand ihre Tante. Schaimas Blick war zugleich flehend und wütend. Erst als ich ihr die Finger auf die Stirn legte, lächelte sie. Ihre linke Hand war von einem Splitter zerschmettert worden. Ein weißer Verband war um ihren Unterleib gebunden, der am oberen Teil des Oberschenkels endete. An der Stelle des abgetrennten Beins war nichts. Die Leere definiert die Form des fehlenden Körperteils. Wie unvollkommen der Mensch in seiner Verletzlichkeit ist. Was sollte man diesem jungen Mädchen sagen, das mich mit seinen bezaubernden Augen ansah? Auch ihr anderes Bein war verletzt. Am ganzen Körper hatte sie noch weitere Wunden.

Meine Finger auf ihrer Stirn, zwischen uns ein stummes

Lächeln. Schaima und Diana waren nicht allein auf diesem Stockwerk. Im Nachbarzimmer lag ein junger Mann, der auf die Amputation seines Beines wartete, das ihm von einer Granate zertrümmert worden war. Seine Augen lachten. Ein anderer junger Mann wartete darauf, dass sein von einer Granate verletztes Bein heilte, um zum Kämpfen zurück nach Syrien zu gehen. Er führte eine Militäreinheit an. Es war Abdallah, den ich später wieder treffen sollte und der beim Gehen hinkte. Wir sollten Freunde werden. Wir würden zusammen durch das dritte Tor ins Nichts gehen, unter Granatbeschuss, um mit seiner schönen Verlobten Kaffee zu trinken.

In diesem Krankenhaus kurz vor der Grenze befanden sich alle zurückgelassenen Körperteile der Syrer am falschen Ort. Die Männer, die mit halb zerrissenen Körpern dort lagen, schauten aus den Fenstern des Krankenhauses, das so nah bei ihrer Heimat lag, dass sie ihren Duft riechen konnten. Den Duft der Heimat, wo ich den ersten Schritt auf das Nichts zu tat; wo wir kurze Zeit später sehen sollten, wie der Himmel über den schlafenden Ortschaften brannte; wo ich hinter Taftanaz das erste Abendessen mit einem der Bataillone einnehmen sollte; wo ich verblüfft in die Gesichter der Männer schauen würde, die lachten, wenn eine Granate über unsere Köpfe flog.

Es gibt keinen anderen Helden als den Tod. Nur über ihn erzählen die Menschen Geschichten. Alles kann man relativieren und ertragen, außer das Heldentum des endgültigen Todes. Oder einen Augenblick, der aus der Zeit fällt. Es war dieser selbe Augenblick, als wir nachts unter dem Stacheldraht hindurchkrochen. Es war der Übergang von einer Verlorenheit in eine andere. Dort, wo die Männer einen Durchschlupf gegraben hatten. Mal rannten wir, mal gingen wir langsam. In diesem Augenblick drängte sich die Frage nach dem Exil und der Heimat auf. Dort, auf beiden Seiten des Zauns, tauchten im Dunkeln plötzlich weitere Körper auf, während wir wie Blinde vorwärtsirrten. Eine Schulter stieß an die andere. Wir hörten eine Stimme sagen: «Guten Abend!» Eine Stimme kam, eine ging. Wir waren wie schwarze Katzen, aber unsere Augen funkelten nicht. Das Niemandsland entlang der Grenze, unter der die Syrer nachts verschwanden, war nicht breit. Menschen gingen, Menschen kamen, sie begegneten einander in der Nacht, viele grüßten nicht. Wie eine gallertartige Masse bewegten sie sich.

Auf unserem Rückweg trafen wir an dem gleichen Stacheldraht zwei junge Tunesier, die die Grenze Richtung Syrien überquerten. Der Mann, der uns begleitete, sagte: «Wenn weiterhin manche Gruppen der FSA auf Kosten anderer unterstützt und finanziert werden, wird es uns schlecht ergehen.» Dasselbe sagten auch die Deserteure, die nicht über ausreichend Munition verfügten, im Gegensatz zu den in letzter Zeit entstandenen islamischen Gruppierungen, von denen es hieß, sie seien radikal und würden von bestimmten Staaten finanziert. Die Männer der Bataillone im Umland von Idlib, Hama und Aleppo sagten meist das Gleiche, aber trotzdem konnten diese schlecht finanzierten Einheiten sich immer irgendwie vor einem Anschluss an die islamischen Gruppierungen retten. Sie verkauften ihr persönliches Hab und Gut und unterstützten sich wie Mitglieder einer einzigen Familie gegenseitig. Manchmal verkauften sie sogar den Schmuck ihrer Ehefrauen. Als ein Gruppenführer einmal Geld für den Kauf von Gewehren sammelte, zog eine der Frauen ihren Ehering ab und reichte ihn ihm. Er wollte ihn jedoch nicht annehmen.

Der Befehlshaber einer anderen Einheit sagte mir einmal:

«Wenn es so weitergeht, werden wir uns noch dem Teufel anschließen, um das Regime von Baschar al-Assad zu bekämpfen.» Er wirkte wütend und entmutigt. Die Leute der FSA hätten nicht genügend Waffen, um den Kampf auszuweiten. Sie wollten das Töten in Aleppo beenden und fühlten sich nicht in der Lage dazu. Das Geschäft der Waffenhändler brumme, und die politische Opposition beschäftige sich weder mit der Realität der bewaffneten Einheiten vor Ort noch bemühe sie sich um die Bildung einer einheitlichen Militärführung. Der Mann fuhr fort: «Angesichts der Luftangriffe, des Hungers, der Belagerung, der Scharfschützen und der Verhaftungen werden sich alle jenen Gruppierungen zuwenden, die gut mit Waffen versorgt sind.»

«Ist es das, was das Regime will?», fragte ich.

«Fragen Sie das doch mal die Elite der politischen und kulturellen Opposition!», entgegnete er zornig. «Wo sind sie? Warum leben die hohen Offiziere in der Türkei? Die wahre Schlacht findet hier statt. Wir sterben jeden Tag, und wir werden weiter sterben und können nichts anderes geben als unser Leben. Wir werden uns dem Regime weiterhin entgegenstellen. Vielleicht werden wir umkommen, aber unsere Kinder und Enkel werden das Assad-Regime weiter bekämpfen.»

Ich bin nicht in der Lage, chronologisch zu schreiben. Das liegt mir nicht. Ich muss die Zeit brechen.

Ich kehre wieder zum Beginn zurück und schreibe über unseren Grenzübertritt – darüber, wie wir über die Grenze irrten und wie uns die Olivenhaine und der neue Duft des Landes empfingen. Und über all die Orte, die wir passierten und deren Mauern mit Bildern der Revolution und der Revolutionsfahne verziert waren, und von den müden Gesichtern der Menschen.

Wir fuhren mit dem Auto, das den Schleier der Nacht

durchdrang, an etlichen Straßensperren der Freien Syrischen Armee vorbei. Es waren keine großen Checkpoints, und die Männer kannten sich. Die Dörfer waren befreit, manche nur halb. Das Wort «befreit» ist allerdings recht ungenau, denn der Himmel wurde immer noch vom Regime kontrolliert. Um uns herum wurden immer wieder Granaten abgeworfen, manchmal hörten wir Flugzeugbrummen. Die Männer beruhigten mich, dass alles in Ordnung sei, es gebe nur ein paar Kilometer lang eine gefährliche Zone. «Kein Problem», sagte einer von ihnen, was so viel bedeutete wie, dass der Tod vom Himmel kommen würde. Wir würden mit dem Auto nach Bennisch fahren und uns an einer Demonstration beteiligen. Anschließend würden wir ein Bataillon besuchen.

Auf der Demonstration in Bennisch waren keinerlei Frauen zu sehen. Auf den Fahnen stand geschrieben: «Es gibt keinen Gott außer Gott, und Mohammed ist sein Prophet.» Die Männer schauten mich als einzige Frau befremdet an. Einige von ihnen lernte ich kennen. Sie waren äußerst höflich. Sie sangen und klatschten, dann hielt ein Scheich eine Predigt. Wir verließen den Ort nicht sofort. Ich kam mit ein paar Frauen ins Gespräch, die vor ihren Häusern standen und die Demonstration beobachteten. Eine von ihnen erzählte: «Früher haben wir uns an den Demonstrationen beteiligt, aber das geht jetzt nicht mehr. Unsere Männer haben Angst um uns wegen der Bomben und der Scharfschützen.» Bennisch war wirklich befreit, nur dem Himmel war nicht zu trauen. Die Schergen Assads konnten den Revolutionären auf dem Boden nichts entgegensetzen, und nachdem sie erfolglos versucht hatten, die Bevölkerung zu bekämpfen, trauten sie sich nicht, in den Ort einzudringen. Stattdessen kamen sie nachts und in der frühen Morgendämmerung, bombardierten und machten sich wieder davon. Meist starben Kinder, Frauen und alte Leute. Aber die Bevölkerung und die kämpfenden Einheiten gaben nicht auf. «Das ist unser Schicksal», sagten die Männer in Bennisch.

Ich sah keine einzige unverschleierte Frau. Das gehört zur Tradition in der Gegend, sie leben nach den Bräuchen des Islam. Auf der Demonstration in Bennisch hatte ich ohne Kopftuch bei ihnen gestanden, gleichwohl setzte ich, als wir durch die Ortschaften und Dörfer fuhren, ein Kopftuch auf, um nicht unnötig Aufmerksamkeit zu erregen. Aber wenn ich mit den Männern zusammen war, saß ich barhäuptig bei ihnen. Einige von ihnen gaben mir allerdings nicht die Hand. Wir unterhielten uns auf einem vernünftigen und menschlichen Niveau miteinander, aber sie sagten, dass einige andere militärische Einheiten mich nur verschleiert akzeptieren würden. Keiner von ihnen sprach von der Errichtung eines islamischen Kalifats, immer nur von einem zivilen Staat. Es gab insgesamt noch kaum dschihadistische Bataillone, sie waren erst vor ein paar Monaten aufgetaucht. Auch das Gerede über die «arabischen Dschihadisten» war übertrieben, doch nach jedem Massaker wurden es mehr. In Saraqib gab es etwa neunzehn dschihadistische Kämpfer unter insgesamt siebenhundertfünfzig Kämpfern.

Das Abendessen, das wir in Bennisch zu uns nahmen, war geradezu luxuriös. Wir befanden uns in einem Haus inmitten eines Olivenhains, und ein paar Männer waren darum bemüht, uns das Beste aufzutischen, was sie hatten. Der Anführer der Gruppe war Anfang dreißig, ein hübscher ruhiger Mann aus Bennisch. Wir sprachen über etliche Themen, und ich staunte darüber, wie kompromissbereit und milde die jungen Männer im Gespräch waren. Sie wollten unbedingt über das Problem der Konfessionen sprechen, über die Notwendigkeit, eine Lösung zu finden und einem Krieg der Religionsgemeinschaften gegeneinander keine Chance zu geben. Einer sagte: «Es gibt grausame Reaktionen auf die Brutalität des Regimes, aber das sind nur wenige Einzelfälle.» Der gleiche junge Mann sollte mir ein paar Tage später sagen: «Als Reaktion auf ein Massaker wurde einmal ein Alawit umgebracht, aber wir waren gegen diesen Mord. Bis jetzt hat das Regime sein Ziel nicht erreichen können; bis jetzt hat kein sunnitisches Dorf ein alawitisches angegriffen. Das ist bis jetzt nicht passiert und wird auch niemals passieren. Selbst wenn wir dafür mit unserem Leben bezahlen müssen. Aber wir haben natürlich keinen Einfluss auf all die wütenden Menschen, deren Familien komplett ausgelöscht oder deren Häuser bombardiert wurden. Die Zeit spielt dieser Wut in die Hände.» Der junge Mann, der das zu mir gesagt hatte, wurde einige Monate später von Vermummten umgebracht, von denen sich herausstellte, dass sie zu einer Gruppe von Dschihadisten gehörten, die keine Syrer waren.

Sie erzählten mir viele Einzelheiten über Söldnerbanden, die im Namen der Freien Syrischen Armee plünderten und im Namen irgendwelcher militärischer Einheiten Menschen entführten, was zur Folge hatte, dass sie sich nun auch mit diesen Leuten beschäftigen mussten, statt das Regime zu bekämpfen. Außerdem mussten sie Konflikte zwischen bewaffneten Einheiten lösen, die oft persönliche Auseinandersetzungen zwischen Dorfbewohnern betrafen.

Die Männer gestanden auch eigene Fehler ein und dachten darüber nach, wie der Fortgang der Revolution wieder in richtige Bahnen gelenkt werden könne. Vielleicht repräsentierten diese Männer nicht den ganzen Norden im Umland von Aleppo, Idlib und Hama, gleichwohl vertraten alle Einheiten, die ich traf, ungefähr diese Linie. Das galt auch für den Scheich einer der Stämme.

Ich lauschte den Männern aus Bennisch, als das Donnern einer enormen Explosion zu hören war. Wir saßen auf dem Balkon, der auf den Olivenhain hinausging. Im Mondlicht konnte ich die zehn Männer einigermaßen deutlich erkennen. Der Himmel leuchtete auf, einer von ihnen sagte: «Taftanaz wird bombardiert.» Dann kehrten sie zu ihren Gesprächen zurück und ermunterten mich weiterzuessen. Schweigend aß ich, während mir das Herz bis zum Hals klopfte. Einer von ihnen würde mir später schreiben: «Nachdem du uns verlassen hast, wurden wir bombardiert. Gott sei Dank bist du abgereist.»

Die Männer bestanden darauf, mir den Panzerfriedhof in Atarib zu zeigen. Es handelte sich um ausgebrannte Fahrzeuge, die aufeinandergetürmt waren, zertrümmerte Eisenskelette. Überall waren Überreste des Feuers zu sehen, auch in den wie Pappkartons zusammengefallenen Häusern. Stille und Trostlosigkeit. Kein Geräusch war zu hören in Atarib, nichts, nicht einmal ein Flüstern oder Hundegebell. Nur am Ende einer Seitenstraße entdeckten wir, während wir in der Ruinenlandschaft stöberten, die uns die Bedeutung des Wortes «Vernichtung» deutlich werden ließ, das Licht einer Kerze in einem kleinen Laden. Von weitem waren die Umrisse einer Frau zu erkennen, die sich bewegte. Dies war der einzige Hinweis darauf, dass Atarib keine Geisterstadt war. Ansonsten nur amorphe identitätslose Trümmer. Noch immer konnten wir in der Nähe den Lärm von Explosionen hören.

Wir fuhren weiter nach Saraqib. Der Anführer der Truppe, mit der wir unterwegs waren, nahm sein Gewehr und begann es rasch zu laden. Ich begann zu zittern. Dann legte er eine Handgranate neben sich. Sie lag jetzt genau neben mir. Ich betrachtete den nur einige Zentimeter langen grünen Klumpen und berührte ihn. Ich begann wieder zu zittern. Während wir die Gefahrenzone durchfuhren, lag seine Hand fest auf der Granate, seine Waffe hatte er auf den Fensterrahmen gestützt. Wie ein Wolf ließ er seinen Blick durch die Nacht wandern. «Das sind entweder diese Hundesöhne vom Regime oder die Schurken und Diebe, die im Namen der Freien Syrischen Armee stehlen», sagte er.

Maisara, der vorne saß, entsicherte sein Gewehr, der Fahrer fuhr mit der Unerschütterlichkeit eines Propheten weiter. Auch Mohammed neben mir machte sein Gewehr bereit.

Wir fuhren durch die beängstigende Dunkelheit. Hohe Zypressen säumten die enge Asphaltstraße, die niemals enden zu wollen schien. Ich gab mich mutig, doch das Gewehr neben mir und die Handgranate, die der Anführer in seine Jackentasche gesteckt hatte, machten mich glauben, dass mein letztes Stündchen geschlagen hatte. Wäre da nur nicht die Mündung des Gewehrs vor mir gewesen, das der Anführer zwischen uns gestellt hatte. Die Mündung befand sich genau vor meinen Augen. Eine zentimeterkleine Bewegung der Finger am Abzug würde mich garantiert in die süße ewige Finsternis versinken lassen. Es war eine sehr kleine, einladende Öffnung, die mich inmitten der Dunkelheit anstarrte. Die Stimme des Anführers riss mich aus meinen Gedanken: «Wir sind alle bereit, draufzugehen, damit Ihnen kein Haar gekrümmt wird.»

Wir fuhren vorsichtig durch die Gassen von Saraqib. Die Stadt war noch nicht vollkommen befreit, ein Scharfschütze hockte immer noch auf der Radiostation. Er hatte schon viele umgebracht.

Wir betraten das Haus einer wohlhabenden und großzügigen Familie. Es bestand eigentlich aus drei Häusern, die um einen Innenhof gruppiert waren. Im hinteren Teil lag ein altes Zimmer, das sie Gewölbe nannten und in dem ich mich am liebsten aufhalten sollte. Es war ein altes Kuppelhaus, das von den Vorfahren errichtet worden war. Links befand sich das Haus des ältesten Sohnes, Abu Ibrahim, und seiner Frau Nura. Bei ihnen würde ich schlafen. Rechts lag das Haus des jüngeren Sohnes, Maisara, seiner Frau Manal und ihrer Kinder Alaa, Ruha, Mahmud und Tala. Bei ihnen lebten noch die alte Mutter und die alte Tante, beide fast gelähmt. Um sie kümmerte sich Ajusch, die unverheiratete Tochter.

Kaum waren wir angekommen, machten sich alle eilig an die Zubereitung des Abendessens. Maisara hatte früher friedlich gegen das Assad-Regime demonstriert, bevor er zum Kämpfer geworden war. Mohammed, Anfang zwanzig, studierte Handelswissenschaften. Auch er hatte sich zuerst der friedlichen Bewegung angeschlossen, dann der bewaffneten Opposition. Wir setzten uns alle auf den Boden und nahmen gemeinsam das Abendessen ein, neben mir Ruha und Alaa.

Am nächsten Morgen wollte ich losziehen, um mich über die Situation der Märtyrerwitwen zu erkundigen. Doch zunächst strömten die schönen Nachbarinnen in das Haus der großen Familie, bildeten einen Kreis um mich und begannen, Geschichten aus Saraqib zu erzählen. Alaa saß an meiner Seite und lauschte, meine Hand in der ihren. Ruha half ihrer Mutter und schaute sie dabei feindselig an, weil sie nicht bei uns sitzen durfte. Ich versuchte die beiden zu besänftigen. Alaa zwinkerte mir zu, legte die Hand ans Kinn und hörte gemeinsam mit mir den Geschichten der Frauen zu.

Die Witwen zu Hause aufzusuchen, war nicht einfach. Mohammed musste mich immer mit dem Auto begleiten, aber Männern war es verboten, die Wohnungen der Witwen zu betreten, wenn sie sich noch in der gesetzlichen Wartezeit bis zu einer möglichen Wiederverheiratung befanden. Nach islamischem Recht durften sie vor Ablauf von drei Monaten und zehn Tagen keinen Mann treffen.

Als wir vom letzten Besuch zurückkehrten, schlug Mohammed vor, den Kalligraphen und Maler zu besuchen, der die Mauern von Saraqib bemalte. Die Graffiti-Kunst war eine der wichtigsten Kunstformen der Revolutionsaktivisten. Sobald die Ortschaften befreit waren, wurden die Mauern zu offenen Büchern und Freiluftmuseen. Der Mann, der die Mauern von Saraqib bemalte, war derselbe, der die Opfer der Bombenangriffe bestattete. Er sagte zu mir: «Ich beerdige die Leichen.» Er rieb sich die Hände und fügte hinzu: «Ich könnte Ihnen die Geschichte jedes Toten erzählen. Aber das bräuchte wahrscheinlich ziemlich lange Zeit. Ich beerdige die Toten und bemale die Mauern von Saraqib. Ich werde diesen Ort niemals verlassen!»

Wir standen gegenüber dem Kulturzentrum von Saraqib vor den Mauern, die leuchtenden Farben brachen die Einförmigkeit des Ortes. Auf einer Mauer stand: «Damaskus! Wir und die Ewigkeit sind die Bewohner dieses Landes.»

Wir wanderten durch die Straßen. Ich fotografierte die Mauern und Fassaden der Geschäfte, während man vereinzelt die «Gott ist groß!»-Rufe von vorüberziehenden Leichenzügen hörte. Überall Staub und eine sengende Sonne. Wir begegneten nur wenigen Männern; sie hatten gerötete, aber hellwache Augen. Immer war das Pfeifen der Schüsse des Scharfschützen zu hören. Dazu pausenloser Granatenbeschuss.

Am Abend kam ein dunkelhäutiger junger Mann, ein Verwandter von Maisaras Familie, mit seiner Mutter zu Besuch. Er saß eine Weile still da, dann erzählte er, dass die Granaten in sein Feld gefallen seien und den Tabak verbrannt hätten, den er verkaufte. Damit sei die Saison dieses Jahres vorbei. Dann lehnte er den Kopf gegen die Wand. Wir saßen auf einer Schaumstoffmatratze, die auf einer Plastikmatte lag, und hörten ihm schweigend zu. Seine Mutter schaute ihn neugierig an, für einige Sekunden konnten wir ihr Schnaufen hören, bevor auch sie ganz still wurde und mit uns dem Geräusch der Schüsse draußen lauschte.

Als wir am Mittag des folgenden Tages vor einer der Mauern standen, erklärte Mohammed: «Sie verbrennen die Anbauflächen im Umkreis der Ortschaft, um die Bevölkerung zu bestrafen. Ob sie jetzt wohl eine Granate auf uns abfeuern werden? Vielleicht tun sie es!» Wir schauten in den klaren blauen Himmel, in dem die Granaten dröhnten. «Wenn eine Granate auf uns runtergeht, werden wir sie nicht einmal hören», sagte er, und wir lachten. Nicht weit von der Ortschaft fuhren fortwährend Panzerkolonnen in Richtung Aleppo.

«Saraqib wird später, wenn die Kämpfe wieder aufflammen, zur Demarkationslinie werden. Sie werden nicht aufhören, es zu bombardieren», versicherte er, als wir weiterfuhren. Wir hielten vor einem zerstörten Haus, und Mohammed fuhr fort: «Dieses Haus haben sie bombardiert, nachdem es schon in Brand gesetzt und einer der Bewohner umgekommen war. Den Sohn hatten sie an ein Auto gebunden und durch die Straßen geschleift. Der Junge gehörte zu den friedlichen Demonstranten. Im Gefängnis wurde er zu Tode gefoltert, er hinterlässt sieben Schwestern und einen Bruder. Ein anderer Junge hatte die Demonstrationen fotografiert. Ihn haben sie sich auch geschnappt und vor einen Panzer gelegt und ihm gesagt, der Panzer würde jetzt über ihn fahren. Dann setzten sie den Panzer in Bewegung, hin und her, er lag direkt davor. Das machten sie eine Weile, dann fingen sie an zu lachen, bevor sie ihn verhafteten. Wir bauen wieder auf, was sie bombardiert haben. Siehst du diese Wohnung auf der anderen Seite?» Er zeigte auf ein Stockwerk mit einem riesigen Loch in der Wand. «Hier wohnte die Schwester eines Deserteurs aus der syrischen Armee. Sie haben sie bombardiert, einfach so, aus Rache an ihrem Bruder.»

Wir hörten immer wieder Bombenlärm und standen vor Angst bereits um fünf Uhr morgens auf. Es gab keine bestimmte Uhrzeit, zu der bombardiert wurde. In der Nacht gab es allerdings genaue Zeitabstände: Jede halbe oder ganze Stunde ging eine Granate nieder. Einmal hatte es hundertdreißig Detonationen nacheinander gegeben. Manal, die Frau von Maisara, sagte, dass sie seit Beginn der Revolution nicht mehr richtig schlafen könnten. Sie schliefen gerade mal eine Stunde, dann wachten sie auf. Sie hatten alle schwere Lider. Ich packte mir Alaa und Ruha und ging mit ihnen in den Schutzraum. Wir stolperten langsam voran, weil beide Mädchen seitlich an mir hingen, und jede unerwartete Bewegung uns unweigerlich hätte stürzen lassen. Das Haus war groß, aber nun war es voll mit all den Familienmitgliedern, die von zu Hause geflüchtet waren: Da war die alte Großmutter, mit der alle verwandt waren, die Tante, dann die Generation der Töchter und ihrer Ehemänner und die Söhne und ihre Frauen, dann die Enkel und Urenkel. In jedem Haus drängten sich mehrere Familien zusammen. Manche Häuser waren gestürmt und zerstört worden, andere lagen in der Schusslinie oder waren zur Demarkationslinie geworden. Häuser, die von Scharfschützen ins Visier genommen wurden, Häuser von abgetauchten Deserteuren. Diese Familie hier war zwar groß, «aber wir kommen zurecht», sagte eine der Frauen.

Der Schutzraum war ein großer Lagerraum, in dem die Familie Arbeitsgeräte, Rohre und Werkzeug deponierte. Das Loch, das eine Granate gerissen hatte, wie Manal erzählte, war ausgebessert worden. Die Tür war mit Plastiktüten umwickelt. Kinder und Frauen waren hier unten, auch ein paar Männer hatten sich hinzugesellt. Die beiden Alten blieben oben mit den meisten Männern der Familie. «Sie können sich nicht bewegen», erklärte die älteste Tochter, «und so schnell, wie eine Granate fliegt, kann man sie nicht herunterbringen. Außerdem sind sie krank. Sie bleiben in ihrem Zimmer und lauschen dem Lärm der Granaten. Wenn der Beschuss nachlässt, erklingt irgendwann eine Stimme vom Minarett, die den Tod eines Bewohners bekannt gibt. Die beiden Alten bleiben oben und schauen durchs Fenster nach draußen.»

Unten im Schutzraum prahlten Alaa, Ruha und Tala um die Wette und redeten über die verschiedenen Arten von Granaten und Raketen. Eine hatte eine Granate in der Hand, die sie als Andenken aufbewahrte. Auch Familien aus der Nachbarschaft kamen in den Schutzraum, weil ihre Häuser über keinen eigenen Keller verfügten. Die Familie, deren Haus gegenüber dem Posten des Scharfschützen lag, war ebenfalls hierher geflohen. Später konnte ich mir ihr Haus ansehen. Über die ganzen Mauern verteilt waren Einschlaglöcher. Während wir vorsichtig durch die Räume wanderten, erzählte mir die Mutter dieser Familie, dass sie, wenn sie von einem Zimmer zum anderen gehen und den Hof überqueren wollte, immer erst einmal lange dastand und den Scharfschützen beobachtete. Wenn er einen Augenblick unachtsam war, rannte sie los, um ein Glas Wasser zu trinken oder ihren Kindern das Essen zu bringen oder auf die Toilette zu gehen. «Ich spiele mit diesem verfluchten Scharfschützen», sagte sie lachend. Sie trug ein rosafarbenes Kopftuch und ein den Boden berührendes Kleid mit Schlingpflanzenmuster. Alle Frauen hier trugen lange Kleider, und die Mutter, die ihr Spiel mit dem Heckenschützen trieb, wirkte seltsam mit ihrem Stolz inmitten dieses zerstörten Hauses.

Die Frauen im Ort erzählten mir später, derselbe Scharfschütze habe an dem Tag, als ich den Ort verließ, auf die Geschlechtsteile einer Frau gezielt und ein zwölfjähriges Mädchen getötet. Es war auch derselbe Schütze, wegen dem ich auf Anweisung der Männer durch die Häuser hindurchlaufen musste, um nicht die für ihn einsehbare Straße zu nehmen. Ich hatte dann das Gefühl, eine plötzlich einsetzende Lähmung hindere meine Knie daran, gerade zu gehen. «So geht das aber nicht!», riefen die Männer. «Du musst dich zusammenreißen!»

Ich lernte damals auch, meine Traurigkeit und mein Unglück für mich zu behalten. Wir versuchten einfach, dem Scharfschützen auszuweichen. Die Haustüren waren geöffnet. Wir sprangen aus einem Fenster, dann auf eine Treppe ganz unten im Haus, von dort betraten wir den nächsten Hof. Wir nahmen unsere Schuhe in die Hand, wenn wir durch fremde Wohnungen liefen. Wir grüßten die alte Frau, deren Wohnzimmer wir durchquerten, und sie grüßte zurück, ohne sich zu rühren. Sie hatte sich daran gewöhnt, dass die Bewohner durch ihr Haus liefen. Sie alle hatten ihre Türen geöffnet und Mauern durchbrochen und ihre Häuser in Straßen verwandelt, um dem Scharfschützen zu entgehen. Als ich zum ersten Mal aus dem Fenster sprang, sah ich die alte Frau an, in der Erwartung, eine gewisse Verwunderung wahrzunehmen. Sie aber starrte nur zur Decke, als würde sie uns drei gar nicht bemerken. Wir durchquerten etliche Häuser, bis wir in Sicherheit waren. Dies war die einzige Möglichkeit, dem Scharfschützen zu entkommen.

Auch tagsüber gingen die Luftangriffe weiter, trotz der sengenden Sonne, und die Stille am helllichten Tag wurde nur vom Geräusch der Bomben und von den Schüssen des Heckenschützen unterbrochen.

Als wir die Türschwelle zu ihrem Haus überquerten, sagte die Nachbarsfrau zu mir: «Haben Sie keine Angst, solange bombardiert wird, hält sich der Heckenschütze zurück.» Sie zwinkerte mir zu. Dann warf sie ihren Sohn in die Luft und fing ihn mit beiden Armen wieder auf. Ihr Haus war leer, nur ein Teppich bedeckte den Boden eines Zimmers. Als ich mit ihr in den Schutzraum zurückkehrte, kam eine neue Nachbarsfamilie dazu. Alaa, die auf einer Gute-Nacht-Geschichte beharrte, sagte, während sie auf die neue Familie zeigte: «Ihre Mutter ist auf unserer Seite, und ihr Vater ist für Baschar. Mein Vater ist ein Revolutionär, und die da sind auch für Baschar, also, die sind nicht für uns. Aber das macht nichts, sie müssen sich auch bei uns verstecken, damit sie nicht sterben!»

Dieses kleine dunkelhäutige Mädchen – diese kleine Scheherazade – hatte die schönsten schwarzen Augen, die ich je gesehen habe. Sie ging ganz leichtfüßig und kämmte sich stündlich das Haar, in das sie Plastikblumen steckte, gelb, rot oder rosa, je nach Farbe ihrer Kleider. Sie beobachtete alle und wurde noch aufmerksamer, wenn wir in den Schutzraum hinunterstiegen. Sie kümmerte sich um ihre zweieinhalbjährige Schwester, behielt auch die anderen Kinder im Auge und erlaubte niemandem, sich mir zu nähern. Sie erzählte mir im Detail, wie die Nachbarn gestorben und wie die Männer einer nach dem anderen aus dem Ort verschwunden waren.

Kurz bevor der Beschuss aufhörte, nahm sie der zweijährigen Schwester die Granate aus der Hand und sagte ganz ruhig zu ihr: «Das ist nichts für kleine Kinder.» Sie war selbst noch nicht einmal sieben Jahre alt. Sobald wieder neues Bombardement zu hören war, nahm sie schnell ihre Schwester in den Arm und drückte sie ganz fest an sich. Eine andere Frau, deren Kinder sich in einer Ecke des Schutzraums um sie drängten, berichtete: «Die Soldaten von Baschar, die Sicherheitskräfte und die Regimeschergen sind in die Häuser eingedrungen und haben sie geplündert. Sie sind mit Lastwagen voller Munition gekommen, mit der sie uns beschossen haben. Dann sind sie mit diesen Lastern wieder abgefahren, jetzt voll beladen mit unseren gestohlenen Möbeln. Sie haben unsere Kinder getötet und unsere Wohnungen ausgeraubt. Aber warum haben sie meinen Schrank geöffnet und meine Kleider in den Hof geworfen und sich damit den Hintern abgeputzt und in die Gläser gepinkelt? Sogar mein altes Hochzeitskleid war nicht sicher vor ihnen, es ist voller Scheiße.»

In einem anderen Haus traf ich eine etwa vierzigjährige Frau, die einem Jungen über den Rücken streichelte. Er war etwas über zehn Jahre alt und der Einzige, der ihr geblieben war. Er war geistig behindert, er sprach nicht, seine blauen Augen lachten, sein schönes Gesicht hatte die Farbe von Weizen, und aus dem stets offenen Mund floss der Speichel. Die Frau hatte noch drei andere Söhne gehabt. Mit weit aufgerissenen Augen erzählte sie in allen Einzelheiten, wie man ihr einen der Söhne aus den Armen gerissen hatte. Ihre Augen röteten sich, eine Träne lief herunter, als sie berichtete:

«Mein Bruder gehörte zu den Ersten, die demonstrieren gingen. Wen immer Sie fragen, alle kennen den Namen Mohammed Haf. Er ist der Held von Saraqib. Zuerst waren es friedliche Demonstrationen, aber dann schossen sie auf uns und töteten vor aller Augen neun Menschen. Mein Bruder kämpfte bis zum letzten Atemzug. Er sagte immer zu mir: ‹Wir werden nicht als Feiglinge sterben.› Meinen zweiten Bruder haben sie auch getötet. Sie haben mein Haus in Brand gesetzt, deshalb haben wir es verlassen und sitzen nun hier. Zwei meiner Brüder wurden getötet und meinen Sohn haben sie mir entrissen. Ich habe sie angefleht, ihn in Ruhe zu lassen, aber sie haben nicht nachgegeben. Auch meinen zweiten Sohn haben sie umgebracht, und noch zwei meiner Brüder. Ich habe nur noch einen Jungen, aber der ist bei den Revolutionären. Meine Kinder sind von mir gegangen, sie sind alle weg. Nur dieser hier ist mir geblieben.» Sie zeigte auf ihren kranken Sohn, der uns verwundert anschaute und lachte. Sie fuhr fort: «Und wie Sie sehen ... Was für ein Unglück! Und mein Sohn, der bei den Revolutionären ist, hat gesagt, dass er nicht zurückkommen werde, ehe Syrien befreit ist.»

Sie zeigte mir Fotos ihrer beiden getöteten Söhne. Der erste, neunzehn Jahre alt, hatte grüne Augen und goldenes Haar. Ihre Finger liefen wie Wellen über das Foto. Auf dem zweiten Foto war ein Junge zu sehen, dem gerade mal der erste Flaum über der Lippe gewachsen war. Dann zog sie ein Foto von Mohammed Haf hervor und hielt es in die Höhe. Beim vierten Foto hielt sie inne. Sie senkte den Kopf und sagte: «Den haben sie mir aus den Händen gerissen. Ich habe ihn so lange festgehalten, bis sie zu mir gekommen sind und ihn mir aus den Armen gerissen haben. Ich habe sie angefleht, sie gebeten, ihn zu verschonen. Ich bin hinter ihnen hergelaufen, aber sie haben ihn mitgenommen. Er war ein Aktivist in der Revolutionsbewegung. Sie haben ihn umgebracht. Er war noch ein Kind ...»

Die morgendlichen Geschichten nahmen kein Ende. Als wir abends von unserer Fahrt durch die Dörfer zurückkehrten, kam einer der Deserteure zu uns ins Haus, der in Dschabal al-Zawiya kämpfte und eine militärische Einheit anführte. Seine Augen sprühten vor Vitalität, aber von Zeit zu Zeit war er wie geistesabwesend. Dann schlossen sich seine Lider, und in seinem Gesicht schien sich nur noch der Tod widerzuspiegeln. Er erzählte: «Meinen jüngeren Bruder haben sie ins Gefängnis gesteckt, ihn gefoltert und ihm erzählt, dass ich getötet worden sei und sie meine Leiche zerstückelt hätten. Nachdem sie ihn gefoltert und lebendig verbrannt hatten, warfen sie seine Leiche in den Bergen fort. Wir stammen aus dem Dorf Ain Laruz, dort haben sie sechs Kinder und Jugendliche getötet. Mein Bruder war sechzehn Jahre alt, als sie ihn bei lebendigem Leib verbrannt haben. Insgesamt wurden aus unserem Dorf sechzehn Leute getötet. Meine Familie hat ihr Haus verlassen und hält sich versteckt. Zu Beginn der Revolution und der Desertionen hatte ich Kontakt zu einem alawitischen Offizier, mit dem ich mich gut verstand. Wir hatten auch Kontakt zu Unteroffizieren und zur Bevölkerung. Innerhalb eines Monats hatten wir siebenhundert Leute zusammen. Dieser alawitische Offizier hat uns geholfen und vier Soldaten flüchten lassen. Anfangs war ich unsicher, ob ich ihm trauen konnte, aber ich bin das Risiko eingegangen, mit ihm zusammenzuarbeiten. Er hat uns bis zum letzten Augenblick geholfen. Die Kontakte zwischen uns waren streng geheim. Wir haben nicht über Telefon miteinander gesprochen. Plötzlich ist dieser Offizier dann verschwunden. Niemand wusste etwas über ihn. Das Regime fürchtet die Desertionen, deshalb wechseln sie die Offiziere regelmäßig aus. Danach hat die Armee die ganze Region kontrolliert, und jetzt hat sie sich aus taktischen Gründen nach Aleppo zurückgezogen, aber sie wird wieder zurückkommen. Wir bauen selbst einige Waffen, wenn wir keine mehr haben. Wir haben auch versucht, mit primitiven Mitteln Raketen zu bauen. Aber einmal ist die Rakete, die wir ausprobieren wollten, in den Himmel geschossen und verschwunden. Wir hatten ganz schön Angst und liefen los. Wir waren in einem Weizenfeld. Es war ein gescheitertes Experiment.» Er lachte so sehr, dass seine Augen nicht mehr zu sehen waren. Dann erzählte er weiter: «Wir sind losgesaust wie Tom und Jerry. Wir fürchteten, die Rakete würde auf die Häuser niedergehen, obwohl wir ziemlich weit weg gewesen waren. Sie hatte sechzehn Kilo gewogen, und das würde bedeuten, dass sie mit einem Gewicht von sechzehn Tonnen herunterkommen würde! Wir fanden sie einige Tage später im selben Weizenfeld. Na ja, wir lernen aus unseren Fehlern ...»

Der junge Mann schwieg und schaute in die Runde der zahlreich Versammelten. Wir saßen im Keller des großen Hauses der Familie, mehr als zwanzig Kämpfer waren da, und von draußen waren immer noch Explosionen zu hören.

Der Kämpfer wollte weitererzählen, aber der Granatenlärm hörte nicht auf. Alaa schaute mich tadelnd an, weil es längst Schlafenszeit war, und sie würde nicht schlafen können, ohne mir vorher eine Geschichte zu erzählen. Die Geschichte von den getöteten Nachbarn, die sie einen nach dem anderen beschrieb und mit ihren jeweiligen Sympathiepunkten versah. Als wir den Keller später verließen, fragte sie mich: «Wirst du auch sterben?» Ich lachte und antwortete: «Nein, ich werde nicht ...»

Bevor ich den Satz beendet hatte, schüttelte sie den Kopf

und spottete: «Hahaha, das haben alle gesagt, und dann sind sie alle gestorben!»

Ein anderes Mal wollte ich Alaa von den Geschichten verschonen. Ich bat Maisara und Mohammed, nicht in ihrer Gegenwart zu erzählen, was passierte. Doch Alaa verfolgte mich seit dem Morgen mit den Augen, als hätte sie meinen Verrat ihr gegenüber gespürt. Als ich ihr sagte, dass ich nach Dschabal al-Zawiya im Nordosten von Saraqib führe, blickte sie mich finster an und drehte mir den Rücken zu. Ich sagte: «Wir fahren dorthin, um die Witwen der Getöteten zu besuchen. Wir wollen sehen, unter welchen Umständen sie leben, und überlegen, welche Projekte ihnen ermöglichen würden, selbst ihren Lebensunterhalt zu bestreiten. Ich wünschte mir, du könntest mitkommen, aber das ist zu gefährlich, weil weiter bombardiert wird.» «Ich habe keine Angst», entgegnete sie, doch ihre Mutter entschied: «Mädchen gehen nicht zu solchen Orten.» Alaa schaute mich verwundert an. Ich zwinkerte ihr zu und flüsterte: «Ich bin in Wirklichkeit ein Mann, der sich anzieht wie die Mädchen.» Sie lachte laut. Dann zwinkerte auch sie mir zu und flüsterte: «Wir reden heute Abend. Heute Abend erzähle ich dir, was passiert.» Ich lachte und warf die Tür zu. Der junge Mann, der uns begleiten sollte, wartete bereits draußen.

Auf der Fahrt nach Dschabal al-Zawiya war ausreichend Zeit für weitere Geschichten. Jeder der Männer erzählte mir eine Geschichte, ich schrieb etliche auf, und eine ging so:

«Nach sechs Tagen haben wir ihn gefunden. Er lag im Wald. Am 24. März 2012 ist er verschwunden, an dem Tag, an dem die Armee Saraqib stürmte. Er lag gekrümmt da, ein Geruch von Fäulnis stieg von ihm auf. Das Blut war deutlich zu sehen, denn eine tiefe Wunde klaffte an seinem Hals. Er war regelrecht abgeschlachtet worden. Nur seine Kleidung war unversehrt. Von weitem sah seine Leiche aus wie ein achtlos hingeworfenes Stück Stoff, aber dieses Stoffbündel, das in den Wald gebracht worden war, war der Körper eines jungen Mannes der Familie Abbud. Er war der erste Tote am Tag der Erstürmung von Saraqib. Wir dachten zunächst, er sei wie so viele andere auch verhaftet worden, aber er war tot. In unseren Herzen hatte er noch sechs Tage länger gelebt. Ich bin sicher, er wurde verraten. An dem Tag hatte er nämlich seine Waffe zu Hause gelassen. Er war aus dem Haus gegangen und verschwunden. Hätte er seine Waffe dabei gehabt, hätte er sich ihnen nicht einfach ausgeliefert, aber jemand hat ihn verraten. Die Halswunde war hinten am Nacken. Der Boden hatte sein Blut schon aufgesogen. Nach dem ersten Angriff zog sich die Armee nach einer Weile zurück, und nur wenige Soldaten blieben, aber das Ganze war ein Täuschungsmanöver. Es war ein Samstag. Am Dienstag kehrten sie zurück und versuchten, Taftanaz und Dschardschanaz zu erobern und die ganze Region wieder unter ihre Kontrolle zu bekommen. Rund siebzig Häuser haben sie in Dschardschanaz in Brand gesetzt und hundert in Saraqib. Sie kamen mit Panzern in die Stadt und stürmten die Häuser, es waren Unzählige. Als sie wieder fort waren, war Saraqib nur noch ein Haufen Trümmer. An dem Tag haben sie unsere besten Jungs getötet. Saad Barisch war ans Bett gefesselt, nachdem ihn ein Splitter am Arm und ein anderer am Bein getroffen hatte. Er war gerade bei seiner Schwester, als die Soldaten das Haus gestürmt und zerstört haben. Sie haben seiner Schwester den Sohn aus den Armen gerissen, dann habe sie Saad und den Kleinen mitgenommen und durch die Straßen geschleift. Der Verwundete schrie, aber sie haben sie einfach immer weiter durch die Straßen von Saraqib geschleift, bis sie nicht mehr zu sehen waren. Die Mutter begann zu schreien und hinter ihnen herzulaufen. Sie haben sie zu Boden gestoßen, sind abgehauen, und dann haben wir Schüsse gehört. Die Mutter lief und kroch in die Richtung, aus der die Schüsse kamen. Wir fanden Saad und den Jungen auf dem Boden gegenüber der Mauer liegen, Kugeln im Kopf und am ganzen Körper, sogar dort am Bein und am Arm, wo Saad sowieso verwundet war. Die Kugeln hatten das Fleisch zerfetzt. Zu derselben Mutter, deren Sohn sie entrissen und durch die Stadt geschleift hatten, bevor sie seinen Körper zerfetzten, kamen einige Zeit später andere Soldaten. Sie wollten ihren zweiten Sohn. Die Soldaten hatten Hunger, und sie hat ihnen etwas zu essen gekocht. Als einer von ihnen sie anschrie, beschimpfte sie ihn: «Du bist in meinem Haus und isst mein Essen und schreist mir noch ins Gesicht?» Der Soldat schwieg und forderte seine Kameraden auf, der Frau nichts zu tun. Doch sie nahmen ihren Sohn mit, der noch in der Pubertät war. Als sie hinausgingen, tat die Frau dem Soldaten, der sie zuvor angeschrien hatte, leid, als er sie weinen und sie anflehen sah, sie mögen ihr ihren Sohn zurückbringen. Sie gingen, aber ihren Sohn bekam sie nur tot zurück.

Trotzdem haben unsere Männer nicht aufgegeben und fürchteten sich nicht vor den vielen Soldaten und ihren Angriffen. Sie verteidigten weiterhin ihre Häuser, bis sie keine Munition mehr hatten. Als sechs von ihnen, die von der Armee belagert wurden, die Munition ausging, konnte die Armee die Wohnung stürmen, in der sie sich verschanzt hatten. Sie setzten den Keller in Brand und wollten den Besitzer der Wohnung töten, obwohl er ein alter Mann war, aber seine Frau warf sich ihnen vor die Füße und flehte: ‹Ich küsse eure

Füße, Jungs, tötet ihn nicht, ich bitte euch, lasst ihn in Ruhe … das ist doch ein alter Mann, der hat doch mit all dem nichts zu tun.› Sie haben ihn zwar nicht umgebracht, aber brutal zusammengeschlagen und auf die Straße geworfen. Die sechs jungen Männer, die zwischen zwanzig und dreißig Jahre alt waren, stellten sie gegen eine Wand und erschossen sie alle auf einmal. Sie fielen übereinander, und die Soldaten verließen den Ort, als wäre nichts gewesen. Am nächsten Tag sind sie durch die Straßen von Saraqib gefahren. Mitten auf der Straße haben sie Mohammed Abbud angehalten und erschossen, dann haben sie seinen Bruder verhaftet. Auch Mohammed Barisch, der Mohammed Haf genannt wurde, haben sie an dem Tag umgebracht. Sie trauten sich nicht, ihm offen gegenüber zu treten, denn er war bekannt für seinen Mut. Er war der Anführer eines Bataillons, das in Saraqib sehr populär war. Deshalb sind sie mit dem Kampfhubschrauber gekommen und haben ihn von oben mit Maschinengewehren erschossen. Zur Unterstützung wurden von einem BMW aus Salven in alle Richtungen abgegeben. Nachdem sie sicher waren, dass er tot war, sind sie zu seinem Leichnam gegangen und haben getanzt und gejubelt. Zuhair Abbud, den sie am gleichen Tag verhaftet hatten, kam nach drei Monaten Folter wieder frei. Einige Tage später ging er durch Saraqib und wurde von der Kugel eines Heckenschützen getroffen. Sie haben einen vorläufigen Sieg über uns errungen. Wir haben mit Kalaschnikows gekämpft, und sie haben uns aus Panzern und Flugzeugen beschossen. Aber, wie gesagt, es war nur ein vorläufiger Sieg!»

Damit endete die Geschichte des Kämpfers, der uns im Auto begleitete. Eine einzige Geschichte, die bereits hundert andere Geschichten enthält …

Die Sonne brannte, während wir durch das Umland von

Aleppo, Idlib und Hama fuhren. Wir hielten an den Checkpoints der bewaffneten Einheiten. Es war für mich wie eine verzögerte Entdeckung der syrischen Identität, der Geographie eines Landes aus Lehm, Blut, Feuer – und unendlich vielen Überraschungen. Überall Staub und Flammen, die von weitem zu sehen waren, dann diese verdächtige Stille in den Dörfern. Als seien es nur schlafende Ungeheuer. Nur selten sah man Menschen, im Himmel das stete Brummen der Flugzeuge. Das Bombardement war weit entfernt. Jemand sagte: «Theoretisch kann jeden Augenblick eine Granate runterkommen, aber jetzt ist es nicht sehr wahrscheinlich.»

Die leere Straße, das Durchfahren der stillen Dörfer, die Straßensperren der bewaffneten Einheiten in der Mittagshitze, das Salz des Schweißes in meinen Augen, all das schnürte mir fast die Kehle zu. Doch plötzlich erblickte ich etwas, was sich bewegte. Da war ein großes Feld, am Ende einige spärliche Wasserfäden, die das Feld sprengten. Das Leben ging also trotz allem weiter! Und dahinter tauchte ein kaum fünfzehnjähriges Mädchen auf. Mein Herz schlug heftig, ich schaute hoch zum Himmel. Könnte es womöglich ein Ziel für einen Gewehrschützen im Hubschrauber sein? Das Mädchen hüpfte auf und ab und hielt den Kopf in die Wassersprengsel. Es zog das Kopftuch ab, befeuchtete es und wischte sich über das Gesicht. Als wir weiterfuhren, tauchten kleine Kuppelhäuser aus Lehm auf, dann kam uns ein kleiner Laster entgegen. Eine Gruppe junger Mädchen, vermummt unter der Sonne, stand dicht gedrängt auf der Ladefläche, in der Hand eine Hacke, daneben ein paar erwachsene Frauen. Der Wagen hielt, sie stiegen herunter und gingen Richtung Feld. In dieser Region konnten Dschihadisten und Salafisten unmöglich einen Rückhalt in der Bevölkerung finden – es sei denn mit Waffengewalt –, denn bei Ackerbau und Viehzucht waren die Menschen besonders auf die Arbeitskraft der Frauen angewiesen.

Dörfer, soweit das Auge reichte, Armut und Elend. Ihre Namen hatten einen besonderen Klang: Rajjan, Lof, Maasarani, Qatra, Kaframim, Qatma ... und viele andere, die sich dem aus dem Himmel fallenden Tod widersetzten. Die Mädchen und Frauen gingen aufs Feld hinaus. Die Kopftücher, die nur ihre Augen freiließen, schützten ihre Gesichter, weil sie in der prallen Mittagssonne die Erde aufhackten.

In der Ferne wurde ein Hügel sichtbar – das Dorf Tal Mardich, das antike Königtum Ebla, das im dritten Jahrtausend vor Christus seine Hochblüte hatte. Etliche Granaten seien dort niedergegangen, erzählte ein junger Mann.

Sengende Hitze umhüllte uns. Wieder schien das Leben verschwunden, wären da nicht die Vogelschwärme gewesen, die die Stille durchbrachen. Wir mussten bei mehreren Bataillonen haltmachen, denn die Männer brauchten Munition.

Mittags kamen wir zum Stützpunkt des Bataillons «Liwa Ahrar al-Aschair», der «Brigade der Freien Stämme». Die Männer handelten den Kauf von Waffen aus. Sie hatten nichts mehr, um sich zu verteidigen. Ich stand abseits und beobachtete sie. Die Patronen glänzten in der Sonne, die Männer berührten sie und sortierten sie aus wie Linsen. Es waren nicht viele, sie würden kaum ausreichen, um ein paar Häuser zu verteidigen. Aber die Männer brauchten sie so dringend, dass sie weiter um einen guten Preis verhandelten, denn sie hatten nicht genügend Geld.

Die Sonne versengte einem das Gesicht. Wir betraten ein Gebäude. Vier Männer warteten darin auf uns, sie besaßen lediglich Kalaschnikows, und ihr Stützpunkt verfügte über keinen Telefon- oder Internetanschluss. Handys gab es auch nicht, da in der Gegend das Netz gekappt worden war. In zwei weiteren Räumen lagen sehr schlichte Waffen – mit ihnen wollten sie sich den Panzern und Flugzeugen entgegenstellen! Trotzdem hatten sie hochgerüstete Truppen besiegen und zum Rückzug zwingen können. Der dunkelhäutige Mann, der neben dem Anführer der Einheit saß, entschuldigte sich für die Unordnung. Es gab einen Tisch und ein paar Stühle. Die Sonne schien ins Zimmer. Ihre Gesichter waren von der Sonne gegerbt. Beim nächsten Besuch sollte ich erfahren, dass der Stützpunkt bombardiert worden war.

In diesem Moment nun hatten wir es eilig, zum Stamm der «Ammar al-Mawali» in al-Daqra zu kommen, das war im Umland von Maarrat al-Nuuman. Wir wollten uns mit dem Scheich eines der Stämme treffen. In al-Daqra erfuhr ich etwas über die Armut dieser Menschen, ihre Großzügigkeit, ihren Stolz und ihren Mut. Ich bekam auch hier viele Geschichten zu hören. In einer von ihnen ging es um den Schutz der Getreidesilos vor Diebstahl, damit die Menschen nicht hungerten. Wir sprachen auch mit einigen Männern und dem Scheich des Stammes über die Bedeutung eines zivilen Staates und über ein geeintes Syrien, in dem die Freiheit die einzige Religion sein sollte.

Der Scheich des Stammes, Abd al-Razzaq, war Mitte fünfzig und gerade mit der Aufgabe beschäftigt, einen Entführten freizubekommen. Seine Frau bereitete uns das Mittagessen zu, und der dreizehnjährige Sohn bediente die Gäste.

Ein Flugzeug flog über uns hinweg. Ich ging hinaus, um es zu sehen. Die anderen folgten mir. Sie waren wie erstarrt vor Angst. Als ich in diesem Augenblick in den Himmel blickte, verstand ich, was für mich Heimat bedeutete und was Exil. Denn auch wenn ich mich illegal über die Grenze ins Land geschlichen hatte, war dies meine Heimat. Heimat bedeutete, auf ein Flugzeug zu starren, das seine Bomben auf einen abwerfen würde, und ungerührt zu beobachten, wo der Tod hinfiel. Exil bedeutete, auf der Pariser Place de la Bastille zu sitzen, unter einer angenehmen Sonne Kaffee zu trinken, neben einem zwei Verliebte, die sich küssten, und vor Schreck aufzuspringen, wenn sich einem ein Vogel aufs Bein setzte.

Wir kehrten ins Gästehaus des Scheichs zurück und hörten uns weiter seine Pläne zur Befreiung einer der Geiseln an. «Wie Sie sehen, haben wir uns hier gegen das Unrecht aufgelehnt», sagte der Scheich. «Wir wollen nur, dass unsere gerechten Forderungen nach einem Land, in dem das Gesetz regiert, erhört werden. Wir sind Stämme und verfügen über Waffen. Aber wir sind friedlich auf die Straßen gegangen. Erst als sie unsere Kinder und Frauen töten wollten, haben wir sie bekämpft. Ich habe die Universität besucht und bin gebildet, aber ich schwöre, dass der Fingernagel eines Kindes unseres Stammes uns so viel wert ist wie die ganze Welt. Ich werde nicht dulden, dass seine Würde oder die Würde irgendeines anderen Syrers erniedrigt wird. Sie sind wie meine Schwester, und wer Ihnen ein Haar krümmt, hat meiner Schwester eines gekrümmt. Sie stehen auf unserer Seite gegen das Unrecht und die Tyrannei der Assad-Familie. Wir alle sind Syrer, die gegen die Ungerechtigkeit sind ...»

Der Scheich sprach lange, und ich lauschte seiner klugen, einfachen und tiefsinnigen Rede. Wir lachten, als er erzählte, wie er zu Beginn der Revolution seinen ganzen Besitz verloren hatte, weil er ihn mit den Menschen teilte. Er sprach voller Stolz über seinen Bruder, den Anführer einer gegen Baschar al-Assad kämpfenden Einheit.

All diese verblüffenden Entdeckungen in den versprengten Dörfern konnten nicht verhindern, dass mir immer wieder das Gespräch mit einem desertierten Soldaten am verlassenen Stützpunkt eines Bataillons in den Sinn kam. Der Deserteur hatte erzählt:

«Mohammed und ich hatten uns freiwillig gemeldet. Wir waren immer zusammen. Wir stürmten ein Viertel in Homs, denn es hieß, hier gebe es bewaffnete Terroristen. Wir drangen in ein Haus ein und schlugen alles kurz und klein. Unser Offizier brüllte herum und fluchte. Er wollte, dass einer von uns ein Mädchen vergewaltigte. Die Familie hatte sich in einem Zimmer versteckt. Der Offizier befahl uns, stramm zu stehen, und nachdem er sich vor uns gestellt hatte, zeigte er mit dem Finger nacheinander auf unsere Gesichter, bis er schliesslich Mohammed auf den Rücken schlug und ihm befahl, in das Zimmer hinüberzugehen. Mohammed stammte aus dem gleichen Dorf wie der Offizier, in der Gegend von al-Ghab. Er wich in Panik zurück, da begann der Offizier ihn zu beschimpfen: ‹Du Weibsstück, du altes!› Da hat sich Mohammed auf den Boden gekniet und begonnen, die Schuhe des Offiziers zu küssen. ‹Bitte, ich flehe Sie an›, hat er gejammert. ‹Ich kann das nicht! Verlangen Sie das nicht von mir!› Der Offizier gab ihm ein paar Fußtritte, dann streckte er seine Hand zum Gürtel von Mohammads Hose aus und meinte: ‹Ich schneide ihn dir ab, du Weibsstück.› Mein Freund fing an zu weinen. Wenn sie Mohammed kennen würden! Der hat sonst nie geweint, er war ein mutiger Mann. Aber damals habe ich seine Tränen gesehen, er hat Rotz und Wasser geheult wie ein Kind und den Offizier angefleht, ihm das zu ersparen. Mohammed war mein Freund, und wir teilten viele Geheimnisse. Ich weiß zum Beispiel, dass er eine Freundin hatte. Der Offizier hat ihm die Hand zwischen die Beine gesteckt und gesagt: ‹Soll ich dir beibringen, wie man das macht, Weibsbild? Willst du, dass ich dir das beibringe?› Da hat sich Mohammed auf ihn gestürzt und ihn zu treten begonnen. Er war stark und konnte den Offizier zu Boden werfen. Er hat auf ihn eingeschlagen, dann hat er seine Waffe weggeworfen. Der Offizier stand sofort auf und erschoss Mohammed. Das habe ich mit eigenen Augen gesehen. Und wissen Sie, welche Stelle sich der Offizier als Ziel ausgesucht hat?» Er schwieg einen Augenblick, dann zeigte er ungeniert zwischen seine Beine. «Hier!» Schließlich fuhr er fort: «Als der Offizier von unserem anderen Freund verlangte, das Mädchen zu vergewaltigen, ging dieser schweigend hinein. Dann hörten wir sie schreien, sie und ihre Mutter und Geschwister, weil sie sie in ein anderes Zimmer zwängten. Ihr Vater war ein Deserteur gewesen und zwei Tage vorher getötet worden. So haben sie es im Umland von Homs und in einigen Stadtvierteln von Homs gemacht. An dem Tag habe ich beschlossen zu desertieren. Glauben Sie mir, es vergeht kein Tag, an dem ich nicht an Mohammed denke. Ich trage ihn in meinem Herzen. Ich bewahre seine Briefe an seine Freundin zu Hause bei meiner Familie auf. Und wenn ich das hier überlebe, werde ich sie ihr geben. Ich werde es tun, das schwöre ich, denn das bin ich ihm schuldig, wenn ich am Leben bleibe.»

Er sagte diesen Satz «Wenn ich am Leben bleibe», und die sengende Mittagshitze verschlug uns unter dem Beschussdonner den Atem.

Abends kehrte ich schweigend und mit verbranntem Gesicht nach Saraqib zurück. Ich bin die Wüstensonne nicht gewohnt. Ajusch und die Frauen und Kinder warteten schon auf uns. Alaa setzte sich auf meinen Schoß und kämmte mein Haar; sie versuchte mich auszutricksen, etwas über meinen Tag und die Geschichten zu erfahren, die ich gehört hatte. Ich war ihr nächstes Projekt – sie wollte mich in eine Geschichte verwandeln, die sie zukünftigen Gästen erzählen konnte. Sie sagte, sie behalte alle Geschichten, die sie höre. Diese heimliche Komplizenschaft zwischen mir und einem siebenjährigen Mädchen dauerte weiter an. Das Bombardement begann, ich hob sie hoch, nahm Ruha bei der Hand und lief in Panik mit ihnen in den Schutzraum. Es waren sehr laute Detonationen. Die beiden Alten blieben wie immer oben. Die Familie aus den Nachbargebäuden folgte uns. Und dort unten sagte ich zu Alaa den magischen Satz, der sie aufhorchen ließ: «Komm, ich erzähle dir meine Geschichte!» Ihre Augen begannen in der Dunkelheit zu leuchten. Ruha, ihre ernste elfjährige Schwester, schmiegte sich an mich. Sie schauten mich erwartungsvoll an, das Donnern des Bombardements ging ununterbrochen weiter, und ich begann zu erzählen: «Ich war früher nicht so wie heute. In meinem früheren Leben war ich eine Gazelle, deren Herz vor Kummer gebrochen ist.» Sie blickten mich enttäuscht an und riefen: «Du sollst nicht lügen!» Wir lachten lange, und ich versuchte sie davon zu überzeugen, dass ich tatsächlich eine Gazelle gewesen sei. Ich sagte, wir hätten keine andere Wahl als hier auf dieser Matte zu schlafen, und sie müssten jetzt das Ende der Geschichte anhören, weil ich sehr müde sei und sonst einschlafen würde. Die allgemeine Stimmung war bedrückt, die große Familie drängte sich ängstlich aneinander, aber ich erzählte weiter, wo ich aufgehört hatte: «Das Herz der Gazelle brach, es fiel ein Blutstropfen auf das grüne Gras ... und so wurde ich geboren.»

Während ich die Geschichte zu Ende erzählte, wurde meine Zunge schwer vor Müdigkeit. Ich sah die Mädchen wie einen Schatten, als sie eine dünne Decke über mich legten, bevor ich ganz im Schlaf versank.

Zweites Tor

FEBRUAR 2013

Es ist nicht einfach nur ein Bild. Man sieht, der Kopf ist nicht da, wo er sein sollte. Der Arm hängt neben der Unterlippe herab. Dann bemerkt man einige Tropfen Blut, die langsam das Bild hinunterfließen und von den Staubkörnern am Boden aufgesogen werden. Ein Anblick, wie ihn die Syrer täglich erfinden.

Syrer essen Syrer, kauen sie langsam, dann brechen sie eilig in Richtung der weiten Ebenen zum nächsten Massaker auf. Das ist keine Metapher einer kranken Schriftstellerin, die mit steifen Fingern Blut beschreibt. Das wurde mir klar, als ich erneut in mein Heimatland zurückkehrte.

Wir waren am Istanbuler Flughafen, die nächste Station sollte das türkische Antakya sein, die Einzelheiten der Reise waren mir bereits vertraut. Aber das Bild, das den ganzen Flughafen beherrschte, verwirrte mich: Dutzende von bärtigen jungen Männern mit Sonnenbrillen. Sie waren nur über der Oberlippe rasiert, während sie ihre Bärte auf sonderbare Weise wachsen ließen. Manche hatten sie in Erinnerung an den Propheten Mohammed rot gefärbt. Sie waren aufgeregt und schienen es eilig zu haben. Ich wusste nicht, ob ich sie noch einmal sehen würde, und versuchte mehrmals, mich ihrer Gruppe zu nähern, um etwas über ihre Nationalität herauszufinden. Einer war der Sprache nach Jemenit, ein anderer Saudi-Araber. Alle vermieden es, die Frauen anzublicken. Ich setzte mich in ihre Nähe, um ihre Gespräche zu belauschen. Aber sie blieben schweigsam und warteten wie ich auf das Flugzeug nach Antakya. Der Flughafen war voll, alle Menschen schienen es eilig zu haben und wollten die Prozeduren nur hinter sich bringen.

Ich hatte wegen des schwierigen Grenzübergangs lediglich einen kleinen Rucksack dabei. Wir bestiegen das Flugzeug. Vor mir saßen zwei Jemeniten, auf der anderen Gangseite Syrer und Syrerinnen. Überhaupt waren die meisten Passagiere Syrer oder Araber.

In den Flughäfen von Istanbul und Antakya konnte man die kommende Katastrophe deutlich in den verlorenen Blicken der Syrer ablesen.

Ich wurde von Maisara begleitet, außerdem von Fida Itani, einem befreundeten libanesischen Journalisten. Wieder war unsere nächste Station der türkische Grenzort Reyhanli. Es ist nicht nur ein Dorf, eher eine kleine Stadt. Vor der Revolution war es ein ruhiger Ort gewesen, ein Anziehungspunkt für syrische und libanesische Touristen. Außerdem profitierte der Ort lange Zeit vom Warenschmuggel zwischen der Türkei und Syrien; vor allem mit den Beduinendörfern auf syrischer Seite fand der Austausch statt. Nach Beginn der Revolution war es mit der Ruhe und dem Warenschmuggel vorbei. Nun fielen von Zeit zu Zeit Granaten auf den beschaulichen Ort. Gleichzeitig war die Einwohnerzahl aufgrund der Massen von Syrern, die vor den Luftangriffen in ihrer Heimat flüchteten, erdrückend angewachsen. Und diese Syrer wurden nicht einmal als Flüchtlinge gezählt, weil sie außerhalb der offiziellen Lager lebten. Kleinhändler profitierten von der Situation in diesem Grenzgebiet zwischen Leben und Tod – sie machten noch aus dem Tod ein Geschäft. Dazu kamen die Armen, die auf den Straßen nach etwas Essbarem suchten, und einige Reiche auf der Suche nach Sicherheit. Auch Anhänger von Baschar al-Assad befanden sich dort.

Als wir im Auto nach Reyhanli fuhren, mussten wir durch den Suk hindurch. Wir kamen kaum vorwärts, so voll war es. Alles schien zum Verkauf angeboten zu werden: Uniformen für die Freie Syrische Armee, Revolutionsfahnen, Kurzwaren, Kleidung, Haushaltsgegenstände. Waren und Konservendosen lagen auf dem Gehsteig ausgebreitet. Männer und Kinder priesen lauthals ihre Produkte an, die meisten waren Syrer. Tatsächlich sahen wir auf den Straßen keine türkischen Verkäufer, und auch die Kunden, die mit ihren Erwerbungen davonzogen, waren Syrer.

Hier, auf diesem kleinen Flecken, der an das syrische Territorium grenzt, trafen alle Seiten des Konflikts aufeinander: Es gab sogar Anhänger des Regimes, die ihre Aufträge und ihre Kanäle hatten, durch die sie zu den Revolutionären und Aktivisten vordringen konnten. Das blieb vielen nicht verborgen, und man musste auf der Hut sein. Rettung und Vernichtung lagen hier ganz nahe beieinander.

Die Türken beklagen sich über die Anwesenheit der syrischen Flüchtlinge, doch in Wirklichkeit profitieren sie von dem reichlich aus Syrien hergeschmuggelten Kapital, sie vermieten ihre Läden und Wohnungen, haben die Preise angehoben, und ihr Umsatz stieg um ein Vielfaches.

Unmittelbar neben den türkischen Läden sah ich syrische Geschäfte, die nach syrischen Städten und Dörfern benannt waren – in arabischen Schriftzügen. Als hätte man ein Stück Geographie ausgerissen und hierher verpflanzt; als könnte man dieses zerrissene Gebilde hier wie dort verteilen. Aber man kann es nicht: Es verliert sich und verschwindet in der

Kanalisation der Städte und ihren verschlammten Bewässerungskanälen. Es geht verloren, wie alle Dinge auseinandertreiben und verloren gehen.

Rechts neben unserem Auto stand ein Kind, kaum zehnjährig, und bot eine Hand voll Waren feil. Die Kinder liefen um die Wette, um ihre Waren anzubieten. Sie hatten ihre Schule, ihre Häuser und ihre Kindheit auf immer verlassen. Die Glücklichen unter ihnen lebten bei ihren Familien, die meisten aber waren Waisen, die allein die Grenze überquert hatten und hier auf der Straße lebten.

Auf der anderen Seite des Gehsteigs standen Mitglieder der Freien Syrischen Armee. Wir wussten nicht, welchem Bataillon sie angehörten, aber sie waren offenbar gerade erst angekommen und wurden schon von anderen erwartet. Sie trugen ihre Waffen nicht offen mit sich herum, wie es auf syrischem Territorium der Fall ist, und ihre blassen Gesichter, die langen Bärte und müden Augen deuteten darauf hin, dass sie Ruhe brauchten. Vermutlich waren sie hierhergekommen, um notwendige Besorgungen zu machen. Neben ihnen hielt ein Auto, aus dem ein junger Mann stieg. Sie hoben ihn auf ihre Schultern, ihm fehlte ein Arm und ein Fuß. Sie stiegen gemeinsam in ein anderes Auto, und einer von ihnen brüllte: «Looos, mach schon!» – «Ich bringe euch nur zum Rand von Bawabat al-Ghanam, dann kehre ich um», antwortete der Fahrer.

Kurz vor der syrischen Grenze liegen auf einer Fläche von etwa sechs bis zehn Quadratkilometern etliche Dörfer, die von Beduinenstämmen bewohnt werden. Sie sprechen Türkisch, Arabisch und ihren Beduinendialekt und betreiben Viehzucht und Ackerbau. Vor der Revolution lebten sie vor allem von dem Warenschmuggel, jetzt schmuggeln sie Menschen über die südlicher gelegenen Berge, die eine natürliche Grenze zwischen den beiden Staaten bilden. Die Beduinen verteilen sich entlang der Grenze, einer steht ganz oben auf dem Hügel, ein anderer unten, ein dritter begleitet die Menschen bis zu der Stelle des Übergangs. Sie kennen alle Schlupflöcher, die nach Syrien hineinführen, alle Löcher im Stacheldraht. Sie pflegen enge Beziehungen zur türkischen Gendarmerie, kommunizieren per Handy mit den Gendarmen oder verständigen sich mit ihnen in Sichtweite durch Rufe und verabredete Zeichen. In der Regel sind es schlanke, geschmeidige Menschen mit braunem Teint, die sich schnell und agil bewegen und blitzschnell zwischen den Bäumen verschwinden, als besäßen sie die eigenartige Gabe, sich in einen Teil ihrer Umgebung zu verwandeln.

Als wir in einem ihrer Dörfer ankamen, wartete schon ein dunkelhäutiger junger Mann auf uns. Ich dachte, dieser Grenzübertritt würde wie der letzte verlaufen: bis zur Erschöpfung durchs Niemandsland laufen, die Dunkelheit abwarten und dann hinüberschlüpfen. Aber die Stelle, an der wir beim letzten Mal die Grenze überquert hatten, stand nach den letzten Explosionen an der türkisch-syrischen Grenze jetzt unter verstärkter Beobachtung, wie Maisara sagte, so dass ein Grenzübertritt dort unmöglich war.

Wir fuhren über schmale, verschlammte Wege. Die wenigen Häuser waren unverputzt, hinter ihnen lagen Schafställe. Die Kinder sprangen trotz der Kälte fast nackt herum, und Wasserrinnsale behinderten das Vorwärtskommen. Vor uns lagen niedrige grüne Hügel. Von weitem konnte man Ansammlungen von wartenden Menschen erkennen. Wir mussten um den Berg herum zu einer anderen Stelle laufen. Ich schnallte mir den Rucksack auf den Rücken, und wir brachen auf. Wir waren zu dritt, hinzu kam unser beduinischer Führer. Wir gingen ein paar Schritte, dann tauchten die Gendarmen auf. Wir begannen zu laufen, doch der Schleuser beruhigte uns. Aber als ein Militärauto von rechts auf uns zukam, brüllte der Beduine uns etwas zu und lief zurück. Wir rannten hinter ihm her und kehrten zum Anfang des Weges zurück, von dem aus wir losgelaufen waren. «Wir trinken bei mir zu Hause einen Tee und warten, bis wir hinüberkönnen», sagte er. Durch die gleichen schlammigen Pfade gingen wir zu ihm nach Hause. Von überall stieg ein Geruch nach Fäulnis und Jauche auf. Frauen waren nicht zu sehen, nur Männer und Kinder. Und Autos mit Menschen, die über die Grenze wollten. Die Häuser aus Zement, die die Beduinen gebaut hatten, ähnelten ihren Zelten. Sie hatten die gleichen Farben, wirkten bescheiden und provisorisch.

Etwas später tauchte noch eine weitere Gruppe auf, die uns begleiten sollte. Wir waren nun etwa zwanzig Personen, ich war die einzige Frau unter ihnen. Drei Schleuser würden uns führen. Außerdem sah ich zwei Männer wieder, die schon mit mir von Istanbul nach Antakya geflogen waren: der Jemenit und der Saudi. Sie standen abmarschbereit da. Ich versuchte etwas von ihrem Gespräch aufzuschnappen, hielt aber gebührenden Abstand. Am liebsten hätte ich sie gefragt: «Was wollt ihr in meinem Land?», aber ich schwieg. In den letzten zwei Jahren hatte ich die Kunst des Schweigens gelernt.

Die beiden hatten nur leichtes Gepäck bei sich – es sollte wohl reichen für den Tod, auf den sie zusteuerten. Als wir losmarschierten, versuchte ich mich den beiden anzuschließen. Einer der Schmuggler schaute zu uns herüber und sagte verärgert zu unserem ersten Führer: «Sag bloß, du hast eine Frau dabei, Mann ... Kommt hier rüber, hier kann man besser gehen.» Wir stapften durch ein kleines Weizenfeld, über lehmige Erde, dann über die grünen feuchten Blätter, die zwischen den Olivenbäumen lagen. Ich hatte Gesicht und Kopf mit einem dunklen Tuch bedeckt und trug eine Sonnenbrille. Der ältere Schmuggler blickte sich immer wieder skeptisch nach mir um. Ich legte ein bisschen Tempo zu und überholte ihn. Es war anstrengend, ich war schon jetzt erschöpft, aber ich wollte ihm keine Gelegenheit geben, mir die Schuld für das langsame Vorwärtskommen der Gruppe zu geben. Unser Führer rief mir zu, ich solle anhalten. Ich blieb stehen und wartete darauf, dass sie näher kamen. Dann gingen wir zusammen weiter. Ich nahm die Sonnenbrille ab und warf dem älteren Schmuggler einen scharfen Blick zu, daraufhin ging er weg und ließ mich in Ruhe. Er beschwerte sich auch nicht mehr darüber, dass eine Frau in der Gruppe war.

Doch die meisten Männer konnten es nicht lassen, Kommentare darüber zu machen, dass ich eine Frau und dass mein Platz nicht hier sei. Die Kämpfer waren groß und kräftig, trugen lange Bärte und hatten einen durchdringenden Blick. Sie kümmerten sich um nichts und sprachen kein Wort, alles Eigenschaften, die viele für Männlichkeit und Kühnheit hielten. Ich persönlich sah darin eine Gleichsetzung von Leben und Tod. Ihre Welt war die Zerstörung, und ihr Glaube ließ sie im Tod leben. Sie waren nur für eine Übergangsphase zwischen einem Leben und dem anderen gekommen. Der Tod war die magische Kugel, die sie in die Paradiese der Ewigkeit katapultieren würde. Deshalb empfand ich ihre Gegenwart nicht als Ausdruck des Lebens, sondern bedauerte sie und wollte sie nicht hier haben.

Wir blieben kurz stehen, wenn wir Schüsse hörten, Schüsse in die Luft, von denen alle wussten, dass sie die Menschen lediglich einschüchtern sollten.

Vor uns erhob sich ein kleiner steiler Berg. Der beduinische Schleuser hatte offenbar seinen Streit mit dem türkischen Gendarmen beigelegt. Irgendjemand musste ein Interesse daran haben, dass die Menschen über die Grenze gelangten, und zweifellos sahen die Gendarmen die Kämpfer mit dem eindeutig salafistischen Erscheinungsbild. Manchmal behandelten sie die Menschen mit einer gewissen Brutalität und schlugen sie, aber sie gingen nie so weit, auf sie zu schießen. Und genau das garantierte den Flüchtenden und den Schmugglern letztlich eine gewisse Sicherheit.

Wir stiegen in verschiedene Richtungen bergan: Die anderen Männer entfernten sich von uns, so dass meine Begleiter und ich mit unserem Führer allein waren. Es war ein beschwerlicher Aufstieg. Ich sah mich immer wieder um, ich wollte das Vorwärtskommen der anderen nicht behindern. Zwischendurch ging ich ein bisschen in die Knie und beugte mich vornüber, so dass ich fast kroch. So waren wir, einfach nur Tiere. Ach, hätten wir doch auch den gleichen Überlebens- und Fortpflanzungsinstinkt wie diese Kreaturen.

Fida Itani riet mir, langsamer zu gehen, um nicht zu schnell außer Atem zu kommen. Mit zitternder Stimme sagte ich: «Hör zu! Wenn ich auch nur einen einzigen Augenblick stehen bleibe, rolle ich nach hinten in den Abgrund.» Er lachte. Da nahm mir Maisara den Rucksack ab und wir stiegen weiter bergauf. Ich kümmerte mich nicht um ihre Rufe, ich hörte die Schläge meines Herzens vom Gipfel her kommen. Die Luft verwandelte sich in meiner Lunge in harte Peitschen. Der Boden war schlammig, die Erde des Berges rot und fruchtbar. Als wir oben ankamen, entpuppte sich der Gipfel als breiter

Kamm, auf dem ein Weg durch die Bäume hindurchführte. Dort wartete ein Auto auf uns, doch ein paar türkische Gendarmen tauchten zwischen den Olivenbäumen auf und kamen auf uns zu. Sie kontrollierten unsere Taschen und sprachen mit unserem Führer. Ihre Patrouillen waren überall verteilt und konnten ständig plötzlich vor einem stehen.

Nach einer Taschenkontrolle durften wir passieren. Auch die ausländischen Kämpfer wurden durchgewinkt. Hier trennten sich die Gruppen. Die Bärtigen verschwanden, sie wurden irgendwo erwartet. Einer der jungen Männer erklärte uns, sie zögen in den Kampf. Es seien Saudis und Jemeniten, es gebe auch einen Franzosen tunesischer Abstammung unter ihnen. Die meisten von ihnen gingen jetzt nach Aleppo.

Ich verschob das Zwiegespräch mit mir über den Strom dieser ausländischen Kämpfer, die über die Grenze kamen, auf später. Der junge Mann, der darauf bestand, seine Identität zu verheimlichen, meinte, sie würden sich wahrscheinlich der Nusra-Front anschließen. Da tauchte eine neue Gruppe von Männern mit langen Bärten auf. Früher hatte man nur selten Mitglieder der Nusra-Front gesehen, denn die Bevölkerung hatte ihnen nicht erlaubt, sich innerhalb der Dörfer aufzuhalten. «Du wirst sehen, dass sie stärker und präsenter geworden sind», sagte Fida nun zu mir. «Es kommen schwierige Zeiten: Der Einfluss solcher Gruppen wird zunehmen, und sie werden mächtiger und brutaler werden. Wir werden Videos sehen, auf denen diese Leute Menschen auspeitschen und ihnen die Köpfe abschlagen.»

Erneut dröhnten Schüsse von den Grenzdörfern herüber, die Salafisten verschwanden zwischen den Bäumen. Massen von Syrern strömten in die Gegenrichtung. Jede Gruppe blickte jeweils auf die andere Seite der Grenze, das Pfeifen der

Schüsse wurde lauter, und wir alle mussten aussehen wie Rudel von Tieren auf der Flucht vor den Jägern.

Die Stadt Bennisch wirkte vollkommen verlassen. Keine Demonstrationen wie beim letzten Mal. Assads MiG-Flugzeuge hatten die Stadt beschossen, die Bevölkerung war geflohen, nur wenige Menschen lebten noch dort. Die Nusra-Front kontrollierte die Stadt. Ihre Anhänger bewahrten zwar die öffentlichen Güter, mischten sich aber entschieden in das Leben der Menschen ein. Sie betrachteten es als islamische «Neuerung», dass die Männer Hosen trugen. Sie selbst waren nun nach afghanischem Stil gekleidet, und viele aus der Bevölkerung von Bennisch taten es ihnen nach. Auch die Art, wie die militärischen Einheiten sich organisierten, hatte sich verändert. Es gab weniger Checkpoints.

Als wir am Flughafen von Taftanaz vorbeifuhren, schrie Maisara plötzlich: «Mein Gott, wir haben niemanden außer dir. Alles ist verloren! Hier ist Amdschad al-Hussein gestorben.»

Ich hatte Amdschad gekannt. Er war der Anführer des Bataillons aus Saraqib gewesen, ein 25-jähriger schicklicher junger Mann, der seinem Gegenüber nicht in die Augen schaute. Der Verlauf der Revolution hatte ihn wütend gemacht. Er war ein konservativer Islamist gewesen, hatte aber einen zivilen Staat gewollt. In der Schlacht um den Flughafen von Taftanaz war er umgekommen. Viele der Männer, die ich früher einmal getroffen hatte, waren tot. Auf der Fahrt durch die Dörfer in Richtung Saraqib riefen wir sie uns einen nach dem anderen in Erinnerung. Wir kamen an Bohnenfeldern vorbei und fuhren durch grüne Ebenen und Dörfer mit Steinhäusern. Die Straße war schlammig und auch wegen der Schlaglöcher – Überbleibsel der eingeschlagenen Granaten – schwer zu befahren.

«Idlib wird jetzt vom Regime kontrolliert, weshalb die Stadt völlig vom Umland isoliert ist», erzählte Maisara. «Die Einheiten bekämpfen sich untereinander, und es gibt jetzt mehr Diebe als Revolutionäre. Familien kämpfen gegen Familien, Söldner gegen Söldner ... Mein Gott, wir haben niemanden außer dir!»

Meine kleine Hexe war nicht mehr im Haus. Alaa und ihre Geschwister hatten Saraqib verlassen und sich in Antakya niedergelassen. Nur Maisara kehrte von Zeit zu Zeit in den Ort zurück. Das Haus war öde ohne die Kleine, an deren Gesellschaft ich mich gewöhnt hatte. Die ständige Angst vor den Bomben und dem sinnlosen und erbarmungslosen Tod hatte Maisara dazu gebracht, seine Familie in die Türkei zu bringen. Nur Nura, Abu Ibrahim, Ajusch, die beiden Alten und ich waren nun da. Mitglieder der Großfamilie kamen und gingen, und heute waren sie gekommen, um den Abend gemeinsam mit uns zu verbringen. Einige von ihnen hatten sich eine Weile in dem großen Haus niedergelassen, weil ihr eigenes Heim zerstört worden war und ihr Viertel fortgesetzt bombardiert wurde, aber sie wohnten nicht ständig dort. Die meisten Häuser hatten ihre Türen für Verwandte, Freunde und Bekannte geöffnet. Ajusch hatte den Keller ihres Hauses einer Flüchtlingsfamilie zur Verfügung gestellt.

Am nächsten Morgen zogen wir gemeinsam los, um die Situation der Flüchtlingsfamilien und die bombardierten Örtlichkeiten zu begutachten. Ein Polizist regelte den Verkehr. Irgendwie gab es in dem Städtchen eine Art sich selbst regelnde Ordnung, die zwar nur stockend funktionierte, aber immerhin. Die Straßen hatten sich verändert, waren noch kaputter als vorher, auch wenn man dabei war, die Schäden zu reparieren. Auf den Mauern von Saraqib sah ich Verse von Mahmud Darwisch, daneben standen erstmals Sprüche, mit denen die Nusra-Front – die «Unterstützungsfront» – und die Ahrar al-Scham – die «Islamische Bewegung der freien Männer» – gepriesen wurden. «Die Nusra-Front und die Ahrar al-Scham sind der Puls der Herzen», stand dort ganz groß.

Die Polizei empfing ihren Lohn von den militärischen Einheiten. Wenn der Polizist einen Strafzettel ausstellte, wurde die Strafe von den Milizen vollzogen. Es gab eine Bäckerei, die der Ahrar al-Scham gehörte. Das Scharia-Gericht bestand aus Richtern und Scheichs. Das offenbarte Gesetz des Islam und die Religion galten als das Recht, die Nusra-Front kontrollierte wiederum das Scharia-Gericht. Das für die Sicherheit zuständige Bataillon bestand eigentlich aus mehreren Bataillonen, unter anderen den «Suqur al-Scham», «Daraa al-Dschabal» und den «Schuhada Syria». Ajusch meinte, sie werde mir nicht die ganze Stadt zeigen können, weil die Bombardierung anhalte und eine Rundfahrt mit dem Auto zu gefährlich sei. Wir sollten jetzt lieber zu den Flüchtlingen gehen. Trotzdem blieb sie vor jedem zerstörten Haus stehen und erzählte mir seine Geschichte. Türenlose Häuser, Häuser ohne Dächer, ohne Wände, ein Haufen Steine. «Hier sind Abu Mohammed und seine Kinder gestorben.» Sie zeigte auf ein anderes Haus: «Die zweite Bombe hat das Haus unserer Verwandten zerstört, dabei ist ihr Sohn umgekommen. Und die Bewohner, die in diesem zerstörten Haus hier gewohnt haben, wurden umgebracht.» Wir blieben vor dem jeweiligen Haus stehen, ich machte Fotos, dann kehrten wir zum Auto zurück. Es gehörte Ajusch selbst. Sie hatte die fünfzig schon überschritten und war noch unverheiratet.

Als wir zu dem Keller mit den Flüchtlingen kamen, näherte sich am Himmel gerade ein Flugzeug. Wir beeilten uns. Der große Raum war seitlich durch Laken unterteilt, die mehrere Gruppen von Kindern, jungen Frauen und Männern einer einzigen Großfamilie voneinander trennten. Die Mutter, die Ajusch mir vorstellte, war eine schöne, untersetzte rothaarige Frau. Sie hatte vier Töchter bei sich, zwei von ihnen waren auf die Universität gegangen. Die Älteste war verheiratet und hatte selbst drei Kinder. Es gab noch andere Verwandte im Raum, und überall lagen und standen Sachen herum – eine Matte auf dem Boden, Teegläser, sogar ein kleiner Käfig mit zwei Vögeln.

Plötzlich begann die Decke zu erzittern, ein lautes Donnern ertönte, und wir sprangen entsetzt auf. Das Flugzeug hatte seine Bombe über dem Nachbarhaus abgeworfen. Nur wenige Meter trennten uns von dem Einschlagsort, es war das Haus der Frauen, mit denen wir kurz zuvor gesprochen hatten. Sie waren gerade dabei gewesen, herumliegende Glasscherben aufzulesen und andere Spuren der Bombe vom Vortag zu bereinigen – einer ihrer Söhne war bei dem Einschlag ums Leben gekommen.

Bei der zweiten Detonation blieben wir sitzen und warteten ab. Ganz in der Nähe des Hauses stand ein Panzer, den einer der Bataillonsführer dort abgestellt hatte; sein Umfeld bildete nun ganz offensichtlich die Zielscheibe. So machten sie es immer: Sie bombardierten die Häuser der Zivilisten, um die herum sich die Kämpfer postiert hatten, damit diese den Rückhalt in der Bevölkerung verloren. Ich saß zitternd da, während die absplitternde Farbe wie Schnee auf unsere Köpfe rieselte, und fragte die Familienmutter nach der Geschichte ihrer Flucht. Die Frau begann sofort zu erzählen:

«Seit Beginn der Revolution haben sie uns aus der Luft angegriffen. Unser Dorf Aminas liegt in der Nähe einer Ziegelfabrik, die zu einem Stützpunkt der Regimeanhänger und des Militärs wurde. Eine Granate ging im Olivenhain der Familie Naassan nieder, und viele kamen dabei um, die Arbeiter, die Mutter, ihr Sohn. Der Vater, der nur für eine Stunde weg gewesen war, um Wasser zu holen, entdeckte das Blutbad bei seiner Rückkehr. Einmal drangen die Regimeanhänger in einen anderen Olivenhain ein, und bald darauf fanden die Männer des Dorfes die ganze Familie von dort tot, abgeschlachtet: die Mutter, ihre Töchter, den Bruder, noch einen kleinen Jungen und die Schwägerin der Familie. Ich wollte nicht von zu Hause fort, aber die FSA hat uns geraten, das Dorf zu verlassen, das Militär sei auf dem Weg nach Al-Mastuma. Ich hatte Angst, dass meine Töchter vergewaltigt würden. Jemand hat uns für 7500 Pfund aus dem Dorf geschmuggelt. Unser Haus ist von einer Granate zerstört worden, wir besitzen nichts mehr. Sie bombardieren alles von der Ziegelfabrik aus. Und dann ist da noch ein Jugendlager der Partei, wo sich die Assad-Armee festgesetzt hat und von wo aus sie die Dörfer beschießt. Sie haben Aminas, unser Dorf, von allen Seiten angegriffen. Und als sie nach Al-Mastuma kamen, haben sie ganze Familien niedergemetzelt. Eine Mutter, die ihren Sohn beweinte, weil sie ihn vor ihren Augen hingerichtet hatten, haben sie auch getötet – weil sie geweint hat! Dann kam der Tag, an dem der Flughafen von Taftanaz von dreihundert Granaten getroffen wurde, und in derselben Nacht sind wir geflohen. Wir waren nicht die Einzigen, es gab lange Menschenschlangen, sie waren barfuß, manche halb nackt, und die Luftangriffe hörten nicht auf. Die Revolutionäre sind zu uns gekommen und haben uns Proviant für die Mahlzeit vor der Morgendämmerung gebracht; es war ja Ramadan. Auf dem

Weg hat eine Frau ein Kind geboren. Eine andere Frau ist blind und verwundet losgezogen. Wir sind ziellos umhergeirrt. Mein Mann und seine acht Geschwister haben sich in verschiedene Richtungen zerstreut. Das Haus einer meiner Brüder wurde von einer Rakete getroffen. Wir haben geglaubt, sie hätte ihn in Stücke gerissen. Aber er ist aus den Trümmern herausgekrochen und hat geschrien: ‹Nur wer diese Seele erschaffen hat, kann sie wieder zu sich holen.› In dem Moment haben wir gelacht ... Die Ziegelfabrik hat sich in eine riesige Militärkaserne verwandelt. Einmal haben Regimeanhänger von dort einen unserer Jungs geschnappt, und als wir ihn fanden, war er übel zugerichtet. Seine Finger waren abgeschnitten. Aber er war nicht tot. Einen anderen Mann, den sie festgenommen hatten, haben sie auf einen glühenden Grill gesetzt. Seine Frau ist geflohen ...»

Wieder ein lauter Knall, wieder ein Einschlag. Die Frau hörte auf zu sprechen. Wieder rieselte die Farbe von der Decke. Der Keller war feucht, das Gemäuer rissig, und mit dem Beben des Gebäudes fielen ganze weiße Placken auf unsere Köpfe. Die Vögel hüpften aufgeregt im Käfig herum, und eine der Töchter umschlang ihn mit beiden Armen und sagte: «Sie spüren die Gefahr.» Dann öffnete sie das Türchen des Käfigs, nahm vorsichtig die beiden Vögel heraus und schmiegte sie an ihre Brust. Den nahen Einschlag ignorierend, setzte sie das Gespräch an Stelle ihrer Mutter fort: «Wirst du alles aufschreiben, was ich erzähle?»

«Ja, das werde ich.»

Sie war eine schöne junge Frau. Mit grünen Augen, roten Wangen und schlanker Figur. Sie war zwanzig Jahre alt und trug einen leichten bunten Schleier. Ihre Finger waren zart und schmal. Sie stand auf, und ihre acht Geschwister drängten sich um sie. Sie schob sie weg, legte mir die Hand auf den Kopf und fragte: «Schwörst du bei Gott, dass du der Welt erzählen wirst, was ich dir sage?»

«Ich schwöre es.»

«Schwöre in deinem Herzen bei dem Teuersten, was du hast!» Ich schwor im Stillen und hatte das Gefühl, ein Felsen würde mir den Kopf zerdrücken, so schwer lag ihre Hand darauf. Sie kehrte an ihren Platz zurück und sagte, sie sei Malerin und schreibe auch Gedichte. Dann öffnete sie ein Heft und fügte hinzu: «Schreib über das Dorf Aminas. Dort bin ich geboren.» Sie begann, aus ihrem Tagebuch vorzulesen, und ich schrieb mit:

«Es war am 5. Januar 2013. Man erzählte uns, dass die sechs Mädchen, ein junger Mann und seine Frau, die man entführt hatte, tot seien. Am selben Tag wurde noch eine Familie getötet, die zur Olivenernte gegangen war: eine Mutter und ihre beiden Söhne. Auch die Familie von Abu Amer wurde in dem Dorf, in dem wir wohnen, umgebracht. Auch die Familie von Abu Omru und ihre Arbeiter. Sie haben ihnen in den Kopf geschossen. Die Familie von Abu Amer haben sie zuerst verschleppt und gefoltert, dann haben sie sie auf die gleiche Art getötet, mit Kopfschüssen. Die Frau von Amer war im neunten Monat schwanger. Sie hat das Kind inmitten des Mordens zur Welt gebracht. Die Männer, die losgezogen waren, um die Leichen von Abu Amer und seiner Familie zu holen, berichteten, sie hätten die Frau und ihr Baby tot aufgefunden. Zwischen den Olivenbäumen hätten noch die Leichen weiterer Familienangehöriger gelegen, alle auf die gleiche Weise hingerichtet, mit Kopfschüssen.» Die junge Frau mit den Mandelaugen blickte mich streng an, dann starrte sie auf die Wörter in ihrem Heft. Ich wartete darauf, dass sie fortfuhr:

«Das waren Assads Leute. Auf die Autos, mit denen sie fortfuhren, hatten sie zwar ‹Freie Armee› geschrieben. Aber wir wissen, dass es Regimeanhänger waren. Bevor sie losfuhren, haben sie noch Bäume umgerissen und alles zerstört, was ihnen in den Weg kam. Dann haben sie die Leichen und das Werk ihrer Zerstörung fotografiert und die Fotos ins Internet gesetzt. Dazu haben sie geschrieben, das sei die FSA gewesen ... Soll ich weitererzählen?», fragte sie mich in einer Mischung aus Ungeduld und Schüchternheit.

«Auf jeden Fall ... bitte!»

Da fuhr sie fort: «Das hier habe ich am 12. Januar geschrieben, in dem Dorf Abin, bei Verwandten von uns. Wir waren tagelang herumgeirrt und hatten nicht geschlafen, nachdem wir Aminas verlassen hatten. Hier berichte ich über unsere Flucht:

Es ging das Gerücht, sie wollten unser Dorf bombardieren und die Revolutionäre ausrotten. Um 22 Uhr kam die Nachricht, eine Kolonne von Panzern und Soldaten sei auf dem Weg zum Flughafen von Taftanaz. Der Flughafen war von den Revolutionären umzingelt. Die Kolonne würde genau durch unser Dorf fahren. Deshalb haben wir das Dorf gegen 23 Uhr verlassen. Wir hatten furchtbare Angst. Wir hatten ein kleines dreirädriges Auto, auf das wir einige unserer Sachen luden. Doch das Auto gab unterwegs den Geist auf, und wir mussten es anschieben, bevor wir unseren Weg fortsetzen konnten. Wir fuhren ziellos durch die Gegend. Wir kamen an dem Dorf Sarmin vorbei, dann fuhren wir eine lange Strecke über die Autobahn. Als der Motor endgültig aussetzte, steckten wir mitten in der Nacht auf der Straße fest. Wir gingen zum ersten Dorf, das wir fanden, zum ersten Haus, aber man hat uns nicht aufgemacht, sondern uns aufgefordert zu verschwinden. Auch beim zweiten Haus wurde uns nicht geöffnet. Die Bewohner des dritten Hauses haben uns dann eingelassen und uns angeboten, die Nacht bei ihnen zu verbringen. Aber meine Mutter wollte das nicht, weil sie ein ungutes Gefühl hatte. Sie bat meinen Vater, uns zu seinen Freunden in Kafr Amim zu bringen. Es war schon nach ein Uhr, die Hunde in der Umgebung bellten, ich fürchtete mich in der Dunkelheit und vor den bellenden Hunden, die hinter uns herliefen. Um zwei Uhr nachts kamen wir dann nach Kafr Amim und liefen dort von Haus zu Haus.»

Draußen hörte man eine Granate niedergehen, aber die junge Frau hörte nicht auf zu sprechen, und ich hörte nicht auf zu schreiben: «Am 13. Februar sind wir wie Verlorene in der Gegend herumgeirrt. Auf der Flucht vor den Bomben und Granaten haben wir jede Nacht woanders geschlafen. Ich hätte nie erwartet, dass all das passieren würde, aber als wir so umherirrten, lernte ich immerhin die ganze Gegend hier kennen. Wir verließen auch Abin, schnürten abermals unser Bündel. Andere Verwandte schlossen sich uns an.»

Sie sah zu mir auf. Sie hielt weiter ihr Heft in der Hand und hatte unter ihrer Jacke immer noch die Vögel an der Brust, die die Köpfe hervorstreckten. «Und dann?», fragte ich. Während sie mit lebhafter Stimme fortfuhr, goss ihre Mutter uns Tee ein und rief ununterbrochen Gott an.

«Am 15. Februar kamen wir nachmittags hier in Saraqib an.» Sie blickte zu Ajusch hinüber und sagte zu ihr: «Möge Gott dich schützen dafür, dass du uns gerettet hast!» Dann fuhr sie fort: «An diesem Tag hätte ich eigentlich zur Uni gehen und meine Prüfung ablegen müssen. Aber die Straßen waren ja gesperrt und komplett unsicher. Ich will nur noch über zwei weitere Tage berichten. Wenn du das nicht aufschreiben willst, muss ich deine Zeit gar nicht erst in Anspruch nehmen.»

«Ich werde alles aufschreiben», antwortete ich und sah ihr in die Augen, die weiter so streng blickten, aber gleichzeitig tränennass waren. Sie öffnete wieder ihr Heft und las weiter:

«Das war unser zweiter Tag in Saraqib. Der 16. Februar. Ajusch kam zu uns und machte eine Liste von dem, was wir brauchten. Ein junger Mann hat uns Decken gebracht, die wir auf dem Boden ausgebreitet haben. Es ist ein seltsamer Ort, von den Wänden splittert die Farbe. Am meisten schmerzte mich der gedemütigte und gebrochene Blick meines Vaters, wenn er sich bei jenen bedankte, die uns Essen und Brot brachten. Wir haben in Hülle und Fülle gelebt, und nun leben wir von den Spenden anderer. Wir sind zu Bettlern geworden. Ich empfinde Schmach. Wir haben zwar einen Holzofen hier, aber es bleibt kalt und feucht, und das Holz geht zu Ende. Manchmal knurrt uns der Magen vor Hunger. Aber wir bitten niemanden um Essen, da sind wir uns einig. Als meine jüngeren Geschwister auf dem Friedhof hier in der Nähe spielten, ging knapp daneben eine Rakete runter. Wir haben die Kinder hierher geholt und uns alle in eine Ecke gedrängt. Ihre Panik, ihre starren Blicke waren schrecklich.

Am 19. Februar haben wir zwei Vögel bekommen, samt Nest und Küken, und aus einem Ei ist auch noch ein Küken geschlüpft. Wir haben den Käfig in die Mitte des Raums gestellt. Meine Geschwister sind irgendwohin verschwunden, und das Vogelpärchen füttert die Küken mit ihren kleinen Schnäbeln. Ich hätte heute eigentlich an der Universität in Idlib sein sollen. Meine Kommilitonen werden morgen an der Uni eine Prüfung ablegen, und ich bin hier mit meiner Familie eingeschlossen. Wenn in der Nähe eine Granate niedergeht, fängt das Weibchen im Käfig an zu flattern. Es schlägt mit den Flügeln gegen die Gitterstäbe und lässt die Küken im Stich. Dann setzt es sich neben das Männchen. Die Vögel beruhigen sich erst, wenn der Beschuss aufhört. Ich habe meine Freundin angerufen und sie gebeten, die Unterlagen von den Vorlesungen mitzubringen, die ich verpasst habe. Mein Vater hat mich mit dem dreirädrigen Auto, das wir hatten reparieren lassen, zu ihr gefahren, um die Papiere abzuholen, aber das Auto ging schon wieder kaputt. Deshalb kamen wir zu spät, und meine Freundin war schon weg. Ich habe so geweint. Ich wollte unbedingt lernen und meine Prüfungen ablegen. Aber das ist unmöglich. Wir sind in den Schutzraum zurückgekehrt, hier laufen wir den ganzen Tag um den Pfeiler in der Mitte des Raums herum, und abends schweigen wir.»

Sie hörte auf zu lesen, ihre Stimme war heiser geworden. Sie nahm meine Hand und sagte: «Das reicht. Wenn wir jetzt sterben, wird die Welt unsere Geschichte erfahren, nicht wahr?» Ich nickte ohne zu zögern.

Wir verließen die Familie unten im Keller und stiegen hoch in die ausgebrannte Wohnung von Ajusch im zweiten Stock. Die Wände waren schwarz. Eine Granate hatte die Wohnung getroffen. Ajusch sammelte ein paar Sachen auf und erklärte mir, was es jeweils war. Ich sah nur schwarze Stöcke und Klumpen, aber sie war sich vollkommen sicher: «Das ist ein Stück vom Kanapee, das hier ist eine Kaffeetasse, das ist ein Teil vom Schrank ...»

Als wir die dritte Granate hörten, sagte sie: «Wir müssen zurück. Für heute ist es genug.»

Wir gingen wieder durch den Keller. Ich dachte bei mir: Wenn ich einen Prosatext schreiben würde, würde ich diese junge Frau zu einer meiner Protagonistinnen machen. Ich würde sie so schildern: «Rothaarig, mit zwei leichten Flügeln, die schnell um ihre Brust herum wuchsen. Aus ihren drei Augen rankten Olivenbaumzweige. Immer wenn eines ihrer jungen Geschwister, die wie ein vernachlässigter Fleischklumpen an ihr klebten, sich an ihren Hals hängte, um ihre Aufmerksamkeit zu erregen und von der neugierigen Besucherin abzulenken, die ihnen den Tag noch mehr als die Bomben vergällte, dann umfasste sie es mit ihren Fingern und steckte es zu den Vögelchen unter ihre Jacke. Sie trug ihre Geschwister wie verwundete Vögel in den Händen und in ihren Blicken.»

Aber das, was ich niederschrieb, war kein Roman. Es war die Wahrheit.

Das Medienbüro von Saraqib lag mitten im Suk. Dort bombardierten Assads Flugzeuge besonders intensiv. Ich sagte zu den jungen Männern dort, sie sollten ihr Büro verlegen, es liege an einem zu gefährlichen Ort, und sie müssten unbedingt am Leben bleiben. Eine der Mauern war vor vier Monaten getroffen worden. In dem Büro gingen verschiedene Menschen ein und aus, Aktivisten, die fotografierten, Kämpfer, Leute einer Hilfsorganisation, Journalisten – allerdings keine syrischen, es waren überwiegend ausländische, erst nach der vollständigen Befreiung der Region um Idlib kamen zunehmend arabische Journalisten.

Als wir im August 2012 durch die Dörfer gefahren waren, waren sie noch nicht vollständig befreit gewesen, und wir hatten damals Umwege fahren müssen, um den Checkpoints der syrischen Armee auszuweichen. Auch Saraqib selbst war noch nicht vollständig befreit gewesen. Nun bewegten wir uns zwar gänzlich frei auf dem Boden, doch der Himmel war noch immer vom Regime beschlagnahmt. Die Männer meinten, hätten sie nur Flugabwehrraketen, dann würden sie siegen.

Der Chefredakteur der Zeitschrift *Zeitun (Oliven)*, die nach der Befreiung gegründet worden war, sagte: «Revolution heißt nicht nur Kämpfen und Krieg. Wir wollen die Menschen bilden, wollen zivile Aktionen, aber wir haben nicht die Mittel dazu. Und wir werden ständig bombardiert, deshalb sind wir in unserer Bewegungsfreiheit eingeschränkt. Wir waren von Anfang an mit vielen Schwierigkeiten konfrontiert. Die mangelnde finanzielle Unterstützung und die fortgesetzte Bombardierung sind dabei noch nicht einmal das Schlimmste, sondern der zunehmende Einfluss der dschihadistischen Gruppierungen, die das Leben der Menschen ihren Regeln unterwerfen wollen.»

Der Chefredakteur und die anderen Männer im Büro litten unter Erschöpfungszuständen. Die jungen Kerle arbeiteten unermüdlich. Sie luden Fotos hoch, führten Statistiken über die Anzahl der Getöteten, nahmen Kontakt zu humanitären Organisationen auf, um über die Situation der Menschen zu berichten. Sie zählten die Einschläge. Später würden sie eine Dokumentation über die Chemiebomben anlegen, die auf Saraqib fielen, und sie an Regierungsstellen in der ganzen Welt schicken. Aber sie würden irgendwann die Hoffnung aufgeben, denn alles, was sie taten, zeitigte keinen Erfolg: Die Welt ließ sie im Stich.

Mohammed und ich waren mit Abu Wahid verabredet, dem Anführer einer Einheit der Freien Syrischen Armee, um mit ihm nach Maarrat al-Nuuman zu fahren. Er hatte in der Gegend eine Flugabwehrkanone gebaut, die er mit dem Pickup weitertransportieren wollte. Bevor wir losfuhren, steckten wir noch einige Zeitungen und Flyer aus dem Medienbüro ein, die wir unterwegs in den Dörfern verteilen wollten.

Abu Wahid saß selbst am Steuer. Wenn man das Gedränge und Treiben auf dem Suk vor dem Medienbüro betrachtete, hätte man kaum etwas von den Ereignissen ahnen können – wären da nicht die zerstörten Gebäude und die von den Granaten aufgerissenen Straßen gewesen. Bomben fielen, Menschen starben, und eine Stunde später kehrten die anderen wieder zu ihrem Alltag zurück und kümmerten sich um die Bedürfnisse des täglichen Lebens.

Nur eine einzige Frau sah ich auf der Straße. Sie wurde von ihrem Mann begleitet und trug einen Gesichtsschleier. Es war das erste Mal, dass ich in Saraqib einen Gesichtsschleier sah. Sonst begnügten sich die Frauen mit einem normalen Kopftuch. Wir hielten vor einem Laden, der Gasflaschen verkaufte, und Manhal, der ebenfalls mit uns fuhr, fragte einen Jungen nach dem Preis einer Flasche. «2 550 Pfund», antwortete er. Vor einem Jahr noch hatte der Preis 270 syrische Pfund betragen.

Während unserer Fahrt tauchten auf den zypressengesäumten Straßen immer wieder Kinder auf, die Gemüse verkauften oder auch Fässer mit Dieselöl und Benzinkanister aufgestellt hatten. Auf den Fässern stand: «Schwarzes Dieselöl», «Rotes Dieselöl». Jedes Öl hatte seinen Preis, es war billig und von schlechter Qualität, und wenn es verbrannt wurde, entstanden giftige Dämpfe. Die Februarsonne schien grell, obwohl es kalt war.

Abu Wahid war Mitte vierzig und verheiratet. Er sagte zu mir: «Wir wollen einen gerechten Übergang, Madame. Wir wollen uns selbst die Dornen herausziehen, wir wollen keine internationale Intervention. Wenn sie uns Baschar alleine bekämpfen lassen würden und sich nicht einmischten, ginge es uns sehr gut. Dahinter stecken nur ihre eigenen Interessen. Und Sie sehen ja selbst, es nimmt kein Ende mit den Dornen. Mir ging es gut früher, ich war Bauunternehmer, ich habe Jura studiert. Ich wollte eigentlich am Theaterinstitut studieren, aber es hat nicht geklappt. Aber ich interessiere mich fürs Theater und verfolge die Serien im Fernsehen. Kurz gesagt: Ich liebe die Kunst.» Er lachte.

Auf der Autobahn Aleppo-Damaskus stießen wir wieder auf Kinder. Zehn Jungen standen da in Reih und Glied wie eine Militärtruppe, die Kanister mit Dieselöl und Benzin vor sich aufgestellt. Die meisten Kinder gingen wegen der ständigen Luftangriffe nicht mehr zur Schule.

Wir näherten uns Khan al-Sibl, einem Ort, den die Kämpfer von einem Stützpunkt der Assad-Armee befreit hatten. Eine Straßensperre der FSA tauchte vor uns auf. Sie bestand lediglich aus einem Pick-up, darauf drei Kämpfer mit Gewehren in der Hand. Die Bevölkerung von Khan al-Sibl war nach dem Abzug von Assads Truppen zurückgekehrt.

Als wir an Dscharrada vorüberkamen, sagte ich zu den Männern: «Das ist eine antike Siedlung.» Die tausende Jahre alten frühbyzantinischen Ruinen ragten immer noch in die Höhe. In ganz Dschabal al-Zawiya gab es etliche römische Altertümer. Überall lagen römische Kapitelle und gigantische Säulen. Die meisten dschihadistischen Gruppen erkannten ihre Bedeutung nicht an, und der Raub von Altertümern war Teil ihres Glaubens. Die Zivilisation begann für sie mit dem Islam. Zwischen den Ruinen wuchsen Mohnblumen. Als Nächstes tauchte der Ort Ruwaiha auf. Allerorten waren römische Grabhäuser zu sehen, die wie kleine Schlösser aussahen. Die meisten seien ausgeraubt worden, sagten die Männer.

In Sardscha verschwand der rote Boden und wich einer Steinwüste. Dort gab es Checkpoints von verschiedenen militärischen Einheiten, die ihre Macht und Herrschaft demonstrierten. Ähnlich in dem Ort Deir Sunbul, aus dem Dschamal Maaruf stammte, der Anführer der «Front der Revolutionäre Syriens», und wo wir einen Panzer und mehrere Militärcheckpoints sahen. Auch an Sperren der Nusra-Front und der Ahrar al-Scham kamen wir vorbei.

Abu Wahid gehörte zur Freien Syrischen Armee, und er glaubte noch immer, dass die ausländischen Dschihadisten in ihre Heimat zurückkehren würden, sobald das Regime gestürzt wäre. Ich teilte seine Meinung nicht. «Wir werden sehen», sagte er. «Deren Heimat ist ihr Glaube», meinte ich.

Wir kamen problemlos vorwärts, weil Abu Wahid überall bekannt war. Ohne die Begleitung eines Mitglieds einer bekannten Einheit wäre es unmöglich gewesen, sich sicher durch die Gegend zu bewegen. Vor uns tauchte ein großer Lastwagen auf, der Zelte für Flüchtlinge geladen hatte. Die Häuser am Straßenrand waren vollkommen zerstört. Dazwischen standen Mandel- und Olivenbäume.

Dann erreichten wir Rabiia, wo es unterirdische Grabkammern aus römischer Zeit gab. Es waren nun Höhlen, in denen Flüchtlinge wohnten. Wir hielten an, und ich bat meine Begleiter um etwas Zeit, damit ich mich über den Zustand der in den Höhlen lebenden Familien informieren und die Namen der Frauen notieren konnte. Um die Gräber herum wuchsen Olivenbäume, manche davon hatten die Flüchtlinge gefällt, um Brennholz daraus zu machen, andere waren von Granaten getroffen worden und verbrannt. Insgesamt lebten rund dreißig Familien in den Höhlen. Es gab sechs oder sieben solcher Grabkammern – eine schwarze Öffnung bildete den Eingang, dann führten ein paar abgenutzte Lehmstufen in das Loch unter der Erde.

Wir besuchten die Höhle einer Familie, die aus acht Kindern und ihrer Mutter bestand. Sie war die zweite Frau eines Mannes, der von einer anderen Frau weitere fünf Kinder hatte und in der gegenüberliegenden Höhle hauste. Mit der Frau zusammen lebte noch eine zweite Familie. Die Kinder waren barfuß und halb nackt. Die sechzehnjährige Tochter der Frau saß vor dem Eingang der Höhle. Ihr eines Bein endete bereits am Oberschenkel in einem Stumpf, das andere ging bis zum Knie. Den Rest hatte ihr eine Granate abgerissen. Sie trug einen Schleier, ihre Augen blickten klar. Sie erzählte mir, sie bringe den Kindern das Malen bei, aber sie bräuchten Farben. Sie selbst müsse eigentlich mehrmals operiert werden, weil sich die Wunde entzündet habe und möglicherweise ihren ganzen Körper vergifte. Das Mädchen beachtete uns dann nicht weiter. Sie sah kurz zu, wie wir in die Höhle hinabstiegen, dann drehte sie den Kopf und malte wieder Linien in den Schlamm.

Es gab kein natürliches Licht in der Höhle. Tag und Nacht tat eine alte Medizinflasche ihren Dienst, die man mit Öl gefüllt, einem Docht versehen und angezündet hatte. Es verbreitete einen schrecklichen Gestank. Die Kinder drängten sich um mich und blickten mich neugierig an. Ich ließ mir von ihnen erzählen, was sie in dieser nicht enden wollenden schulfreien Zeit taten. Sie waren zwischen drei und fünfzehn Jahre alt. Die Mutter erzählte mir, dass ihr Mann die Hilfslieferungen, die sie für ihre Kinder bekomme, für seine andere Frau mitnehme. Sie hatte ein Baby auf dem Arm und ihr Bauch war bereits wieder gewölbt. Es würde ihr neuntes Kind sein. Sie und ihre acht Kinder, die in einer Höhle lebten, deren

Boden aus Lehm bestand und von deren Decke es im Winter tropfte, bekamen kaum eine Mahlzeit pro Tag. Die Kinder, die sich um die Kerzen scharten, die wir angezündet hatten, hatten einen hellen Teint und blaue Augen, aber ihre Haut war trocken und rissig, die Füße bluteten und eiterten, Rotz verdreckte ihre Gesichter, und ihre Bäuche wirkten in dem dämmrigen Licht wie Felsvorsprünge. Die Familie stammte aus dem Dorf Kafruma, die Frau hieß Umm Mustafa. Ihre mittlere Tochter war taub, seit in ihrer Nähe eine Granate eingeschlagen war, und sie war es, die sich um ihre Schwester mit den kurzen Beinstümpfen kümmerte. Sie hielt ängstlich ihre Hand, und das Seltsame war, dass die beiden Mädchen trotz der düsteren Szene so hinreißend waren und ihre Gesichter leuchteten. All diese Schönheit, die in der Hässlichkeit des Bösen verborgen lag ... Ich erzählte Abu Wahid, dass dieser Abu Mustafa seiner Frau die Hilfslieferungen stehle. Da lachte er nur. Aber ich konnte es nicht lustig finden.

In den anderen Höhlen sah die Situation nicht viel anders aus. Gruppen von verlorenen Menschen hockten in der Finsternis der Erde wie Tiere, die sich zum Sterben verkrochen hatten. Auf der Erdoberfläche schien alles normal. Vor den Höhlen hatten die Kinder ein kleines Tor für ihren gelben Ball gebaut, den sie durch den Schlamm kickten. Nur dieser Anblick zeugte von der Existenz von Menschen, die unter der Erde lebten, mit all ihrem Hunger, dem Schmutz, den Lumpen, in denen sie schliefen, so dass sie anfingen, streng zu riechen. Ich hielt es nicht mehr aus. Das war ein seltener Höllenkreis. Nicht für verlorene Seelen. Die Teufel selbst hatten sich das ausgedacht.

Wir stiegen ins Auto und schwiegen. Immer wieder tauchten Grabstätten mit schwarzen Löchern auf. Hier lebten Dutzende von Menschen in Höhlen. Direkt vor uns waren die Häuser dem Erdboden gleichgemacht worden. Eine totale Zerstörung, als sei der Ort von der Zeitmaschine in einem einzigen Augenblick in die Steinzeit katapultiert worden. Gleichzeitig war der Himmel von einem strahlenden Blau.

Als wir an Haas vorüberfuhren, bekamen wir mit, dass der Ort bombardiert wurde. Dort waren Einheiten der Nusra-Front gewesen, sie hatten sich jedoch zurückgezogen. Nach dem Ort Haas tauchte wie eine Gruppe hoch aufragender Zypressen Al-Hamidiya auf.

Abu Wahid erzählte, dass viele Bataillonsanführer und viele Aktivisten der friedlichen Protestbewegung getötet oder verhaftet worden seien. Es seien die besten Männer gewesen. Dann zählte er die Eigenschaften jedes Einzelnen von ihnen auf, und ich war fasziniert von all den Details ihrer Erlebnisse, von denen er berichtete. Von weitem schien es, als hätten sich weiße Wolken in den Zypressen verfangen, und Abu Wahid erzählte immer weiter von einem Todesfall nach dem anderen. Ich schüttelte den Kopf, meine Augen waren starr auf die Straße gerichtet, und mein Gehör konzentrierte sich auf den Himmel, aus dem es in der Ferne Bomben regnete.

In Taqla veränderte sich die Natur. Der Name des Ortes stammt aus dem Aramäischen und geht auf die heilige Thekla zurück. Hier wechselten sich Hügel und Täler ab. Es waren arme Dörfer, die von der Landwirtschaft lebten. Wir hielten beim Bataillon «Schuhada al-Hurriya» («Märtyrer der Freiheit»), der Einheit von Abu Wahid. Ich war nun neugierig, die Flugabwehrkanone zu sehen, die sie gebaut hatten.

«Was können diese Kanonen schon gegen ein Militärarsenal ausrichten, das von Iran unterstützt wird?», sagte Abu Wahid. «Aber wir müssen kämpfen, wir haben keine Wahl.

Wir werden sterben oder kämpfen. In unserer Einheit haben sich alle Männer aus den umliegenden Dörfern zusammengefunden, um die Bevölkerung hier zu verteidigen. Es sind ganz normale Leute. In anderen Bataillonen ist das anders, wie Sie sehen werden. Das hängt von der Finanzierung ab und davon, wer die Waffen liefert. Wir haben ein nationales Konzept, und unser Kampf gegen Assad ist ein nationaler Kampf. Mit den anderen Gruppen haben wir nichts zu tun, und wir wissen nicht, wie sie in unser Land gekommen sind.»

Die improvisierte Kanone befand sich in einem Olivenhain. Sie bestand aus den Resten eines Panzerrohrs und hatte große Räder, die man in den Schlachten erbeutet hatte. Es war eine sehr schlichte Konstruktion, und sie hatte praktisch nichts gekostet. Die schwarze Mündung war steil aufgerichtet. Wir gingen um sie herum, und ich steckte meine Hand in die Öffnung. Hier kam der Tod heraus. Von hier aus bekämpfte der Tod den Tod. Zu Beginn der Revolution hatte mich der Anblick eines Panzers in Panik versetzt. Jetzt steckte ich meine Hand in die Öffnung einer Kanone.

«Die Reichweite beträgt vierzehn Kilometer. Wir nehmen Google zu Hilfe, um die Entfernung zu bestimmen. Einen Teil der Munition stellen wir hier her. Wir haben besondere Werkstätten für Waffen eingerichtet, das reicht alles gerade so aus. Ich habe alles, was ich besaß, für die Revolution hergegeben. Früher habe ich Geschäfte mit dem Staat gemacht, das waren Bauaufträge im Wert von über fünfzig Millionen Pfund. Ich habe das alles aufgegeben, denn sie haben uns bombardiert, haben unsere Eltern und Kinder getötet und unsere Familien vertrieben. Dafür werden wir sie töten. Wir greifen sie nicht an. Ich kann ihre Gespräche im Flugzeug abhören. Sie wollen uns alle umbringen», sagte Abu Wahid.

«Aber dieser Kreislauf des Tötens darf nicht zum Wichtigsten werden, wofür die Menschen leben. Das ist doch keine Gerechtigkeit», entgegnete ich. Abu Wahid und die Männer schwiegen. Und ich dachte bei mir: Vielleicht sind Gerechtigkeit und Moral nicht das Gleiche.

Wir setzten unser Gespräch bei Abu Wahid zu Hause fort. Seine Frau, seine Kinder und seine Mutter aßen mit uns. Es gab weder Wasser noch Strom, trotzdem servierten sie uns ein reiches Mahl. Überall, wo wir als Gäste aufgenommen wurden, war die größte Sorge der Dorfbewohner, uns so gut wie möglich zu bewirten. Ich war mir sicher, dass sie nichts anderes mehr besaßen, aber sie zögerten nicht, es uns anzubieten.

Als wir um das große Tablett herum saßen und aßen, sagte Abu Wahid: «Sobald das Regime am Ende ist, werden wir unsere Waffen fortwerfen. Danach wollen wir wie Menschen leben. Niemand mag den Tod, wir wollen unsere Kinder ganz normal erziehen und zur Schule schicken. Aber jetzt schlafe ich niemals bei mir zu Hause. Ich bin ein Kämpfer. Ich muss an der Front sein. Dabei kommen die Bomben sogar bis hierher, sie bombardieren uns von allen Seiten. Können Sie das fassen, dass eine Regierung, ein Staat sein eigenes Volk bombardiert? Ich werde das mein ganzes Leben lang nicht begreifen.»

Je länger Abu Wahid sprach, desto wütender wurde er. Er hörte auf zu essen. «Schauen Sie sich mal die Risse in der Decke an. Eine Granate ist neben meinem Haus niedergegangen, sie hat meine Familie nur um ein paar Meter verfehlt. In meinem Haus gibt es keinen Schutzraum, wir legen unser Schicksal in Gottes Hände. Wohin sollen wir denn gehen? Die Detonationen lassen das Haus erzittern. Trinkwasser müssen wir kaufen. Stellen Sie sich das mal vor: Jeden Monat brauche ich 4 000 Pfund, um Wasser für meine Kinder zu kaufen. Auf meinem Grundstück auf dem Land habe ich meine Quelle den Leuten kostenlos überlassen … Wir teilen Leben und Tod miteinander. Die Regierung hat Raketenwerfer eingesetzt und die Menschen aus Flugzeugen bombardiert, um Khan Scheichun einzunehmen. So feige sind sie, denn auf dem Boden können sie uns nicht bekämpfen. Deshalb bombardieren sie uns aus der Luft und zerstören unsere Dörfer.» Etwas später fuhr er fort: «Es gibt etwas Wichtiges, das Sie wissen müssen: Jede Region hat mittlerweile ihre eigene Organisationsstruktur, und in jedem Dorf sieht die Situation anders aus. Alles ist durcheinander geraten, man hat das Gefühl, jede Ansammlung von Menschen bildet bereits einen eigenen Staat.»

«Das ist das normale Chaos nach einer Willkürherrschaft», antwortete ich.

«Bei uns passieren mittlerweile merkwürdige Dinge. Nehmen wir das Thema der Kriegsbeute. Man hat diesbezüglich ein islamisches Rechtsgutachten erstellen lassen, und nun haben die Milizen eine Rechtfertigung gefunden, um zu stehlen. In Kafruma zum Beispiel fangen die Leute an, sich wegen Militärbeuten gegenseitig zu bekriegen, statt für die Revolution zu kämpfen. Natürlich, ein schweres Geschütz ist Millionen wert, das wäre für jeden ein Gewinn. Deshalb werden vielleicht ganz neue Gefechte ausbrechen … Alles ist komplizierter geworden. Die Einwohnerzahl in unserem Dorf betrug früher fünftausend, jetzt ist die Zahl infolge der Flüchtlinge auf fünfundzwanzigtausend angestiegen. Man kann jetzt nicht mehr von einem Syrien sprechen, alles hat sich verändert.»

Wir wollten nun nach Maarrat al-Nuuman weiterfahren, wo die Front verlief, an der sich Regime und revolutionäre Gruppierungen gegenseitig beschossen, wobei Assads Flugzeuge die Region zugleich ununterbrochen bombardierten. Wir mussten zehn Kilometer parallel zur Frontlinie zurücklegen, und auf einer Strecke von tausend Metern waren Heckenschützen postiert. Der Himmel war klar und sonnig – günstige Bedingungen für Bombenabwürfe. Die Bevölkerung wusste, wann bevorzugt bombardiert wurde. Die Kinder kannten sich aus mit Raketen, Panzern und Granaten. Sie hatten miterlebt, wie es war, wenn ein Mensch von einem Scharfschützen getötet wurde.

«Es gibt da einige Scharfschützen, die direkt auf die Straße zielen, und wir müssen da durch», sagte Mohammed. Vor zwei Tagen erst war ein Mann dabei umgekommen, aber wir hatten keine andere Wahl, als weiterzufahren. Die Bäume blühten, der Boden war übersät mit roten und gelben Blumen. Vor uns tauchte zunächst ein Checkpoint der «Bajariq al-Schimal»-Brigade («Brigade der Flaggen des Nordens») auf. Unsere Männer fragten, ob wir weiterfahren könnten. Der Bewaffnete am Checkpoint antwortete: «Wenn das Schicksal es will, werdet ihr überleben.» Dann setzte er sich auf einen Stein, legte sein Maschinengewehr in den Schoß und starrte uns verzweifelt an.

Wir senkten die Köpfe, Manhal gab Gas und fuhr mit unglaublicher Geschwindigkeit durch die Straße. Ich hörte Schüsse und rührte mich nicht, bis sie irgendwann lachend riefen: «Wir leben!» Ich hob den Kopf, und für einen Augenblick war es, als wäre ich in einem Alptraum gefangen und könnte nicht mehr daraus erwachen. Vielleicht gleichen sich die Bilder von der Zerstörung, und ich finde es richtig, sie immer wieder zu beschreiben, aber was ich in Maarrat al-Nuuman sah, übertraf alles Vorhergehende. Nicht weit von uns stand ein kleiner weißer Lastwagen, darauf saß eine Mutter mit ihren vier Töchtern, die älteste wohl um die zehn Jahre alt. Die vier waren verschleiert, die Mutter mit einem schwarzen Tuch bedeckt, und der Lastwagen wurde von einer Granate beschossen. Es war grauenhaft.

Die Gebäude an der Straße neigten sich in Richtung Boden, Eisen und Zement schienen sich vor unseren Augen in etwas Flüssiges zu verwandeln. Ein vierstöckiges Haus, dessen Dach ganz einfach zum Bürgersteig heruntersank wie ein Theatervorhang! Und darunter verschwand die Menschenmasse. Indem die Gebäude aufeinanderfielen, sanken sie ganz langsam zu Boden, neben die riesigen Müll- und Schuttberge, die über die ganze Stadt verteilt waren. Maarrat al-Nuuman bot ein Bild der kompletten Zerstörung.

Im selben Augenblick ertönte vor uns das Pfeifen einer Granate, deshalb bogen wir schnell in eine der Gassen ein. Die Straßen waren voller Schlaglöcher. Die Rollgitter der Geschäfte flogen durch die Luft und fügten dem Bombenlärm noch ihr Scheppern hinzu. Vor uns lief eine Frau mit ihrer Tochter, was ungewöhnlich genug war, denn ich sah nur selten Frauen außer Haus. Wir bewegten uns in Richtung Große Moschee, die bereits vor über zweitausend Jahren eine heidnische Kultstätte gewesen war, bevor sie im Wandel der Zeit immer wieder umgebaut wurde. Das Minarett der Moschee war getroffen worden, und auf dem Boden lagen Trümmer aus Stein und Glas. Sie bombardierten bevorzugt Minarette.

Als wir über den Moscheehof in Richtung Gebetsraum gingen, ertönte am Himmel Flugzeugbrummen, und wir begannen zu laufen. Ein Mann aus Maarrat al-Nuuman erzählte:

«Hier ist eine Bombe runtergegangen, da haben wir ein altes Marktgewölbe entdeckt. Wir sind in das Loch hinuntergestiegen und konnten durch eine Öffnung Türen und Überreste von Lagerräumen erkennen. Es heißt, der Markt gehe auf vorchristliche Zeit zurück.»

Der Gebetsraum der Moschee war ebenfalls stark beschädigt, auch der Suk neben der Moschee war völlig zerstört. Stromkabel kreuzten sich mit Holz- und Eisenstäben. Die Bruchstücke von Zementmauern häuften sich übereinander und bildeten einen harmonischen Klumpen, als seien sie aus einem einzigen Teig gemacht. Ich fotografierte und machte mir schnell zu jedem Foto eine Notiz.

Vor der Moschee stand ein alter Mann. Er kam auf mich zu und sagte: «Haben Sie das gesehen? Haben Sie gesehen?» Er zeigte auf das Minarett. «Das sind die ‹Reformen› von Baschar. Wir haben doch nichts getan. Wir haben nur ein paar Rechte eingefordert, wirklich, das kann Gott bezeugen. Haben Sie das gesehen?!» Dann weinte er. Einer der Männer wollte ihn fortführen. Er hatte drei seiner Söhne bei der Bombardierung des Suks verloren. Aber er rührte sich nicht von der Stelle und weinte im Stehen.

An der Mauer des Suks war in großen Buchstaben geschrieben: «Wir werden standhalten – trotz der Belagerung.»

Wir wollten sehen, was aus dem Museum von Maarrat al-Nuuman geworden war, das zu den wichtigsten Mosaikmuseen im Nahen Osten zählt. Noch bevor wir das Museum betraten, sah ich, dass der Kopf der Statue des Dichters Abu al-Alaa Al-Maarri abgeschlagen war. Ich bat die Männer zu warten, damit ich den verbliebenen Rest der Figur fotografieren konnte. Später erzählte mir jemand, eine Granate sei auf die Statue niedergegangen. Doch die Zerstörungsspuren sagten etwas anderes aus. Einer der Männer meinte: «Sie haben den Kopf gestohlen und verkauft.» Andere erzählten, der Kopf sei durch einen Splitter abgeschlagen worden. Wieder ein anderer glaubte zu wissen, einer der Männer der Nusra-Front habe der Statue den Kopf abgeschlagen, weil der Dichter ein Ungläubiger gewesen sei. Jemand entgegnete verärgert: «Zumindest schlagen diese Leute nur Statuen die Köpfe ab und nicht den Menschen, wie Baschar es tut.» Wie hatte der Journalist Fida Itani gesagt? «In der nächsten Zeit wird es sehr brutal zugehen. Die dschihadistischen Gruppierungen werden die Menschen damit terrorisieren, zu köpfen und Leichen zu schänden, denn das ist Teil ihrer ganz besonderen Propaganda.»

Bei meinen Reisen im Umland von Idlib stellte ich generell fest, dass trotz widersprüchlicher Informationen mittlerweile einige Regionen von dschihadistischen Gruppierungen kontrolliert wurden, die aus dem Ausland kamen. Die befreiten Gebiete waren gewissermaßen besetzt, aber nicht planlos oder chaotisch, sondern auf eine organisierte und ausgearbeitete Art und Weise: Der ganze befreite Norden war in militärische Bezirke zergliedert, in denen sich die dschihadistischen Gruppen die Kriegsbeute teilten. Das bedeutete aber nicht, dass die Einheiten der Freien Armee nur tatenlos zusahen, viele von ihnen verfolgten auch weiterhin die Prinzipien der Revolution, sie verloren aber immer mehr an Bedeutung. Trotz all den drohenden Gefahren konnte ich jedenfalls bei meinen Fahrten erleben, dass die Menschen versuchten, mich vor jeglichem Leid zu schützen und mich von den Dschihadisten fernzuhalten.

Das Museum von Maarrat al-Nuuman befand sich in einer früheren Karawanserei aus osmanischer Zeit. Der von Murad

Pascha in Auftrag gegebene Bau war eine Raststätte für die Pilgerkarawanen gewesen, die von Istanbul nach Damaskus gezogen waren. Im Jahr 1978 hatte man ihn in ein Museum umgewandelt. Es beherbergte unter anderem einen Leseraum mit seltenen Büchern, vor allem aber eine großartige Sammlung antiker Mosaiken, darunter ein rund tausendsechshundert Quadratmeter umfassendes Mosaikwerk – ein Beispiel früher syrischer Kunst. In den Lagern des Museums wurden zusätzlich rund zweitausendvierhundert Quadratmeter Mosaikmauern verwahrt, von denen bis jetzt nichts bekannt ist.

Die Tür des Museums war mit Ölfässern verbarrikadiert. Daneben stand groß und deutlich: «Brigade der Märtyrer von al-Maarra». Die Brigade hatte das Museum zu seinem Hauptquartier umfunktioniert. Auch im Inneren standen überall Ölfässer herum, und eine schwarze Flüssigkeit floss unter den Ölkanistern neben den Mosaiken entlang. Unter den Gewölbebögen saß ganz still ein Hase und bewegte sich nicht von der Stelle. Man hatte ihm etwas Futter hingestreut, aber niemand näherte sich ihm. Der Anführer der «Salah al-Din»-Gruppe begleitete uns auf unserem Rundgang. Er hatte grobe Gesichtszüge, verhielt sich freundlich, wirkte aber in gewisser Weise gleichgültig. Als wir in einen Nebenraum traten, sagte er, sie hätten die Überreste der zerbrochenen Ton- und Glaskrüge gesammelt und würden sie sorgsam aufbewahren.

Seine Worte schienen zwei der jungen al-Maarra-Aktivisten nicht zu gefallen, doch sie sagten nichts. Überall lagen zerstörte Säulen und Kapitelle herum. Die Kalksteine stammten aus dem zweiten Jahrhundert n. Chr. Auch die Bilder an den Wänden waren von Schüssen und Granatsplittern durchlöchert. Der Leseraum war zerstört, die Bücher waren noch vor den Luftangriffen vom Assad-Militär verbrannt worden, und die wenige Überreste waren halb zerfleddert und voller Staub. «Darum können wir uns nicht kümmern. Wir sind mit dem Krieg beschäftigt», erklärte der Anführer der Einheit. Von draußen hörte man das Pfeifen einer Granate.

Der Raum mit den Glasgefäßen war komplett leer geräumt. Aber die Grabtüren aus Basalt waren noch an ihrem Platz. Am Ende des Raums hing ein vollständiges Mosaikbild, das auf die Zeit um 2000 v. Chr. zurückging. Es war in dem Dorf Mazkija entdeckt worden und zeigte den heiligen Weinstock.

Aus dem Museumshof waren die Statuen verschwunden, sie waren gestohlen worden. Nur die römischen Sarkophage mit ihren faszinierenden Reliefs standen noch dort, weil sie aufgrund ihrer Größe nicht so einfach gestohlen werden konnten.

Ich setzte mich unter einen Zitronenbaum im Hof und versuchte das Ausmaß der Zerstörung zu begreifen, die Zerstörung der historischen Vergangenheit. Nicht weit von mir las ich die Zeilen: «Es gibt keinen Gott außer Gott. Brigade der Märtyrer von al-Maarra.»

Eine weitere Granate ging in der Nähe nieder.

«Sie bombardieren völlig planlos», sagte der Anführer.

Er führte uns zu dem ehemaligen Pferdestall der Karawanserei. Auch hier waren antike Teile gestohlen worden. Der Raum war zerstört, und die römischen Kapitelle lagen im Hof herum. Ein Geschoss steckte noch in der Mauer. Dann zeigte uns der Anführer ein gepanzertes Fahrzeug. Brand-, Benzin- und Ölgeruch stieg davon auf. «Das haben wir von einer Militärkolonne erbeutet, als wir Wadi al-Daif eingenommen haben.» Er wandte sich mit ernster Miene an mich: «Hören Sie,

Madame: Wir waren an der Front. Wir sind die Freie Syrische Armee. Als wir zurückkamen, hat man uns erzählt, die Nusra-Front hätte der Statue von Abu al-Alaa al-Maarri den Kopf abgeschlagen, weil Statuen im Islam verboten seien. Ich weiß, dass Sie sich nach der Geschichte erkundigt haben.»
Ich schwieg.

Nach dem Museum wollten wir uns das Gefängnis von Maarrat al-Nuuman ansehen. Auf dem Weg durch die Stadt trafen wir auf surreale Szenen: Trümmerhaufen aus Beton, Blei, Eisen, antiken Überresten, Leichen – und dazu Frauen- und Kinderstimmen, die daraus hervordrangen. Sie lebten in einigen Räumen unter den Trümmern, die noch immer bewohnbar waren. Hätte ich diese Schilderung in einem Buch gelesen, ich hätte es nicht geglaubt. Männer sammelten zersplittertes Fensterglas auf. Die Granate war gestern hier eingeschlagen. Heute fielen die Bomben an einer anderen Stelle der Frontlinie. «Dort fahren wir nachher hin», sagte der Anführer.

Zwischen den Mauern eines oberen Stockwerks klemmte ein Schrank, aus dem die Kleidungsstücke wie an einer langen Wäscheleine hervorquollen. Ein Kind sammelte die bunten Kleidungsstücke ein, an die es herankam. Sie sahen erstaunlich sauber aus. Das Kind versuchte den Ärmel eines Hemds zu packen, als seine Mutter zu schreien begann. In dem Moment begann der Schrank zu kippen und mit ihm die Mauer. Das Kind wich zurück, ich stieß einen Schrei aus und hielt mir die Augen zu. Töne auszustoßen, die sich anhören wie Hundegeheul, ist meine Art zu verhindern, dass mein Gehirn explodiert. Als ich die Augen öffnete, dachte ich, ich würde den Körper des Kindes unter der Mauer zermalmt sehen, aber es stand da und schaute mich wie betäubt an.

Bevor wir zum Gefängnis weitergingen, zeigte uns der Anführer der «Salah al-Din»-Gruppe zunächst den Sitz der Stadtverwaltung. Die Büros waren heruntergekommen, die Decken infolge der Bombardierung eingestürzt, und ich konnte die verbrannten Auszüge aus dem Personenstandsregister erkennen. Der Anführer versuchte zu erklären, was passiert war: Sie hatten das Gebäude von den Truppen des Regimes befreien können und neunzehn Soldaten gefangen genommen, von denen zwei zu ihnen überwechselten. Elf Gefangene hatte das Scharia-Gericht zum Tode verurteilt, zwei weitere freigesprochen, diese waren zu ihren Familien zurückgekehrt. Das Schicksal der anderen Gefangenen war ihm nicht bekannt. «Da waren zwei Männer aus Rakka, ein junger Mann von der Küste, einer aus der Stadt al-Bab und einer aus Deir al-Zor. Aber wir haben zwölf Soldaten getötet», erzählte der Anführer der «Salah al-Din»-Gruppe und versuchte sich bei mir dafür zu rechtfertigen.

«So etwas passiert wohl im Krieg», antwortete ich.

«Das ist kein Krieg», entgegnete er.

«Doch, ein Krieg zwischen euch und Baschar al-Assad.»

Da fragte er: «Ist es nicht auch Ihr Krieg?»

«Doch, es ist auch mein Krieg, aber auf meine Weise. Ich habe meinen Stift. Ich bin Schriftstellerin und Journalistin.»

«Wollen Sie nicht lieber eine Waffe tragen?», fragte er lächelnd.

«Nein. Die Männer haben versucht, es mir beizubringen. Ursprünglich wollte ich eine Pistole mitnehmen, um mich zu schützen. Aber dann habe ich den Gedanken wieder aufgegeben. Ich werde es niemals tun. Ich habe lange darüber nachgedacht, denn ich weiß, es ist ein großes Risiko, in dieser Gegend keine Waffe zu tragen. Aber die Männer lassen mir gar keine Chance, Angst zu haben. Sie begleiten und beschützen mich auf geradezu übertriebene Weise.»

Der Anführer war ein einfacher Mann, der vor der Revolution auf dem Bau gearbeitet hatte. Er sagte, niemals habe er daran gedacht, je eine Waffe zu tragen. Er sei dazu gezwungen worden. (Alle behaupten das, aber alle tragen Waffen!) Er versuche sich trotz des herrschenden Chaos gesetzeskonform zu verhalten. Er beobachtete mich unbeteiligt und machte gleichzeitig einen geschäftigen und besorgten Eindruck. Über diesen Mann kann ich wirklich behaupten, dass er mutig war. Als er mit uns zum Gefängnis ging, das ebenfalls in der Hand des Assad-Regimes gewesen war, erzählte er: «Als wir das Gefängnis erstürmt haben, war es leer. Sie hatten die Gefangenen einfach mitgenommen.»

Wir betraten einen dunklen, schmutzigen Keller und gingen durch einen langen Gang, von dem die Zellen abgingen. Auf den Wänden der kleinen Zellen standen Sprüche wie: «Zeit, wie treulos bist du doch», «Abu Rudi al-Wardi, mein Leben, du bist meine Wahl und mein Schicksal». Auf dem Boden lagen noch die Sachen der Gefangenen, Hosen, Hemden, Unterhosen. Es roch verbrannt, und die Decke war von Ruß geschwärzt. Ein großes Feuer schien hier gewütet zu haben. «Sie haben den Ort bombardiert, nachdem wir ihn befreit hatten», erklärte der Anführer der Einheit.

Ich blieb bei einer Zelle stehen, die etwas weniger schmutzig zu sein schien. Die Sachen, die dem Gefangenen gehört hatten, wirkten auf eine absurde Weise sauber und ordentlich. Schuhe, eine zerrissene Matte und einige Löffel. Und neben einer schwarzen Hose lagen ein paar Blatt Papier, zur Hälfte verbrannt, die andere Hälfte rußverschmiert. Ich versuchte, die Blätter abzuwischen, aber sie zerfielen in meinen

Händen zu Asche. Auf allen Wänden war das Wort Gott zu lesen, und immer wieder sah man getrocknete Blutflecken, die wie dunkle Wachsflächen schimmerten. Viele Füße waren darauf herumgetrampelt, manche waren verblichen. Ich vermied es, darüberzugehen, weil ich sonst das Gefühl gehabt hätte, über eine Leiche zu gehen. Dabei stank es so bestialisch, als würden zehn Leichen gleichzeitig verwesen. Über die Glasscherben zu gehen, war nicht zu vermeiden. Am Ende des Kellers war es so dunkel, dass wir nur mit Mühe etwas erkennen konnten. Wir traten in einen Flecken Licht, die Sonne blendete, und für einen kurzen Moment war ich wie blind. Ich stolperte, fiel hin und prallte dabei mit der Nase auf einen getrockneten Blutfleck. Mir war, als hätte ich eine Leiche verschluckt! Ich rappelte mich sofort wieder auf und versuchte, vor den Männern die Fassung zu bewahren. Ich lief hinter ihnen her, und wir traten in die Sonne hinaus. «Die Männer werden mit Ihnen zur Front fahren; sie geht durch ein anderes Viertel. Seid vorsichtig», sagte der Anführer der Einheit.

Wir wurden von Ala und einem anderen jungen Mann begleitet, die zum Verein «Basmat Amal» – «Hoffnungslächeln» – gehörten, einer gemeinnützigen Organisation, die auch ein Sanitätszentrum umfasste. Wir sollten das Zentrum später noch besuchen, doch jetzt näherten wir uns erst einmal der Front.

Aus dem Auto heraus sah ich ein großes Geländer, das schwankend in der Luft hing; es sah aus wie in einem Science-Fiction-Film. Es drehte eine ganze Runde in der Luft im vierten Stock, dann krachte der Rest des zerstörten Hauses in sich zusammen und verursachte einen ohrenbetäubenden Lärm. Ein weiteres Haus war in der Mitte gespalten wie eine reife Frucht und stand nach vorne offen. Im zweiten

Stock konnte man das Schlafzimmer sehen, im dritten Töpfe, auf einem Regal aufgereihte Teller, daneben das Badezimmer, wo noch Frauenunterwäsche hing. Sie war einst rot gewesen, wie von einer hübschen kleinen Braut, doch durch den Staub war die Farbe verblichen. Der erste Stock zeigte ein großes Bett in einem Schlafzimmer, daneben ein kleines Holzbett, Kinderspielzeug und eine Wiege, deren goldbestickte Decke schwarz geworden war. Das Leben der Menschen und ihre persönlichsten Dinge waren der Öffentlichkeit preisgegeben. Der zweite Teil des Gebäudes war verschwunden. «Es ist von mehreren Granaten getroffen worden», erzählte Ala. «Das Westviertel von Maarrat al-Nuuman ist komplett verlassen. Da gibt es keine Spur von Leben mehr. Nachdem wir die Regierungstruppen hier vertrieben haben, haben sie alles aus der Luft bombardiert.»

Maarrat al-Nuuman hatte einmal hundertzwanzigtausend Einwohner. Dann war zeitweise keine Menschenseele mehr dort. Die Bevölkerung war geflohen und hatte sich in alle Richtungen zerstreut. Aber nach einer Weile kamen sie zurück. Sie wollten lieber zu Hause sterben als hungrig und heimatlos umherziehen.

Unterwegs sahen wir Frauen und Kinder, die Tüten mit Brennholz hinter sich herzogen. Es gab weder Strom noch Wasser, die Menschen versorgten sich durch die Quellen außerhalb der Stadt. Wir bewegten uns vorsichtig von Schutthaufen zu Schutthaufen vorwärts und kamen zur Hamza-ibn-Abd-al-Muttalib-Moschee, die weitgehend zerstört war. Die Kuppel lag auf dem Boden. Ihre Verzierungen und Muster waren unversehrt, und sie sah aus wie eine dort abgelegte Schüssel. Über einen Berg aus Steinen konnte man regelrecht auf sie hinaufklettern. Doch die Männer erlaubten uns nicht, weiter auf die Kuppel zu steigen, weil wieder bombardiert wurde. Eine Rakete war hier niedergegangen, aber nicht explodiert, sodass die Kämpfer sie weiterverwenden konnten. «Das passiert manchmal. Sie schießen mit Raketen, die nicht explodieren. Und so schießen wir damit zurück. Wir sind jetzt nur etwa siebenhundert Meter von der Frontlinie entfernt», fügte Ala hinzu.

Die Frontlinie ließ sich hier anhand einer Reihe von Zypressenbäumen bestimmen. Weiter würden wir nicht nach vorne gehen, entschieden die Männer. Plötzlich kam ein kleiner Junge vorbei. Was machte er hier? Sollte ich schreien? Er war etwa sechs Jahre alt und transportierte auf einem Karren drei alte Autoreifen, die ein kleines Fass stützten. Er wollte offenbar Dieselöl verkaufen. Wir gingen einfach an ihm vorbei, und niemand sprach ihn an. Wir kehrten wieder zurück zum Stützpunkt der Brigade «Die Märtyrer von al-Maarra».

Als Nächstes wollten wir den Verein Basmat Amal und die Sanitätsstation besuchen. Als wir im Auto dorthin fuhren, schrie Mohammed wütend: «Sie haben Saraqib beschossen! Los, wir müssen ins Internet ... oder wir müssen sofort umkehren.» Niemand hatte so eine enge Beziehung zu Saraqib wie Mohammed. Von allen jungen Männern, die ich dort kennenlernte, war er seinem Geburtsort am treuesten verbunden. Der Gedanke, Saraqib zu verlassen, schien ihm unmöglich. Einmal hatte ich ihn dazu überreden wollen, sich im Ausland am Auge operieren zu lassen, auf dem er infolge eines Schlags auf den Kopf das Sehvermögen verloren hatte. Er hatte vehement abgelehnt. Er wisse, dass die Dinge nicht mehr so seien, wie sie einmal waren, und dass die Revolution von ihrem Weg abgekommen sei. Aber er werde die Menschen nicht allein ihrem Schicksal überlassen. Er würde sich zwar gerne im Ausland operieren lassen, aber jetzt müsse er bleiben. Und so konnte Mohammed eben nur auf einem Auge sehen.

Unser Auto hielt vor dem Gebäude von Basmat Amal, und Mohammed lief sofort hinein. In dem Haus befanden sich viele Menschen, die alles Mögliche organisierten und regelten. Alle stammten aus der Stadt, junge und ältere Männer, Frauen, Kinder. Es gab einen Arzt, der Medikamente verteilte, um ihn herum eine Traube junger Männer. Er wurde von einer Frau unterstützt. Die Männer eilten uns sogleich entgegen. Sie waren sehr großzügig und boten uns an, etwas zu essen und zu trinken. Ein junger Mann brachte Tüten mit Brot. Das war etwas Besonderes. «Wir haben eine Brotkrise», erklärte der leitende Arzt. «Die Menschen haben Hunger, aber es gibt kein Brot. Auch Dieselöl und Strom haben wir nicht, genauso wenig wie Wasser. Stellen Sie sich einmal vor, wie die Überlebenden hier zurechtkommen sollen ... Vor zwei Wochen sind die ersten Leute zurückgekehrt, die geflüchtet waren. Wir haben jetzt zwischen zehntausend und fünfzehntausend Rückkehrer, von ursprünglich hundertzwanzigtausend, die geflohen sind. Viele sind obdachlos, viele verletzt, besonders Kinder. Wir haben ein Feldlazarett mit drei Operationssälen und verfügen über Narkosemittel.» In diesen armseligen Operationssälen, von denen er sprach, konnte man gerade einmal Kugeln entfernen und Wunden nähen.

Neben der Rettung der Verletzten versuchte man bei Basmat Amal, die Luftangriffe und die Anzahl der Getöteten zu dokumentieren. Einer der jungen Männer berichtete, als er mir das zweite Glas Tee einschenkte: «Assads Flugzeuge haben uns an einem einzigen Tag 28-mal bombardiert. So ging es eine Weile, aber nachdem zwei Flugzeuge abgeschossen wurden, ließ der Bombenhagel ein wenig nach.» Es seien mehr als tausend Häuser zerstört worden.

Die jungen Leute umringten uns, sie tuschelten und inspizierten uns, und als sie Vertrauen gefasst hatten, begannen sie loszusprudeln. Ich fragte sie nach der Situation der Frauen und bat sie, sie sehen zu dürfen. Ich erzählte ihnen von dem Projekt, ein Frauenzentrum zu eröffnen. Sie waren begeistert von der Idee, den Witwen der Gefallenen Hilfe zukommen zu lassen.

Einer der Männer, der gerade hereingekommen war, erzählte: «Sie haben uns mit Scud-Raketen beschossen, diese feigen Hunde, weil sie anders nicht gegen uns ankommen. Wir bräuchten dringend Flugabwehrraketen, dann wäre Assad schon längst gestürzt.»

Immer wieder hörte man diesen Satz, von Kämpfern, Aktivisten, Frauen und Kindern. Sie wussten, dass sie den Boden befreien könnten, aber die Flugzeuge verwandelten die befreiten Gebiete in Trümmerlandschaften.

Auch jetzt, während wir sprachen, waren von draußen Schüsse und Explosionen zu hören. Einige Kinder folgten uns in einen hinteren Raum. Dort gab es eine Abteilung für die Computer, gegenüber stand ein Tisch, auf dem sich die Brottüten stapelten. Es war ein Kommen und Gehen, wir saßen zu Dutzenden in einem Kreis zusammen.

Ein Mann meinte: «Die Leute von der Nusra-Front sind die besten Kämpfer.» Ein paar der anderen stimmten ihm nicht zu, ließen ihn aber ausreden. «Anfangs waren es hauptsächlich Ausländer, aber viele Syrer haben sich ihnen angeschlossen. Und vor allem haben sie Waffen.»

Ein anderer sagte: «Und was ist mit diesen Tschetschenen, die zu ihnen gestoßen sind? Was haben die hier zu suchen?»

Einer antwortete: «Das sind unsere Brüder im Islam, sie kämpfen gegen die Ungläubigen.»

Ich hörte ihnen zu und kommentierte es nicht weiter. Ich versuchte das Gespräch wieder auf die Situation der Frauen und Kinder und auf die Bildungssituation zu lenken, darauf, was wir machen sollten, wenn es noch Jahre so weiterginge.

Aber der junge Kerl unterbrach mich: «Ich bin für die Ahrar al-Scham, weil sie nicht stehlen wie die anderen Bataillone.»

Ein anderer schnitt ihm das Wort ab: «Ja klar, weil sie schon genug geklaut haben …!»

Es war schon über eine Stunde vergangen, Mohammed war die ganze Zeit unruhig von Raum zu Raum gelaufen, doch jetzt war seine Geduld am Ende. Er stand an der Tür und flehte mich an: «Wir müssen nach Saraqib.»

Also brachen wir auf.

Als wir aus Maarrat al-Nuuman hinausfuhren, wurde das Donnern der Bomben noch lauter.

«Himmel, Himmel, du Verräter-Himmel!», rief ich laut.

Es war bereits dunkel, und auf der gefährlichen Strecke mit den postierten Scharfschützen ließen wir das Autolicht ausgeschaltet. Es war zwar ebenfalls gefährlich, aber besser, als von den Schützen erschossen und dann von Hyänen gefressen zu werden. Niemand nahm Notiz von uns in dieser trostlosen Nacht. Ich dachte an das Haus in Saraqib, an die Familie dort, an Nura und Ajusch und an die beiden Alten, an die Wärme, die mich bei ihnen erwartete. Sie machten sich sicher Sorgen um uns.

«Es gibt besorgniserregende Nachrichten», sagte Mohammed. «Wir müssen in Saraqib sofort zu den Einschlagstellen fahren, denn es gibt Leute unter den Trümmern.»

Mohammed saß am Steuer und raste wie ein Wahnsinniger. Wir sagten nichts, denn wir kannten seine Sorgen. Er sprach die ganze Zeit mit sich selbst, und wir schwiegen. Als wir Saraqib erreichten, sahen wir Olivenbäume, die durch den Granatbeschuss aus der Erde gerissen worden waren und neben der Einzäunung eines Hauses lagen. Der Weg wurde uns von einem Traktor versperrt, den die Explosion in zwei Teile gerissen hatte. Wir nahmen eine andere Straße zur nächsten Einschlagstelle und stiegen aus. Der Anblick war furchtbar.

Ein dreistöckiges Gebäude war von mehreren Granaten getroffen worden. Ein Mädchen hatte man retten können, ihre Mutter und der Bruder waren tot. Nach einem weiteren Mädchen wurde noch gesucht. Dutzende Männer kletterten auf dem zerstörten Gebäude herum, das die Granaten in einen Trümmerberg verwandelt hatten. Dann holten sie einen Bulldozer, um das eingestürzte Dach fortzuziehen. Der Vater saß auf dem Gehsteig, das Gesicht staubbedeckt. Er sah aus wie eine Statue, wäre da nicht die Zigarette gewesen, die sich in seinem Mund bewegte. Sein Haar und seine Kleidung waren ebenfalls von einer dicken Staubschicht bedeckt. Er war außer Haus gewesen, als die Granaten einschlugen. Bei seiner Rückkehr war er in die Trümmer gestiegen und hatte die Leiche seiner Frau und seines Sohnes hervorgezogen und seine ältere Tochter lebend vorgefunden; die vierjährige Tochter blieb unauffindbar.

Ich steckte meinen Kopf durch die Reihe von Männern und kümmerte mich nicht darum, dass ich die einzige Frau unter ihnen war. Vor zwei Tagen hatten mich die Nachbarinnen gewarnt und mir geraten, mich während der Bombardierungen nicht unter die Männer zu mischen und auch nicht nach Toten zu suchen, weil ich dadurch Argwohn erwecken würde. Ich vergaß die Warnung, und als eine Granate auf das Haus neben einer militärischen Einheit fiel, blieb ich dort, um herauszufinden, was passiert war. Als ich bemerkte, dass ich weiche Finger und eine Haarsträhne unter den Steintrümmern berührt hatte, schrie ich auf. Da wurden die Männer auf mich aufmerksam und forderten einen jungen Kerl auf, mich von dort fortbringen.

Jetzt kam ein kaum Zwanzigjähriger auf mich zu. Er hatte ein schwarzes Stirnband umgebunden, auf dem stand: «Es gibt keinen Gott außer Gott.» Er rief seinem Kumpel zu: «Holt diese Frau von hier weg, die hat hier nichts zu suchen bei den Männern. Möge Gott mir verzeihen!» Die Sache wäre damit erledigt gewesen, hätte ich nicht an seinem fremdländischen Akzent bemerkt, dass er kein Syrer war. Deshalb blieb ich stehen und schaute ihn noch einmal genau an. Er war ein ausländischer ISIS-Kämpfer. Ich wich keinen Schritt zurück, während er auf mich zukam. Genau in diesem Moment hielt neben uns das Auto meiner Freunde, einer der Männer stieg aus und machte mir ein Zeichen, rasch einzusteigen. «Sie haben das Mädchen nicht gefunden. Sie suchen weiter», erzählte ich beim Einsteigen.

Mohammed tauchte zwischen den Trümmern auf, eine Plastikente in der Hand. Er bewegte die Lippen, aber ich hörte nichts. Als er auf die Ente drückte, gab sie einen seltsamen Ton von sich. Er drückte noch einmal, ein Quietschen war zu hören. «Es bricht mir das Herz», sagte er. «Diese Ente hat der Kleinen gehört.» Dann verschwand er wieder.

Saraqib wurde weiterhin bombardiert, weil es einen strategisch wichtigen Punkt für das Regime darstellte. Es sollte ein dauerhafter Zustand von Instabilität dort aufrechterhalten werden. Doch die Toten des Tages mussten beerdigt werden, denn die Leichen verwesten. Der Märtyrerfriedhof bestand aus nichts als ein paar Grabsteinen. Bei späteren Besuchen würde er sich in einen Garten verwandeln, denn neben jedem Grabstein wurde ein kleiner blühender Baum gepflanzt.

Alle, die auf dem Friedhof begraben lagen, stammten aus Saraqib. Auch Amdschad al-Hussein war dort begraben. Er war der Kämpfer, den ich beim ersten Mal getroffen hatte und dessen lebendes Gesicht ich in meinem Gedächtnis bewahren wollte. Er hatte für alle Syrer gestanden, die die Revolution begonnen hatten, um Freiheit und Würde zu erlangen. Aber schon damals hatte ich aus einem rätselhaften Grund den Tod in seinem Gesicht gesehen. Er war ein Mensch der Prinzipien gewesen, und mutig. Wir hatten zu Beginn der Revolution lange miteinander diskutiert. Seine Unerschrockenheit hatte mich beunruhigt. Jetzt stand ich vor seinem Grab. Ich strich über die Erde und sagte: «Guten Abend, Amdschad.» Ich konnte ganz deutlich seine Stimme in meinem Kopf vernehmen, seine wie auch die Stimmer vieler junger Männer, die wie er gestorben waren.

Rechts hoben zwei Männer die neuen Gräber aus. Neben den beiden Gruben steckte ein neuer Setzling, der mit feuchtem Papier umwickelt war. Der Himmel hatte kein Mitleid, wir hörten das Donnern der Bomben. Aber es kam von weit her, und die beiden setzten ihre Arbeit fort. Der eigentliche Friedhof von Saraqib lag weiter entfernt, der Märtyrerfriedhof war erst nach der Revolution angelegt worden. Überhaupt hatten sich die letzten Ruhestätten der Syrer nach der Revolution verändert, denn die Syrer beerdigten ihre Toten nun in den Höfen der Häuser und verwandelten auch die öffentlichen Parks in Friedhöfe. Sie begruben die Toten zwischen den Bäumen und setzten einfache Grabsteine auf die Stelle. Manchmal hoben sie auch einen langen Graben aus, in den sie gleich Dutzende Tote legten. Gab es ein kleines Grundstück direkt hinter ihrem Haus, begruben sie dort ihre Kinder. Und wenn ihre Häuser in den Städten beschossen wurden, suchten sie nach dem nächsten freien Platz in der Umgebung, um ihre Toten dort zu bestatten.

Die Friedhöfe rückten immer näher an das Leben der Menschen, rückten so nahe wie Läden und Straßen. Mit jedem weiteren Massaker verwandelte sich der Boden in eine Erdgrube, die von den Körpern der Syrer durchsetzt war.

«Das ist ein sehr ordentlicher Friedhof hier», sagte ich laut.

«Die Toten sind alles junge Leute», antwortete ein junger Mann aus der Grube heraus. Ich schwieg. Wir gingen mit gesenkten Köpfen zwischen den Gräbern einher, Fida Itani machte Fotos. Später würde ich auf Fidas Fotos die Sonne sehen, die hinter uns gestanden hatte, eine große Sonne hinter den Grabsteinen, davor unsere Schatten, von mir, Mohammed und den Männern. Der Ort löste sich auf, und unsere müden Körper verwandelten sich in schwarze Schemen. Auch sie waren bereit für den Tod und die Bomben. Auch wir waren Tote im Kontrast zum Licht, zur Luft und zur Erde. Der Tod war so leicht hier. Nah und intim, er lag sogar noch näher als das Atmen. Er lauerte überall, verbarg sich zwischen den kleinen Dingen, um dann ganz plötzlich hervorzustürzen. Eine der Frauen aus Saraqib, die in einem der Frauenprojekte arbeitete, erzählte mir, wie sehr sich vor dem Tod ihres Mannes ihre Beziehung verändert habe. Sie hatten noch zwei Kinder bekommen. Sie flüsterte: «Viel Tod bringt viel Liebe mit sich.» Bei meinen Besuchen von Frauen im Umland von Idlib fiel mir auf, wie sauber ihre Wohnungen waren, obwohl sie fast nie über fließendes Wasser verfügten. Ihre Augenbrauen waren nachgezeichnet, sie wirkten gepflegt, der Geruch von Reinigungsmitteln zog trotz ihrer Armut durch die Räume. In den ärmsten Häusern roch es nach billiger Seife. Bei den Flüchtlingsfamilien, die in halb verfallenen Häusern wohnten, wischten die Frauen ständig Staub mit einem alten Lumpen und wuschen den Kindern das Gesicht mit einem angefeuchteten Lappen. Bei den Menschen, die im Freien lebten, sah die Situation natürlich anders aus.

Der Mann, der das Grab aushob, rief von unten: «Dieser Friedhof ist unser Platz zum Atmen. Wir werden ihn vergrössern und die Mauer einreißen. So werden unsere Männer sicher unter der Erde schlafen.» Ich schaute ihn erstaunt an, während Mohammed und die anderen Männer wie in ihrem eigenen Haus herumgingen. Der Mann fügte hinzu: «Diese Erde besteht aus dem Fleisch unserer Kinder ...»

Noch bevor er seinen Satz beendet hatte, waren Detonationen zu hören. Wir liefen los. Es kam nicht von einem Flugzeug, sondern von einer Kanone. Als wir den Anfang der nächste Seitenstraße erreichten, explodierte gerade eine Granate über einem Haus. Der Himmel füllte sich mit Staub, und die Nacht senkte sich über uns herab.

Kurz darauf strömten die Menschen aus allen Richtungen herbei. Was für ein ständiges Chaos des Grauens. Leichen werden unter Trümmern hervorgezogen, Leichen verschwinden, Menschen, die Leichen bergen, werden selbst zu Leichen. Wie kann man noch einen klaren Gedanken fassen?

Es stellte sich heraus, dass gezielt eine Schule angegriffen worden war, die die Ahrar al-Scham zu ihrem Stützpunkt auserkoren hatte.

Während der Suche in den Trümmern belauschte ich das

Gespräch zweier Kämpfer über die Schlacht von Wadi al-Daif. Der Jüngere der beiden sagte: «Die Schlacht von Wadi al-Daif hätte schon längst beendet sein können. Die Bataillone, die finanzielle Unterstützung erhalten, ziehen den Kampf absichtlich in die Länge, um daran zu verdienen.» Der ältere Kämpfer widersprach ihm, doch der Jüngere wies ihn darauf hin, was beim Flughafen von Abu al-Duhur zwischen Maher al-Nuaimi und dem Bataillon «Syriens Märtyrer» geschehen sei. Er spuckte verächtlich aus und sagte: «So eine Schande ... Und deshalb haben wir die Revolution angefangen ...? Damit sie die Armen ausnutzen? Damit wegen ein bisschen Geld Menschen sterben müssen? Wer zahlt denn den Preis dafür? Die Armen!» Dann stieg er wütend den Trümmerhaufen hinauf. Es wurde wieder still. Nur die Klageschreie einiger Nachbarn waren zu hören.

Wir fuhren mit dem Auto zum Haus eines Freundes der Männer. Sie saßen dort bei Kerzenlicht zusammen, und kaum hatten wir gegrüßt, begannen auch schon die Vorbereitungen für das Abendessen. Eigentlich hatte ich ein paar Frauen besuchen wollen, besonders eine Märtyrerwitwe, die eine Wollwerkstatt eröffnen wollte. Aber es schien unmöglich, denn der Tag war lang gewesen, und die Bewohner des Hauses, in das wir so plötzlich eingedrungen waren, wollten uns ohne Abendessen nicht wieder gehen lassen.

Nura rief an. Ich wunderte mich, dass sie wusste, wo ich war. Sie machte sich Sorgen um mich. «Ich bin doch nicht mehr wert als andere auch», sagte ich zu ihr.

«Das stimmt nicht, du bist teurer als andere. Und du stehst unter unserem Schutz», entgegnete sie. Diesen letzten Kloß musste ich noch hinunterschlucken, bevor mir die paar Bissen wie Messer durch die Speiseröhre glitten.

Ich hatte mich immer wieder gefragt, welchen Sinn es hatte, diese Ereignisse aufzuzeichnen, die sich glichen und ständig wiederholten, doch dieses abendliche Gespräch mit Nura gab mir keine Chance, es verpflichtete mich dazu.

Nura stammte aus Damaskus, sie war die Frau von Maisaras Bruder – sie waren meine kleine Familie in Saraqib. Ich weiß nicht, woher die warmen Sonnenstrahlen im Herzen dieser Familie kamen, die mich immer wieder an eine Rückkehr denken ließen. Am liebsten hätte ich Frankreich für immer verlassen und ein Haus in Saraqib oder in Kafranbel gesucht, um mich dort niederzulassen. Doch die Lage verschlechterte sich täglich, und ich hatte das Gefühl, meine Anwesenheit bereitete den Männern zusehends Sorgen. Sie und alle Familien, die ich kennengelernt hatte, waren in ständiger Furcht, mir könnte etwas zustoßen, und taten alles dafür, mich zu beschützen. Ihre Gastfreundschaft wurde durch diesen Kloß in der Kehle getrübt, der Tag für Tag bitterer schmeckte.

Zurück bei meiner «kleinen Familie», tranken wir den Morgenkaffee auf den unteren Stufen zum Schutzraum, um einen kurzen Augenblick der Muße zu genießen. Wir sprachen über die Mahlzeiten, die ich gerne aß. Abu Ibrahim, der älteste Bruder von Maisara, war Ingenieur. Er hatte in Bulgarien studiert, und jetzt kümmerte er sich um sein Grundstück und seine landwirtschaftlichen Projekte. Er hatte sich an den friedlichen Demonstrationen beteiligt und war zu Beginn der Revolution verhaftet worden. Nach seiner Freilassung widmete er sich ganz der Unterstützung der Revolutionäre und ihrer Familien. Auch Nura tat das. Sie hatte sich in ihn verliebt, als er seine Schwester in Damaskus besuchte. Nura, die Intellektuelle, wie die Damaszener sie nannten, machte alles mit größter Eleganz. Während der Bombardements servierte sie ein Glas Wasser auf einem Tablett, auch mit den Süßigkeiten und den vergoldeten Kaffeetassen machte sie es so. Bevor ich das Land verließ, hatte sie immer Geschenke vorbereitet. Sie strickte mir einen Wollschal, und für meine Tochter hatte sie eine kleine Perlenbörse genäht. Wenn ich mit den Männern ins Umland fuhr, stand sie vor der Haustür, hob ihren Kopf zum Himmel und rief: «Lieber Gott, beschütze sie, beschütze ihr Herz und ihren Verstand. Lieber Gott, lass sie gesund zurückkommen!» Dann winkte sie. Ich wartete immer auf ihre Gebete. Aber Nura fürchtete sich vor den Bomben und konnte sich nicht daran gewöhnen. Sie begann immer noch zu zittern und in Panik zu verfallen, sobald sie das Geräusch einer Granate hörte. Das war der Grund, warum ich jedes Mal die Ruhe bewahrte – um einen Ausgleich zu bieten. Schließlich wurde diese Ruhe zu einem Teil von mir.

Heute wollten wir nach Kafranbel fahren, um Razan zu treffen, die nach Syrien zurückgekehrt war, um in den befreiten Gebieten zu arbeiten. Diesmal trat Nura nicht mit mir vor die Haustür, denn das Bombardement hielt an.

Es war bereits dunkel, als wir nach Kafranbel hineinfuhren. Als wir zum dortigen Medienbüro kamen, warteten die Männer und Razan schon auf uns. Dieses Medienbüro, dessen Bilder und Transparente in der ganzen Welt bekannt sind, war nichts weiter als eine verlassene Wohnung. Hier hockten die Aktivisten und Kämpfer in einem einzigen Raum auf Schaumstoffkissen und einer Plastikmatte um einen alten Ölofen herum. Die beiden anderen Zimmer waren leer, und die berühmten politischen Bilder von Kafranbel, die Ahmad Dschalaal gemalt hatte, lagen auf einem kaputten Stuhl neben der Zimmertür. Das Zentrum war offen für alle, die sich mit der

Außenwelt in Verbindung setzen wollten. Die Telefone funktionierten nicht, das Internet nur sporadisch. Sie besaßen nur schlichte Geräte, um ihre Nachrichten über die Ereignisse in die Außenwelt zu schicken. Wir kauerten im Büro um den Ofen herum, Manhal, Abu Wahid, Fida, Mohammed, Razan, Raed, Khaled al-Isa und ich. Außerdem drei Aktivisten, die eine Stunde lang, ohne uns weiter zu beachten, in die Laptops auf ihrem Schoß tippten, bevor sie uns wieder verließen.

Ich versuchte mir hartnäckig klarzumachen, dass ich mich nicht in einem Kinofilm über eine Revolution oder mitten in einem Roman befand – allzu romantisch wirkte die Szene im ersten Augenblick, zu idealistisch für eine Volksrevolution, wie wir sie aus Geschichtsbüchern kannten. Ich war verzweifelt, weil die Welt nicht wissen wollte, was hier in Wahrheit passierte. Man wollte uns als Wilde sehen, ohne Vernunft und Verstand, setzte uns alle mit islamischen Extremisten gleich. Für viele Regierungen und Nationen auf der Welt beschränkten sich die Bedrohung und die Grausamkeiten auf die sich bekämpfenden Gruppen. Ich lebte zwischen zwei Welten. In der einen war ich in Syrien, in der anderen hielt ich Vorträge in verschiedenen Städten der Welt. Ich versuchte zu erklären, was in Syrien passierte, und ich versuchte zu verstehen, wie die Menschen im Ausland über uns dachten. Wenn ich dann nach Syrien zurückkehrte und mit den Revolutionären und den Menschen hier lebte, dann befielen mich Hoffnungslosigkeit und Wut über das große Unrecht, das uns als Volk und unserem Anliegen widerfuhr. Der tiefen Leere und dem Gefühl der Vergeblichkeit konnte ich jedoch nur entkommen, wenn ich immer wieder hierher zurückkehrte.

Wir saßen um den Ofen herum, auf dem der Tee kochte. Die jungen Leute diskutierten angeregt mit uns. Raed meinte, nach dem Abzug des Militärs habe sich unter den verschiedenen Bataillonen Chaos breitgemacht, wodurch die Nusra-Front organisierter als die anderen wirkte und mit ihrer Ausrüstung, ihrem Geld und ihren Waffen beeindrucken konnte. Woher kamen die Finanzierung und die Waffen? Wir wussten es nicht. «In Saraqib ist die Situation anders», meinte Raed und blickte zu Manhal hinüber. Dort sei es die Ahrar-al-Scham-Bewegung, die mit Geld und Waffen unterstützt wurde und sich nun in das gesellschaftliche Leben der Menschen einmischte. Die Nusra-Front halte sich aus gesellschaftlichen Fragen eher raus. Bei meinen nächsten Besuchen sollte ich allerdings das Gegenteil erleben.

Ich fragte, was es mit dem «islamischen Kalifat» auf sich habe, und Raed bestätigte, dass diese Idee durchaus Sympathisanten fand. Grund dafür sei die ungeheure Brutalität des Regimes: Die Menschen fühlten sich sicher auf Seiten der Frömmigkeit und der Nusra-Front, denn sie hatten keine andere Wahl als den Tod und die Wohltaten, die sie im Jenseits genießen würden. Die Menschen seien von Mystikern zu Salafisten geworden. Die Salafisten bildeten auch ihre Kinder zu Kämpfern aus. «Das ist sehr gefährlich», sagte ich. Die Männer stimmten mir zu, und Ahmad, der Maler von Kafranbel, fügte hinzu: «Wir sind es, die die Revolution begonnen haben, und nun wird sie von ihnen übernommen.»

Wir tranken weiter Tee. Ich lauschte, ob Bombenlärm zu hören war, doch ein junger Mann sagte: «Hier wird derzeit nur wenig bombardiert.»

Raed fuhr an mich gewandt fort: «In Punkto Religion und Islam herrscht große Unwissenheit. Und Unwissenheit ist die Grundlage des Extremismus.»

Manhal glaubte nicht, dass dies die einzigen Gründe waren. Seiner Meinung nach würden auch andere Faktoren innerhalb der syrischen Gesellschaft eine Rolle spielen, etwa die Zugehörigkeit zur Familie und zum Stamm. In Bennisch zum Beispiel sei eine Auseinandersetzung zwischen zwei Familien der Grund, warum die Nusra-Front ihre Herrschaft über den Ort ausweiten konnte. Und als Taftanaz zerstört wurde, hätten die Menschen von Bennisch und Hisch tatenlos zugesehen.

Ich meinte, das Problem liege noch tiefer. «Wir haben es nicht gelernt, etwas für die Allgemeinheit zu tun. Als Ergebnis von totalitären Regimen haben wir nicht die Kultur entwickelt, uns mit dem Staat zu identifizieren. Deshalb entbrennen regionale Konflikte und mörderische Kämpfe zwischen verschiedenen Blöcken und Gruppen, und die Gesellschaft zersplittert.»

Raed zeigte sich weder optimistisch noch pessimistisch. «Wir haben keine andere Wahl, als den Weg, den wir begonnen haben, weiterzugehen», antwortete er.

Manhal sagte: «In der Revolution wurde der Gedanke der Zivilgesellschaft vernachlässigt.»

Raed schüttelte bekümmert den Kopf. «Ja, wir haben Fehler gemacht, aber wie hätten wir auch keine Fehler machen sollen? Wir hatten so viel damit zu tun, den Menschen hier und den Flüchtlingen zu helfen. Und gleichzeitig wurden unsere Häuser über unseren Köpfen zerstört», sagte er immer lauter.

Während wir redeten, hatten Razan und die Jungs ein Abendessen zubereitet, und nun verteilten sie Teller und Speisen auf dem Boden. Wir saßen im Kreis darum und tunkten das Brot ein, schlürften heißen Tee und redeten ununterbrochen weiter.

Raed fuhr fort: «Die Erste-Hilfe-Maßnahmen, die wir leisten müssen, übersteigen unsere Kapazitäten. Gleichzeitig herrscht inzwischen eine Atmosphäre des allgemeinen Misstrauens. Die Menschen misstrauen selbst denen, die in der Notversorgung arbeiten. Dazu kommt der Hunger. Wir müssten einen Neuanfang machen, einen Strich ziehen und über alles offen reden, was in der Revolution geschieht. Wir bräuchten einen Radiosender, um uns an die Bevölkerung von Kafranbel zu wenden und ein Nationalbewusstsein zu wecken. Das fordern wir auch vom Nationalrat und von der Koalition. Es ist umso wichtiger, als die Nusra-Front angefangen hat, durch die Verteilung von Brot und Dieselöl die Versorgung der Menschen zu übernehmen. Das tun sie schon in Aleppo und in Deir al-Zor, und es wird katastrophale Konsequenzen haben.»

Mich bedrückten diese Nachrichten, und ich hatte in dem engen Raum das Gefühl zu ersticken. Ich beobachtete die Männer, wie sie um ein paar Teller herumsaßen und darüber diskutierten, was getan werden müsste. Und dies alles in einem Umfeld von Tod und Gewalt. Erst als Abu al-Madschd im Medienbüro auftauchte, änderte sich die Stimmung, alle wurden fröhlicher.

Abu al-Madschd war weder politischer Aktivist noch Medienmann. Er war ein von der syrischen Armee desertierter Oberstleutnant und führte jetzt das Bataillon «Fursan Liwa al-Haqq» («Ritter der Brigade des Rechts») an. Er hatte seinen Laptop bei sich. Ich konnte ihn mir nicht richtig als Militärführer vorstellen, denn er lächelte die ganze Zeit. Innerhalb der nächsten Tage und Wochen würde ich erfahren, was es bedeutete, ein Militärführer mit solch einem heiteren Gemüt zu sein.

Er lachte und sah uns an: «Hallo Jungs, ich war gerade bei den Leuten von der Ersten Hilfe, und jetzt wollte ich hier mal ins Internet, um zu erfahren, was in der Welt vor sich geht ...»

«Du bist nicht zum Demonstrieren gekommen?», fiel Raed ihm ins Wort.

Abu al-Madschd lachte: «Nein, ich bin Soldat. Was soll ich da auf einer friedlichen Demonstration? Ihr und euer Facebook ... Wer sind denn eure Gäste hier?» Er lachte uns an.

Raed stellte uns einzeln mit unseren Vornamen vor und erklärte ihm, was wir taten. Ein junger Mann flüsterte ihm noch etwas ins Ohr, da schaute Abu al-Madschd mich an und sagte: «Wir alle sind Kinder eines einzigen Landes. Herzlich willkommen, Schwester.»

Er war Mitte fünfzig und hinkte. Er war bei der letzten Schlacht verletzt worden und war erst kürzlich von einer Operation in der Türkei zurückgekehrt. Er gehörte keiner religiös-extremistischen Gruppe an und erhielt auch keine Gelder von reichen Geschäftsleuten aus den Golfstaaten. Seine Einheit war pleite.

«Wir haben theoretisch tausendfünfhundert Kämpfer in unserer Brigade», erzählte er, «aber nur zweihundertzwanzig von ihnen kämpfen. Der Rest sitzt zu Hause, denn wir haben keine Waffen und weder ausländische noch inländische Unterstützung. Ein ganz klein wenig Hilfe bekommen wir von der Bevölkerung von Kafranbel. Aber es reicht nur aus, um den Status Quo aufrechtzuerhalten. Schauen Sie sich meinen Fuß an! Ich habe mich in der Türkei behandeln lassen, sie haben mir die nötige medizinische Versorgung zukommen lassen.» Er war frohgemut, weil er noch lebte. Er blickte mich prüfend an: «Wollen Sie die Kämpfe sehen? Wir kämpfen an der Frontlinie.»

«Natürlich», sagte ich sofort. Doch die anderen waren dagegen.

Abu al-Maschad lachte: «Glaubt ihr etwa, meine Soldaten und ich werden sie nicht mit unserem Herzblut verteidigen?»

«Doch», antwortete einer der Jungs. «Du wirst sie verteidigen, aber du wirst mit ihr zusammen von einer Granate zerfetzt werden. Dann wird euch nur noch Gott allein im Himmel beschützen.» Wir lachten.

«Hier könnten wir ebenso gut von einer Bombe zerrissen werden», sagte Abu al-Maschd.

Ich bat Abu al-Madschd, mir seine Geschichte zu erzählen, damit ich sie aufschreiben könne. Da klappte er seinen Laptop zu und fragte mich ganz ruhig: «Sie wollen über mich schreiben?»

«Ganz genau.»

Er lächelte traurig und nickte. Die Jungs waren schon wieder in ihre Arbeit vertieft.

Nachdem er sich mit dem Rücken gegen die Wand gelehnt und seine Beine ausgestreckt hatte, erzählte Abu al-Madschd: «Ich war Oberstleutnant in der syrischen Armee. Eigentlich bin ich Flugzeugingenieur und habe auf dem Flughafen von Deir al-Zor gearbeitet. Ich bin schon im ersten Monat auf die Seite der Revolutionäre gewechselt, und Anfang Juni 2011 begannen wir mit den Planungen, wie wir den Flughafen von Deir al-Zor einnehmen könnten. Doch die Assad-Leute bekamen Wind davon und verhafteten mich. Sie konnten mir allerdings nicht wirklich nachweisen, dass ich mit der Sache etwas zu tun hatte. Ein Jahr lang saß ich im Gefängnis von Mezzah. Einige Offiziere, die auch dabei gewesen waren, wurden zu sieben Jahren verurteilt. Ich bin nach meiner Freilassung gleich an meinen Arbeitsplatz zurückgekehrt. Ich hatte Kontakt zu einem Oberst in Damaskus, der mit seinem Flugzeug desertiert und nach Amman geflogen war. Mit einer Gruppe von anderen Offizieren habe ich eine Operationszelle gegründet, und wir begannen mit der Befreiung von Deir al-Zor. Wir haben die Munition mit drei Schiffen über den Euphrat transportiert, um die Checkpoints zu umgehen. Das war im Juli. Im Gefängnis hatten sie mich schwer gefoltert, aber ich habe nichts gestanden. Sie haben mich vier Tage lang kopfüber aufgehängt und auch mit Strom gefoltert.» Er lachte. Mit seinem schmalen Gesicht wirkte er eher wie ein Schriftsteller oder Künstler. Dann fuhr er fort: «Hätte ich gestanden, wäre ich nicht mehr aus dem Gefängnis herausgekommen. Ich wusste, der Geheimdienst war nur deshalb an mir interessiert, weil er etwas über den nach Jordanien desertierten Piloten erfahren wollte. Ich konnte sie täuschen. Sie glaubten, ich würde mit dem desertierten Oberst sprechen und ihn zur Rückkehr überreden. Ich kam nach Kafranbel, und hier begannen wir, die Checkpoints anzugreifen. Glauben Sie etwa, dass diese extremistischen Ausländer die Dörfer hier in der Umgebung befreit hätten? Nein, wir haben sie befreit, sie sind erst danach hierhergekommen. Wir haben sie mit unserem Blut und dem Blut unserer Kinder befreit. Und nachdem wir Kafranbel befreit hatten, gingen wir nach Hisch, weil die Leute uns dort um Hilfe baten. Aber die Armee hat Hisch aus Flugzeugen bombardiert.»

Ein junger Kämpfer kam ins Medienbüro und sagte zu Abu al-Madschd, er müsse die Männer verabschieden, die zur Front führen.

Da sagte Abu al-Madschd zu ihm: «Erzähl der Dame hier etwas über die Deserteure im Bataillon!» Als der junge Mann mich erstaunt ansah, fügte er hinzu: «Sie ist Alawitin.»

«Warum sagen Sie das?», fragte ich wütend.

«Damit unsere Jungs wissen, dass wir *ein* Volk sind.»

Ich wurde nur noch wütender.

Einer der jungen Kerle drehte den Kopf in unsere Richtung und spottete: «Wir sind nicht ein Volk. Und dass die Dame hier ist, hat nichts zu bedeuten.»

Da entgegnete der junge Mann, der Abu al-Madschad als Erstes angesprochen hatte: «Ich war zusammen mit Deserteuren aus allen Religionsgemeinschaften, Drusen, Christen und Alawiten. Einige sind noch immer bei uns. Allerdings ist das nicht ohne Probleme ... Manche Leute haben Angst vor ihnen.»

Abu al-Madschd unterbrach ihn: «Die Nusra-Front will ein islamisches Kalifat errichten. Und das ist unmöglich in Syrien, oder zumindest sehr schwierig ... Es ist eine Revolution aller Syrer», sagte er an mich gerichtet. Er war aufgestanden, auch die anderen standen auf, um sich von ihm zu verabschieden. «Wir sind allein. Die Welt hat uns im Stich gelassen. Die Hisbollah kämpft zusammen mit Assad gegen uns. Wir können nicht garantieren, was passiert.»

Als der Kämpfer die Tür öffnete, drang ein kalter Hauch herein. «Wo genau gehen Sie jetzt hin?», fragte ich ihn.

Da antwortete der Kämpfer, der schon halb aus der Tür war, aber zurückkam: «Wir wollen eine Stellung befreien, wo elf Soldaten und ein Panzer stationiert sind.»

Abu al-Madschd ging mit ihm hinaus. Er verabschiedete sich von mir, ohne mir die Hand zu geben. Stattdessen legte er die Hand an seine Brust und sagte: «Wir werden uns bald wieder treffen, so wir mit Gottes Willen am Leben bleiben.» Ich stand erschüttert da.

«Auf Wiedersehen! Möge Gott euch zur Seite stehen und

euch schützen!», verabschiedeten ihn die Männer aus dem Medienbüro.

Nachdem sie gegangen waren, nahm Raed den Gesprächsfaden wieder auf: «Abu al-Madschd gehört zu den besten Offizieren. Nicht alle sind wie er. Die meisten Offiziere haben die Korruption ihrer Institution mit hierher gebracht. Die kämpfenden Einheiten bestehen nicht alle aus Soldaten, sondern auch aus Zivilisten. Die Soldaten sind zwar disziplinierter, aber sie sind nicht unbedingt ehrenhaft. Letzteres gilt natürlich auch für die Zivilisten. Alle sind anfällig für Korruption. Wir haben vier Brigaden, dreißig Bataillone und zehn hohe Offiziere. Einige von ihnen haben versucht, ihre hierarchischen Strukturen der Assad-Armee hier wieder aufzubauen, aber wir haben es nicht erlaubt. Zumindest bis jetzt nicht. Ein Teil des für die Sicherheit zuständigen Bataillons unterstand auch dem Sicherheitsapparat des Staates, bevor sie desertiert sind. Wir haben auch einen Revolutionären Militärrat. Wir versuchen uns selbst zu organisieren, aber die Menschen sind unzufrieden, weil sie niemandem mehr vertrauen. Sie haben begonnen, an uns zu zweifeln.»

Raed verstummte. Ahmad, der Maler von Kafranbel, schickte sich an zu gehen, er wolle seine Verlobte treffen. Gegröle hob an. Razan und ich sprachen anschließend noch über ein Schulprojekt. Damals hatte ich noch die Hoffnung, dass wir trotz aller Schwierigkeiten die Revolution mit unseren Mitteln beenden würden.

An einem anderen Tag fuhren wir nach Ain Laruz, wo wir eine Gruppe von Kämpfern und Aktivisten trafen, unter anderem Maan, der ein Bataillon anführte, und seinen Cousin Mustafa, der Rechtsanwalt war und sich in verschiedenen Projekten engagierte. Während wir in seiner kleinen Zimmerwohnung zu Gast waren, wurde das Dorf bombardiert. Auch die benachbarte Ortschaft Bilun wurde bombardiert. Eigentlich wollten wir über ein Frauenprojekt sprechen. Die ländlichen Regionen hatten sich in den letzten Jahrzehnten ohnehin in einem besorgniserregenden Niedergang befunden, nicht nur wirtschaftlich, sondern auch gesellschaftlich und kulturell. Und die Frauen waren nun auch im Krieg die Ersten, die einen hohen Preis zahlten. Mit dem Eindringen der extremistischen ausländischen Kämpfer, die ihnen eine andere Lebensweise aufzwingen wollten, wurde die Situation noch schwieriger. Mustafa engagierte sich in Erste-Hilfe-Stationen sowie in Entwicklungs- und Medienprojekten. Ich besprach mit ihm, wie wir Zentren für die Zivilgesellschaft ins Leben rufen könnten, die auf wirtschaftlicher Entwicklung und Kulturprojekten basierten. Jedes Zentrum sollte sich selbst verwalten. Mustafa war skeptisch: «Es geht nicht, solange das Regime nicht aufhört, die befreiten Gebiete zu bombardieren.»

Maan hatte zehn Kämpfer mitgebracht. Zwei von ihnen kamen aus Suwaida. Sie rühmten sich, auch drusische oder alawitische Kämpfer in ihren Reihen zu haben. Der drusische Kämpfer war als Offizier desertiert, er sagte, er wolle niemanden töten, und er könne nicht anders als auf der Seite des Rechts stehen. Aber nur wenige Bataillone akzeptierten religiöse Minderheiten in ihren Reihen. «Wollten die Mitglieder der Minderheiten etwa mit uns kämpfen, und wir haben sie rausgeschmissen?», spottete einer der Kämpfer. «Ihr habt uns Sunniten doch allein gelassen!» Er war wütend. Er hatte noch kaum einen Bartflaum, und doch lag in seinem Schoß ein Maschinengewehr.

Mustafas Frau setzte sich nicht zu uns, sondern bereitete

das Abendessen zu. Auch ich musste für eine Weile zu den Frauen gehen, denn der Brauch verbat es hier, dass Männer und Frauen zusammensaßen. Die Frau hatte Jura studiert, aber mit Beginn der Kämpfe hatte sie aufgehört. Bei meinem nächsten Besuch würde sie im vierten Monat schwanger sein. Als ich bei der Vorbereitung des Abendessens half, verabredete ich mit ihr, dass wir das nächste Mal zusammen ein paar Frauen im Dorf besuchen gehen würden.

Ich ging hinaus vor das Haus, das sich auf einem kleinen Hügel befand. Die Bäume hatten schon zu blühen begonnen. Der Himmel war klar, aus der Ferne hörte man die Explosionen, aber es war kein Rauch am Horizont zu sehen. Ich hörte zu, wie die Kämpfer im Haus miteinander sprachen, während ich den steinigen Berg mit seinen Olivenbäumen gegenüber betrachtete. Am Fuße des Berges standen Steinhäuser zwischen den Olivenhainen, die nicht bombardiert worden waren. Ich konnte eine Frau erkennen, die ein Wiegenbett mit einer dicken blauen Decke schaukelte. Die Stimmen der Kämpfer im Haus wurden lauter. Mustafa brachte mir ein Glas Tee heraus. «Wie schön unser Land doch ist», sagte er. «Mach dir keine Sorgen, wir werden es wieder aufbauen.» Ich schwieg. Manchmal bin ich stumm, dann passiert es, dass ich tagelang mit niemandem spreche. Jetzt konnte ich meine Zunge nicht mehr bewegen. Mustafa ging wieder ins Haus.

Sie redeten über die Nusra-Front und das «Weiße Minarett». Das war die Propagandazentrale der Nusra-Front, über die sie ihre Selbstmordattentate und Angriffe kundtaten. Ich hörte Maan sagen: «Glaubt nicht, dass dieses riesige Finanzierungsnetzwerk und die Ansammlung von Dschihadisten spontan geschieht, das ist unmöglich. Und dass wir verarmen und nicht mit Waffen versorgt werden, kommt auch nicht von ungefähr.» Er fügte hinzu: «Aber wir werden nicht aufgeben.»

Ich konnte die Stimmen der Männer gut durch das Fenster hören. Wenn sie ihre Stimme senkten, wusste ich, dass sie über mich sprachen. Plötzlich rief Maan: «Madame Samar, brauchen Sie etwas?»

«Nein, danke», sagte ich, dann kehrte ich zu ihnen zurück. Sie sprachen detailliert über den Transport von Brennstoff und die Verlegung von Stromkabeln in den Dörfern, die von der Strom- und Wasserversorgung abgeschnitten waren. Einer der Kämpfer beklagte, dass die Schulen, in denen nach der Bombardierung nicht mehr unterrichtet wurde, zu militärischen Stützpunkten geworden waren. Ein anderer forderte ihn auf, eine Alternative zu finden. Neue Kämpfer strömten in Mustafas Haus, und andere zogen sich zurück, weil der Platz nicht reichte. Mittlerweile sprachen sie über den Nationalrat, über die Koalition und die offizielle politische Opposition, und auch darüber, wie Stimmen zu Gunsten der Finanziers gekauft wurden.

Ich saß in einer Ecke und hörte zu. Die Männer, die hier versammelt waren, waren zwischen siebzehn und fünfzig Jahre alt. Sie hatten mit ihrem früheren Leben abgeschlossen, um sich dem Kampf und den zivilen Aktionen der Revolution zu widmen. Sie wollten die befreiten Gebiete vor der drohenden Zerstörung bewahren. Einige waren Akademiker, andere konnten gerade mal lesen und schreiben.

Ein Kämpfer aus Dschardschanaz traf ein und mischte sich ins Gespräch. Die Situation in Dschardschanaz schien nicht besser zu sein als in Dschabal al-Zawiya, obwohl es in der Region bereits jetzt große Unterschiede gab, die sich mit der Zeit noch verstärken würden.

«Auch finanzielle Unterstützung, die nicht mit einem bestimmten Ziel verknüpft ist, zieht Korruption nach sich», sagte ich zu ihnen. Sie stimmten mir zu, meinten aber, Unterstützung sei immer an die Bedingung der Loyalität gebunden.

Ich ging wieder hinaus, um eine Zigarette zu rauchen, während drinnen immer heftiger diskutiert wurde. Nicht weit vom Haus entfernt patrouillierten drei Bewaffnete. Am Himmel sah man zwei Flugzeuge, aber einer der Bewaffneten sagte: «Ich habe die Funksprüche abgefangen und gehört, dass diese Flugzeuge nach Aleppo fliegen.»

Neben mir tauchte ein alter Mann auf und meinte: «Gestern haben sie unser Haus aus einer MiG heraus beschossen. Zu welcher Familie gehören Sie?»

«Ich bin eine Fremde hier», antwortete ich. Und dann noch einmal: «Ich bin eine Fremde hier.»

Er ging zu den drei bewaffneten Männern und fragte sie, ob diese Flugzeuge schießen würden. «Nein, sie fliegen nach Aleppo», antwortete einer.

Von Bilun her waren Granateinschläge zu hören. Abends würden wir erfahren, dass dreizehn Menschen dabei getötet worden waren.

Der Alte schaute die drei Kämpfer spöttisch an. «Ihr habt gesagt, sie würden nicht bombardieren, nicht wahr, sie würden nicht bombardieren ... Hahah!» Er stampfte mit dem Fuß auf und stammelte: «Das Haus ist weg ... die Mutter der Kinder ist weg ... die Kinder sind weg ... alles ist weg ... O mein Gott ...!» Er hob seine Arme in die Höhe und rief: «O mein Goooottttt!» Dann ging er weiter den Hügel hinunter.

In den Momenten, wenn bombardiert wurde, fühlte ich mich leicht. Es war die Leichtigkeit der Leere, die mich wie eine Statue starr an meinem Platz verharren ließ. Auch jetzt war es so, während ich dem Alten hinterhersah.

An diesen Alten aus Ain Laruz musste ich bei meiner Rückreise denken. Diesmal sollte ich bei Bawabat al-Ghanam die Grenze überqueren, und dort gab es viele alte Leute wie ihn, die auf eine Gelegenheit warteten, hinüberzukommen.

Eine grüne Ebene. Dahinter ein ölbaumbestandener Hügel. Mohammed und Abdallah warteten mit mir im Auto. Eine Patrouille türkischer Soldaten stand auf Beobachtungsposten. Sie kamen und gingen und bedachten die langen Schlangen von Syrern mit gleichgültigen Blicken. Einige Syrer saßen unter den Bäumen und starrten hinüber auf die andere Seite des Zauns. Andere standen direkt vor den türkischen Soldaten. Wieder andere bewegten sich parallel zu der Patrouille. Alle möglichen Autos waren an den Straßenrändern bei Bawabat al-Ghanam postiert. Ganze Familien hatten ihre wenigen Habseligkeiten gebündelt und standen wartend da. Auf beiden Seiten lagen Olivenhaine, aus denen von Zeit zu Zeit ein Schuss ertönte. Abadallah, den ich schon im Krankenhaus von Reyhanli kennengelernt hatte – er war der Kämpfer, der infolge einer Beinverletzung für immer hinken würde –, dachte voller Sorge an seine Verlobte, die er nicht frühzeitig zur Witwe machen wollte. «Ich lebe mit dem Tod», sagte er. «Ich habe ein kaputtes Bein, aber ich bin Kämpfer. Ich will nicht aufhören, Baschar al-Assad zu bekämpfen, aber ich will auch nicht mein Mädchen unglücklich machen.»

Kinder strömten zu den verschiedenen Autos und priesen ihre Waren an: Gasfeuerzeuge, Brot, Sonnenbrillen ... Kinder jeden Alters, von fünf bis fünfzehn Jahren, sie verkauften alles, was einem in den Sinn kam, kalten Saft, Erfrischungsgetränke, Kaffee, Tee. Die Menschen kamen morgens und warteten bis zum Abend, bis sie hinübergeschleust wurden. Allerdings besaßen nicht alle das Geld, um die Menschenschmuggler zu bezahlen, und so warteten sie auf das Einbrechen der Dunkelheit und schlüpften auf eigene Faust hinüber. Das passte den Schleppern gar nicht, weil es ihren Gewinn schmälerte. Deshalb kam es vor, dass sie den Flüchtlingen in die Parade fuhren. Einmal brachten sie einen alten Mann und seinen Sohn auf die syrische Seite zurück. Sein Haus war zerstört worden, und er war vor den Bomben geflohen. Ihm blieb nichts anderes übrig, als nächtelang vor der Grenze auszuharren. Als er infolge der bitteren Kälte erkrankte, wurde er in ein türkisches Krankenhaus gebracht. Nur so gelangte er in die Türkei.

Unser beduinischer Kontaktmann auf der anderen Seite rief Mohammed an und sagte, er werde mich oben auf dem Hügel erwarten. Der war allerdings für die türkischen Soldaten einsehbar. «Warum verstecken wir uns nicht in den Olivenhainen? Wird es eine lange Strecke sein?», fragte ich. Mohammed beruhigte mich damit, dass die Soldaten nur in die Luft schießen würden. «Ich weiß», sagte ich, «aber es ist schon seltsam, dass sie all diesen Kämpfern erlauben, nach Syrien hinüberzugehen.»

Einige Kinder packten die Zipfel meiner Abaja und bettelten mich an, etwas zu kaufen. Als ich nicht reagierte, wandte sich ein Junge der Frau zu, die hinter mir stand. Er schaute wie ein kleiner Dieb, der uns dafür tadelte, dass wir ihn so im Stich ließen. Ich wandte mich von ihm ab, denn würde ich etwas von ihm kaufen, würden Dutzende weiterer Kinder herbeiströmen, die überall die Straßen der verlassenen Ortschaften bevölkerten, welche unaufhörlich bombardiert wurden.

Am Rande der Haustrümmer suchten sie nach etwas Brauchbarem, und die etwas Älteren unter ihnen warteten darauf, sich dem bewaffneten Kampf anschließen zu dürfen. Überall wimmelte es von Kindern. Man hätte meinen können, sie seien ganz plötzlich verlassen worden oder sie hätten niemals eine Familie gehabt. Als existierten sie durch reinen Zufall. Und vielleicht würden sie durch einen anderen Zufall all dem hier entrissen und in eine gnädigere Welt geworfen werden.

Mohammed und ich ließen Abdallah im Auto zurück und machten uns auf den Weg, vorbei an den langen Schlangen von Menschen.

Ich trug meinen kleinen Rucksack auf dem Rücken. Nura hatte seine Last vergrößert, mit Geschenken für meine Tochter und für mich; auch die anderen Frauen der Familie hatten mir alle möglichen Geschenke mitgegeben. Ich hatte meine wenigen Kleidungsstücke fortgeworfen und nur ihre Geschenke mitgenommen.

Der beduinische Schleuser kam ein Stück den Hügel herunter und spähte zwischen den Olivenbäumen hindurch. Er machte mir von weitem ein Zeichen, dass ich durch den Zaun klettern sollte. Ich hatte furchtbare Angst. Es war immer so: Sobald ich mich dem Exil näherte, begann ich zu zittern. Mohammed konnte mich nicht mehr weiter begleiten, ich musste ihn verlassen. Ich hatte Angst, er könnte während meiner Abwesenheit sterben – so wie all die anderen jungen Männer, von denen ich mich bei früheren Malen verabschiedet hatte. Er blieb stehen und wartete. Der Schleuser holte mich sofort ab und forderte mich auf, ihm schnell zu folgen. Er war gertenschlank, hatte einen Goldzahn und sprach sehr schnell. Ich musste hinter ihm hereilen. Ein türkischer Soldat brüllte, ich erstarrte und konnte keinen Schritt mehr tun. Auch der

Beduine hielt kurz inne und senkte den Kopf. Dann machte er mir ein Zeichen, schnell weiterzugehen. Wir liefen um den Hügel herum, und da konnte ich die Flüchtlinge über die Grenze schlüpfen sehen. Auch eine ganz in Schwarz gehüllte Frau war dabei. Der Beduine lief vor mir den Hügel hinauf, und ich folgte ihm. Ich stolperte und stürzte. Ich bat ihn, meinen Rucksack zu tragen. Er blickte mich missmutig an und rührte keinen Finger. «Ich gebe Ihnen so viel Geld, wie Sie wollen», sagte ich. Er sah zum Fuß des Hügels, und ich tat es ihm nach. Mohammed und Abdallah schauten zu uns hoch, sie sahen aus wie zwei weit entfernte Pappeln. Hätten sie gewusst, wie er sich verhielt, dann hätten sie ihn verprügelt, das weiß ich. Er kam auf mich zu und nahm fluchend den Rucksack. Ich konnte trotzdem kaum gehen. Andere Flüchtlinge begannen, den Hügel hochzusteigen. Ich war plötzlich allein und begann zu rennen. Der Schmerz in meinem Knöchel war unerträglich. Hinkend ging ich weiter. Ganz oben auf dem Hügel hob ich die Hand zum Winken, dann stieg ich auf der anderen Seite hinunter.

Hier war die Türkei, Syrien lag hinter uns. «Ich werde bald zurückkehren», sagte ich laut.

Drittes Tor

JULI / AUGUST 2013

Ich kehrte wieder zurück.

In Massen strömten die syrischen Flüchtlinge in die Flughafenhalle. Die meisten gehörten der Mittelschicht an, die Armen blieben in den Zeltlagern an der Grenze zurück. Man hätte meinen können, die Grenzposten würden die Flucht der Syrer aus der syrischen Hölle in alle vier Himmelsrichtungen bündeln. Es waren Tore, durch die man von einem Höllenkreis in den nächsten trat. Hier am türkischen Flughafen stand ich vor einem kleinen Tor: Ich bekam ein weiteres Mal Einblick in die Hölle der Verlorenheit, der Vertreibung und des Krieges. Hier ließ sich erkennen, wie sehr sich die Situation innerhalb der letzten Monate weiter verändert hatte.

Im Wartesaal saß rechts von mir ein jordanischer Kämpfer. Er war groß, sein Bart bestand aus ein paar langen wurmähnlichen Härchen. Er wandte seinen Blick nicht von seinem Mobiltelefon. Ich starrte ihn frech an, als sich plötzlich vier Männer neben ihm niederließen. Sie waren dunkelhäutig und hatten große, mit Khôl geschminkte Augen. Alle vier hatten riesige Rucksäcke aufgeschnallt und trugen Militärjacken, in denen sie unter den erstaunten Blicken der Passagiere durch den Flughafen stolzierten. Zum ersten Mal fiel mir auf, dass diese Kämpfer bis zu einem gewissen Grad den Assad-Schergen ähnelten: Dicke Muskelpakete und große, gleichgültig blickende Augen, die zwar alles überblickten, aber nichts sahen. Genau wie diese Assad-Anhänger, die ich in den ersten Monaten der Revolution erlebt hatte und die einen verächtlichen Nihilismus verkörperten. Jetzt kam zu dem hasserfüllten despotischen Assad-Nihilismus noch ein religiöser Selbstmord-Nihilimus hinzu, der im Tod eine Erweckung des Lebens sah. Doch der erste Nihilimus war die Mutter des zweiten.

Der Anblick der Kämpfer am Flughafen von Antakya bedrückte mich, aber ich wurde aufgemuntert durch das überraschende Auftauchen von Maisara, Alaa und Ruha am Gate. Unsere gemeinsame Geschichte hatte nichts von unheimlichen Dschinnen, eher etwas von einer Zauberkugel: Wenn ich das Land verließ, verschwanden die drei, und sobald ich zurückkehrte, tauchten sie so lebhaft wieder auf. Die beiden Mädchen hatten sich in dem Jahr verändert, waren größer geworden. Trotzdem überhäufte mich Alaa noch immer mit Küssen und wollte nicht von meiner Seite weichen. Die Familie war hierher in die Türkei geflohen und hatte sich in Reyhanli niedergelassen. Auf der Autofahrt zu ihnen nach Hause erzählte Alaa mir von ihrer Flucht. Sie war jetzt acht Jahre alt, hatte einen wilden Haarschopf und lackierte sich die Fingernägel in unterschiedlichen Farben.

Als sie geflohen waren, hatten sie nur ein paar Kleidungsstücke eingepackt. Auf ihrem Weg Richtung Grenze mussten sie durch ein Maisfeld hindurchlaufen. Alaa hatte Angst bekommen und geschrien – sehr zum Ärger ihres Vaters, denn nun wurden die Gendarmen auf sie aufmerksam. Deshalb hatten sie sich in einem Bewässerungskanal verstecken müssen. Es gab zwar mehrere Schlupflöcher im Grenzzaun, durch die die Familie hätte fliehen können, doch jedes Mal, wenn sie einen Versuch machten, scheiterten sie. Zwei Frauen hatten unlängst Haschisch in ihrer Kleidung geschmuggelt und waren von den Gendarmen festgenommen worden. Seitdem beobachteten die Gendarmen die ganze Gegend genau, und so mussten Alaa und ihre Familie bis Mitternacht in ihrem Versteck ausharren. Die Kämpfer hingegen konnten die Grenze am helllichten Tag überqueren!

Ruha, Alaas ältere Schwester, erzählte weiter: «Nachdem wir stundenlang gewartet hatten, kamen Männer aus Atmeh. Sie haben uns mit Mühe und Not durch den Bewässerungskanal getragen. Sie sind durch Wasser und Schlamm gewatet. Ich habe immer nur auf ihre Füße runtergeschaut, die sich langsam durch den Schlamm bewegt haben, und hatte furchtbar Angst, denn der Kanal war tief und gefährlich, und wir durften nicht schreien. Es waren fünf Schleuser, die meinem Vater halfen, uns zu tragen. Sie sind ganz am Rand gegangen, damit wir nicht in dem tiefen Kanal versinken. Die Nacht war pechschwarz, wir hatten unsere kleinen Rucksäcke auf dem Rücken. Meine Mutter war etwas weiter entfernt von uns, sie ging langsam, weil sie so müde war. Aber dann sind wir doch noch in den Kanal gefallen, so dass wir klitschnass und schlammverdreckt herauskamen.»

Alaa meinte, sie hätten ausgesehen wie Lehmstatuen, und lachte, während sie mein Gesicht mit ihren kleinen Händen bedeckte. Damals, als wir uns vor den Bomben unter der Treppe in ihrem Haus versteckt oder uns mit den anderen Frauen und Kindern in den Keller gezwängt hatten, da hatte ich gewusst, dass wir beide Freundinnen werden würden. In meinem Rucksack steckten hübsch verpackte Geschenke für sie, und ich zwinkerte ihr zu, um ihr anzudeuten, dass da etwas Schönes auf sie warte. Alaa lachte und erzählte weiter: «Dann sind wir gelaufen, es war schrecklich anstrengend. Der Schlamm, die Schüsse, und der Schleuser, der schrie, wir sollten uns beeilen.»

«Immerhin war der Weg dann schön eben», fügte Ruha hinzu. «Da ist nämlich vorher mehrmals ein Panzer drübergefahren. Wir hatten Glück ... der Panzer hat uns den Weg geebnet. Und so sind wir auf die andere Seite gekommen, raus aus Syrien.»

«Aber ich habe immer noch Angst», flüsterte Alaa. Ihr Gesicht war blass und traurig. Das eindringliche Strahlen war aus ihrem Blick verschwunden. Und Ruha wirkte Jahre älter, als sie wirklich war.

Nach meinem Besuch bei der Familie in Reyhanli machte ich mich zur Grenze auf. Auf mich warteten bereits Maisara, Abdallah, Ali und ein mir noch unbekannter junger Mann, die aus Saraqib gekommen waren, um mich abzuholen. Ich freute mich so sehr, sie zu sehen, als wären sie meine engsten Verwandten. Jedes Mal, wenn ich mich von ihnen verabschiedet hatte, hatte ich denken müssen, es sei vielleicht das letzte Mal. Und wenn ich zurückkehrte, hatte ich das Gefühl, ich würde für immer bei ihnen bleiben.

Dieses Mal hatten die Männer entschieden, dass wir auf der Höhe des syrischen Orts Atmeh über die Grenze sollten, wie es aus der Gegenrichtung die meisten Syrer taten, die ihre Ausweise und sonstigen Dokumente in den Trümmern ihrer bombardierten Häuser verloren hatten. Um am Checkpoint des Flüchtlingslagers Atmeh auf syrisches Territorium zu gelangen, mussten wir an einem Posten vorbei, den die Türken eingerichtet hatten, um die Syrer an der Flucht zu hindern. Es war Mitte Juli, am Himmel stand keine einzige Wolke, und es war drückend heiß. Um zu den beiden kleinen Räumen zu gelangen, in denen die Beamten hockten, mussten wir in der sengenden Sonne zu Fuß durch den Staub gehen. Mit dem langen Gewand und dem Kopftuch, das zusammen mit der großen Brille mein Gesicht bedeckte, war ich mir selbst fremd. Aber diese Maskerade war notwendig, um unbehelligt hinüberzukommen.

Die Männer hatten nämlich beschlossen, mich unter dem Namen einer ihrer Schwestern über die Grenze zu bringen. Die Tatsache, dass ich diesmal nicht einen Hügel hinaufsteigen, unter den Schüssen der Gendarmen rennen und unter dem Stacheldraht hindurchkriechen musste, ließ mir die brennende Sonne weniger schlimm erscheinen.

Wir kamen zu dem Kontrollposten, wo die Syrer sich drängten, um in entgegengesetzter Richtung die Grenze zu passieren. Eine kaum zwanzigjährige Frau trug ein Baby auf dem Arm, hielt ein anderes Kind an der Hand, und ihr Bauch war dick. Das Kind an ihrer Hand trug eine große Sonnenbrille. Es hatte keine Haare, die Kopfhaut war vollkommen verbrannt, auch die Haut am Körper war versengt und übersät mit kleinen roten Tupfern. Das Gesicht wirkte wie eine zerknitterte Plastikmaske, und man konnte sehen, wie der Hals durch hervorquellende Fleischfäden mit dem Schulterknochen verbunden war. Wahrscheinlich war das Kind nicht älter als acht Jahre, aber es sah aus wie eine Mumie.

Ein heißer Wind schlug uns entgegen. Die Mutter zog das Kind an der Hand hinter sich her. Vor ihnen waren noch mehr Frauen und Kinder, und hinter ihnen tauchte ein junger Mann auf, dem der rechte Fuß und die rechte Hand fehlten. Er hoppelte wie ein Hase. Hinter ihm kamen zwei junge Kerle, die ebenfalls hinkten. Sie wetteiferten darum, zu dem Fleckchen Schatten zu gelangen, in dem wir uns angesichts der brennenden Luft zusammendrängten. Es sind Augenblicke wie diese, die einen überfordern: schwirrende Mittagshitze, tiefblauer Himmel, Kolonnen von Menschen, die vor den Bomben in alle vier Himmelsrichtungen fliehen, mit abgerissenen Gliedmaßen, dazu die Schleuser für die Ein- und die Ausreise, die kleinen Kriegshändler und die Trupps arabischer und ausländischer dschihadistischer Kämpfer …

Man wusste kaum mehr, was man als Nächstes tun, wohin man den nächsten Schritt setzen sollte, denn wir bewegten uns innerhalb einer riesigen Masse von Menschen. Der Verstand verschwindet, der Mensch wird zur Maschine. Man kann nicht mehr klar denken, hat nur noch das allernächste Ziel im Kopf: zehn Meter zurücklegen, zehn Meter hinter sich bringen. Ich starrte so verwundert wie ein Neugeborenes auf alles, was vor meinen Augen geschah. Und ich sah nur eine einzige Wahrheit: den Tod, ein großes offenes Grab, ein Maul, das niemals satt wurde.

Unsere Namen wurden registriert - dann waren wir auf der syrischen Seite. Dort wartete schon ein Auto auf uns, und meine jungen Freunde wollten unbedingt, dass ich mich auf den Vordersitz setzte, damit ich es so bequem wie möglich hatte. Offenbar hielten sie an dieser Idee fest, an die wir immer noch glaubten: dass wir nur uns hatten und dass wir uns gegenseitig beschützen mussten. Diese verdammte Idee, für die wir auf die Straße gegangen waren, die Idee von Freiheit und Würde. Ich weiß, dass auch ich für sie nur eine Idee war. Genau wie sie für mich meine Vorstellung von einem gerechten, einem freien und demokratischen Syrien verkörperten. Angesichts der tiefgreifenden Veränderungen, die die Revolution durchgemacht hatte, waren diese Worte allerdings nur noch Schimären. Doch in diesem Moment, als die Männer sich dort unter der glühenden Sonne auf die schmale Rückbank quetschten, damit ich es bequem hatte, schluckte ich alle bitteren Gedanken hinunter und wiederholte für mich im Stillen meinen Lieblingssatz: «Trauer ist absolut nicht erlaubt.» Ich winkte den beiden jungen Kerlen mit den amputierten Gliedmaßen draußen zum Abschied zu.

Auf der Autofahrt schimpften meine Reisegefährten über die Männer mit den schwarzen Turbanen und das Getue der dschihadistischen Gruppen. Sie spotteten auch über die schicken Mitarbeiter der Hilfsorganisationen und der Trainingsworkshops, die allerorten in der Nähe der Grenze stattfanden. Experten, Trainer und Journalisten würden zwar alle Ereignisse registrieren, «aber was ist mit dem Volk, das mitleidlos umgebracht wird, das verhungert oder im Bombenhagel stirbt?», fragte Ali. Er war Abdallahs Bruder. Sein eines Auge war durch einen Schuss verwundet worden.

Abdallah, Maisara, Mohammed, Ali, Ahmad und viele andere ..., sie alle hatten einen ganz eigenen Humor. Sie machten sich über alles lustig, sogar über sich selbst. Das habe ich von ihnen gelernt. Es waren zynische, stechende Witze, Galgenhumor. Es war ihre einzige Art, weiter Widerstand zu leisten und dem Tod ein Schnippchen zu schlagen.

Wir fuhren zum Flüchtlingslager von Atmeh. Die meisten Bewohner stammten laut Auskunft der Männer aus Hama. Gemeinsam mit uns strömten Massen von Vertriebenen dorthin, die ihre Habseligkeiten bei sich trugen und nun ein weiteres Mal in der Sonne brieten. Zwischen den Zelten verliefen schmale Abwasserkanäle, von denen ein scheußlicher Gestank aufstieg. Fliegen und andere Insekten schwirrten darüber. In aller Eile waren auf beiden Seiten der Straße Buden errichtet worden. Es sah aus wie eine Miniatureinkaufsstraße, mit Imbissständen, Schuhmacherbuden und Läden, in denen Gasflaschen und Kerosinlampen aufgefüllt werden konnten.

Im Grunde waren es eher Zelte, um die man ein paar Steine gelegt hatte. Nachts gab es keinen Strom im Lager. Es verfügte zwar über einen großen Generator, aber der reichte nicht aus. Es gab auch einen großen Wassertank, jedoch keinerlei Dienstleistungen. Die Zelte standen in der prallen Sonne, innen waren sie sauber, einige Flüchtlinge hatten ein paar Pflanzen darum gesetzt. Aber nur die Olivenbäume, zwischen denen die Zelte aufgeschlagen worden waren, spendeten einen gewissen Schatten.

Wir gingen durch das Lager. Bedrückende Armut. Zerfetzte Kleider, aufblitzende nackte Körperteile. Kinder spielten barfuß in der sengenden Sonne. Die Frauen waren allesamt verschleiert, manche trugen sogar den Gesichtsschleier. Ich konnte einige Minuten lang mit einer von ihnen sprechen, länger erlaubte es ihr Mann nicht. Ich fragte sie, ob es wahr sei, dass hier kleine Mädchen an ältere Männer verheiratet würden, und sie bestätigte, dass das immerzu geschehe. Eine Aktivistin hatte mir den Namen eines Mädchens gegeben, das verheiratet, nach einem Monat wieder geschieden und dann wieder verheiratet worden war. Bei diesem zweiten Mann, einem vierzig Jahre älteren Jordanier, war sie drei Monate geblieben. Ich sagte der Frau, ich wolle das Mädchen unbedingt treffen, aber der Ehemann der Frau vertrieb mich von seinem Zelt.

Wir gingen weiter. Wir waren mit meinen Freunden verabredet, die uns nach Saraqib begleiten sollten. Sie trafen erst verspätet ein, weil die Stadt intensiv bombardiert wurde. Sie erzählten, vier Menschen seien dabei ums Leben gekommen. Ein Helikopter hatte an vier verschiedenen Stellen Fassbomben abgeworfen. Ich hörte ihnen zu, während wir unter einem großen Olivenbaum saßen. Das Bild des knapp zwanzigjährigen, verstümmelten Jungen, der wie ein Hase gehoppelt war, ging mir nicht aus dem Kopf. Ich hatte gesehen, mit welch verlorenem Blick er die Mädchen angeschaut hatte. Seine gebrochene Männlichkeit hatte auch mich gebrochen.

Die laute Stimme des mutigen Abdallah riss mich aus meinen Gedanken. Er lachte über die Berichte von dem Bombardement: «Das ist wirklich komisch. Alle Häuser um uns herum wurden bombardiert, nur unseres nicht.» Wir lachten gleichfalls und zündeten uns Zigaretten an. Er fügte hinzu: «Es dauert nur eine Zigarette lang, bis einen eine MiG erwischt. Wie lange dauert es wohl bei so einem Fass? Haha ... Wir haben unsere Freunde begraben, als wären sie Unbekannte. Wir konnten sie nicht mehr voneinander unterscheiden. Es gibt Leute, die konnten sich vor den Bomben der MiG retten – und starben ein paar Tage später durch eine Granate. Man muss den besten Tod wählen.»

Dann erlosch sein Lachen und mit angespannter Miene erzählte er: «Einmal wurden wir im Gewerbegebiet von einer MiG bombardiert. Drei Menschen wurden getötet, ich habe überlebt. Jedes Mal komme ich davon. Mal sehen, was noch kommt.» Dann lachte er wieder laut los.

Auf dem Weg nach Saraqib mussten wir an einem Checkpoint anhalten, es war ein Stützpunkt von ISIS. Diesmal waren die Leute nicht zu übersehen. Seit Monaten tauchten sie im Norden auf. Es waren dunkelhäutige Typen, die aus Mauretanien und dem Irak stammten. Fünf Kämpfer in schwarzer Kleidung und Turbanen. Sie kontrollierten uns, und als unsere Männer ihnen sagten, zu welcher kämpfenden Truppe sie gehörten, ließen sie uns widerwillig passieren. Wie konnte es nur sein, dass diese Fremden unser Land besetzten? Ich wurde immer wütend, wenn sie uns anhielten und wir uns erklären mussten – in unserem eigenen Land!

Wir kamen am Flüchtlingslager Qah zwischen Atmeh und Aqrabat vorbei. Die ganze Grenze entlang erstreckten sich Flüchtlingslager. Man sah auch unzählige Reittiere, die für Schmuggelaktionen benutzt wurden. Am Grenzübergang Bab al-Hawa standen Einheiten der Ahrar al-Scham und des Generalstabs der FSA. Dahinter tauchte das Lager von Bab al-Hawa auf. Im dortigen Suk wimmelte es von Kindern, die unter der glühenden Sonne herumliefen. Hier hatten die «Al-Faruq»-Bataillone das Sagen.

In Maarrat Masrin erstreckten sich über einen halben Kilometer hinweg kleine Geschäfte. Überall lagen hohe Haufen Müll. Militärfahrzeuge, Jeeps, große Landrover. Autos ohne Nummernschilder. Die Revolution hatte einen ganz eigenen Markt geschaffen. Diejenigen, die davon profitierten, taten möglicherweise alles dafür, dass dieser Kriegszustand anhielt.

Kanister mit Kerosin und Dieselöl standen am Straßenrand, wie schon im Flüchtlingslager Atmeh, nur waren sie hier riesig groß. Wieder wurden wir an einem ISIS-Checkpoint angehalten. Unsere jungen Männer empfahlen, vorsichtig zu sein, da wir uns im Fastenmonat Ramadan befanden. Es durfte nicht nach Zigaretten riechen; würden sie einen von uns erwischen, der nicht fastete, würden sie uns womöglich auspeitschen oder gar ermorden. Meine Freunde behaupteten den ISIS-Kämpfern gegenüber, ich sei die Schwester eines von ihnen und begleite sie, um sie zu versorgen. Ich schaute sie nicht an, aber ich wurde bei jedem Checkpoint so wütend, dass ich danach einen regelrechten Hustenanfall bekam.

Wir waren kurz vor Saraqib, als ein Notarztwagen neben uns hielt. Er transportierte schwer verletzte Opfer der Bombardierung. Die Sanitäter meinten, es werde in Saraqib weiter bombardiert. Dann rasten sie weiter.

Rechts von uns erstreckte sich, so weit das Auge reichte, ein Sonnenblumenfeld. Jede Blüte trug schwer an ihrer Last. Die Sonne sank. Vor uns eine Staubwolke, die Sirene eines Krankenwagens, das Schreien von Verletzten, dann war plötzlich mitten aus dem Weizenfeld auf der anderen Seite das Geräusch eines Traktors zu hören. Der Mann, der dort seinen Acker pflügte, kümmerte sich nicht um die Detonationen; er sammelte das Stroh ein und verbrannte es am Straßenrand.

«Wir werden zu den Einschlagsorten fahren», sagte einer der Männer. «Kommst du mit oder willst du nach Hause?»

«Ich komme mit», antwortete ich. Und so fuhren wir nach Saraqib, wo uns Feuer und Staub erwarteten.

Am nächsten Morgen ging ich gleich auf den Hof hinaus. Nura meinte zwar, ich solle in den geschlossenen Räumen bleiben und nicht in den mir so lieben Hof hinausgehen, aber ich hörte nicht auf sie. Meiner Meinung nach übertrieb sie, schließlich könnten wir doch vom Hof aus gleich ins Haus laufen. «Wenn du im Hof bleibst, kannst du Granatsplitter abbekommen», rief Nura vom Zimmer aus.

Es klopfte an der Haustür, eine Flüchtlingsfrau trat ein, die von Nura und ihrer Familie unterstützt wurde. Sie trat sogleich auf den Hof. Nura war es immer peinlich, wenn jemand Fremdes mich sah und sich nach mir erkundigte. Sie mochte nicht, dass über mich getratscht wurde – um meiner Sicherheit willen. Sofort kam sie mit ihrer Tasse Kaffee in den Hof gelaufen und stellte sich zwischen mich und die Frau. Aus dem Sprechfunkgerät von Abu Ibrahim im Zimmer der beiden Alten hörte man sagen, gerade sei das Dorf Sarmin bombardiert worden. Es war offenkundig, dass die Flugzeuge nicht planlos bombardierten, sondern dass es ein Konzept gab, die ländlichen Regionen im Norden Syriens systematisch zu zerstören. Das galt allerdings nicht nur für die Bombenabwürfe, sondern auch für die extremistischen Gruppierungen. Es war nur ein paar Monate her, dass ich zuletzt hier gewesen war, aber damals waren sie bei weitem nicht so präsent gewesen wie jetzt. Hier schien eine von Grund auf neue Gesellschaft zu entstehen.

Ich wollte los, ich musste meine Termine mit den Frauen einhalten, mit denen ich über Kleinprojekte sprechen wollte, bevor ich nach Kafranbel fuhr, aber Maisara wollte nicht zulassen, dass ich nur mit Ajusch und ohne Begleitung der bewaffneten Jungs das Haus verließ. «Hier gibt es mehr gedungene Söldner als Revolutionäre, und du bist eine gute Beute», sagte er. Da erzitterten Erde und Himmel, und von der anderen Seite des Viertels erhob sich eine Staubwolke. Ich erstarrte, Nura schrie mich an, ich solle sofort hineingehen, und ich folgte ihr wie hypnotisiert. Wir hatten kurz zuvor kein Flugzeugbrummen gehört, und das Sprechfunkgerät hatte uns nicht benachrichtigt. Es musste sich also um Kanonenbeschuss handeln.

Abu Ibrahim kam. «Wir haben kein Granatengeräusch gehört wie sonst», sagte ich.

«Gott ist unser Beschützer», antwortete er. Das Sprechfunkgerät konnte in einem Umkreis von achtzig Kilometern senden. Die Menschen benutzten es, um die Position der Flugzeuge zu bestimmen, um die Kämpfer und Bataillone zu Hilfe zu rufen und um sich untereinander zu verständigen. Aber nur wenige Leute besaßen ein solches Gerät. Abu Ibrahim meinte, ich könne jetzt hinausgehen, denn es sei keine Spur von Flugzeugen zu sehen. «Und was die Kanonen betrifft ... nur Gott allein weiß, was damit ist», sagte er und zeigte in den Himmel.

In dem kleinen, zum Haus gehörenden Garten, in dem Nura Stauden und Büsche gepflanzt hatte, hatte sich eine Staubschicht auf den Farn gelegt. Fensterglasscherben waren darauf gefallen. Ich wischte den Staub ab, dann wusch ich die Pflanzen mit ein wenig Wasser, so dass der Geruch von Staub und Rauch verschwand. Man musste zu Stein werden – wie sonst konnte man in diesem Wahnsinn weiterleben?

Die Frauen des Hauses begannen mit den Essensvorbereitungen, und innerhalb kurzer Zeit war der Beschuss vergessen. Sie sprachen wieder darüber, welches Gemüse und welche Art von Fleisch auf dem Markt erhältlich waren. Und ob wohl heute oder morgen Brot verteilt würde. Wann man Dieselöl für den Generator bekommen könne. Und wie bei dem Wassermangel das Wäschewaschen organisiert werden solle. Ob die Vorräte der Familie wohl bis zum Ende der Saison ausreichen würden. Und über die beiden Alten, die ständige Pflege brauchten und um die sich die wunderbare Ajusch kümmerte.

Mohammed wartete an der Tür auf mich, um mich zu Muntaha zu begleiten, wo ich die anderen Frauen treffen wollte. Ich freute mich darauf, sie zu sehen und zu erfahren, wie weit ihre Projekte gediehen waren und wie wir sie weiterentwickeln könnten. Wegen der herrschenden Traditionen, der Kriegssituation und dem damit einhergehenden Chaos und der Gefahr von Entführungen handelte es sich meist um Projekte, bei denen die Frauen zu Hause arbeiten konnten, zumal die meisten von ihnen Witwen waren.

Auf dem Weg zu Muntaha sahen wir Familien, die auf der Flucht vor den Bomben in die Felder außerhalb der Stadt liefen. Obwohl auch dort einige Raketen eingeschlagen waren, war die Wahrscheinlichkeit, dort zu sterben, geringer.

Muntahas Haus lag mitten im Ort. Zwei Granaten waren in der Nähe eingeschlagen, eine hatte das Dach des Schlafzimmers zerstört. Das Haus war überfüllt, etwa fünfzehn Frauen hatten sich eingefunden, die Hälfte von ihnen Kriegswitwen, auch eine Zahnärztin und eine Apothekerin waren dabei. Muntaha war eine äußerst fleißige Frau. Ihr Vater hatte vor der Revolution eine Wohltätigkeitsorganisation geleitet. Sie hatte nicht geheiratet und half überall aus, wo sie konnte. Sie war es auch, die mir die Kontakte zu den Frauen vermittelt hatte. Wir entwarfen für jede Frau ein Projekt. Meistens ging es dabei um den Verkauf von Woll- oder Näharbeiten. Auch eine kleine Werkstattküche für die Zubereitung von Essen und Süßigkeiten hatten wir ins Leben gerufen, die wir «Vorratskammer» nannten. Hier arbeiteten sieben Frauen mit ihren Töchtern und konnten sich so selbst versorgen. Die Frauen waren noch jung, keine von ihnen älter als achtundzwanzig Jahre, und eine jede hatte vier oder fünf Kinder. Ihre Männer waren gefallen. Eine von ihnen hatte sogar sieben Kinder; ihr Mann war im Bombenhagel gestorben, als er Verletzte versorgt hatte. Wir wollten sie eigentlich noch besuchen, doch es wurde schon wieder bombardiert.

Mohammed meldete sich über das Festnetz und meinte, Muntahas Haus liege in einer sehr gefährlichen Gegend, nämlich in der Stadtmitte, die am stärksten bombardiert werde. Wir sollten unsere Arbeit deshalb lieber ein andermal fortsetzen. Aber da sowieso ständig bombardiert wurde, bedeutete das, dass wir nie richtig weiterkommen würden ... «Ich mache das jetzt noch zu Ende, dann rufe ich dich an», sagte ich zu ihm. Mohammed war ein wertvoller Mitarbeiter, aber er war eine nervöse Natur, was dazu führte, dass er ständig in Sorge war.

Eine der Frauen erzählte mir, dass ihre Kinder nicht zur Schule gingen, sondern jetzt bei einem saudischen Kämpfer den Koran auswendig lernen sollten, und sie verstehe nicht, was das zu bedeuten habe.

Ich sprach mit jeder Frau einzeln. Die meisten erzählten, dass sie hauptsächlich von der Hilfe des Ihsan-Vereins lebten, der der Ahrar al-Scham unterstand. Sie zahlten den Märtyrerwitwen eine Art Rente. Sie besaßen auch ein Krankenhaus und eine Bäckerei. Die Ahrar al-Scham, deren Mitglieder vor allem aus Saraqib stammten, hatte begonnen, kleine Unternehmen zu gründen. Es hieß, sie zwängten den Frauen den Gesichtsschleier auf und wollten ein islamisches Kalifat errichten. Als Berater und Minister des neuen islamischen Staates sollten islamische Rechtsgelehrte fungieren. Die Frauen waren sich einig darüber, dass sie ohne diesen Verein nicht überleben könnten. Deshalb taten sie alles, was von ihnen verlangt wurde. Der Ehemann einer der Frauen kämpfte für die Ahrar al-Scham und erhielt einen monatlichen Sold von 200 Dollar. Man verhielt sich dem gegenüber loyal, der Kapital zur Verfügung stellte oder Erste Hilfe anbot. Die Ahrar al-Scham hatte zunächst die Bank von Rakka erobert, bevor sie die Stadt ISIS überlassen hatten. Hier im Umland von Idlib waren diese Leute bereits stark und tief im gesellschaftlichen Gefüge verankert. Die Scharia-Kommission war die Recht sprechende Kraft, der mehrere islamische Brigaden folgten. Als ich die Frauen nach ihrer Moschee fragte, berichteten sie, der Prediger sei ein Jordanier, der mit Abu Quddama von der Nusra-Front gekommen sei. ISIS und die Nusra-Front kontrollierten damals die Grenzregion, später sollten sie auch Saraqib kontrollieren – bis es zum Krieg zwischen den beiden Gruppierungen einerseits und der Ahrar al-Scham und der Freien Syrischen Armee andererseits kam, der damit endete, dass die Kalifatsanhänger wieder abzogen, und die Ahrar al-Scham für eine Weile die Kontrolle behielt.

Das Frühstück war reichhaltig und großzügig. Innerhalb weniger Stunden konnten wir alles Wesentliche besprechen und organisieren. Nun wollte ich gehen und mich ein bisschen ausruhen, bevor ich weitere Frauen besuchte, um mit ihnen ihre Projekte zu besprechen. Nicht weit entfernt hörte man das Dröhnen der Bomben. Mohammed, mein Schutzengel, wartete auf mich.

Vor Muntahas Haus gab es einen kleinen Laden. Daneben stand ein Kind mit entstelltem Gesicht, neben ihm Dutzende andere Kinder, die mit großen Augen die fremde Frau – nämlich mich – beobachteten. In dem Laden, in dem eine fast blinde Frau stand, konnte man nichts kaufen als ein paar Riegel minderwertige Schokolade, ein paar Tüten Kartoffelchips und einige Luftballons. Links saß ein etwa siebenjähriges Mädchen auf einem Stuhl, das keine Arme und Beine mehr hatte. Man hätte meinen können, dieses Land bestünde nur noch aus Fragmenten menschlicher Knochen und menschlichen Fleisches. Ich blieb einen Augenblick stehen und glotzte sie dümmlich an. Es war nur ein ganz kurzer Augenblick, dann begann mein Kopf zu zittern und zu vibrieren, und ich glaubte zu fallen. Doch das Vibrieren war im Himmel. Die Kinder kamen hereingelaufen, und Mohammed brüllte, ich solle einsteigen.

In meinem Kopf schien ein Loch zu sein, das immer größer wurde. Ameisen krabbelten daraus, die mir die Wirbelsäule hinunterkrochen. Die Menschen hier lebten mit dem Tod.

Das war keine Metapher! Sie dachten nicht in großen Dimensionen, verspürten keine Neugier, die militärische Realität oder die politischen Hintergründe zu begreifen. Sie hatten gar keine Möglichkeit zu denken. Sie kämpften nur ums nackte Überleben. Für sie waren andere Dinge wichtig: «Gibt es genug Mehl, um Brot zu backen? Ist noch Kaffee da? Können wir ihn durch Tee ersetzen? Gibt es überhaupt Tee? Und Zucker? Gibt es genug Wasser, um sich wenigstens morgens das Gesicht zu waschen? Kann die Mahlzeit mehrere Bäuche sättigen? Werden wir alt werden?»

Es war Ramadan, und für die Leute ging es darum, noch schnell die frühe Morgenmahlzeit zu sich zu nehmen – vielleicht würde schon am Nachmittag einer aus der Familie geköpft werden, oder vielleicht musste der Vater später, nach einem Angriff mit Granaten und Fassbomben, seine Kinder in Einzelteilen aufsammeln. Wichtiger als all die großen Fragen war, dass sie nach zweieinhalb Jahren der nahezu täglichen Bombardierung eine ganz eigene Beziehung zum Himmel entwickelt hatten. Sie beobachteten ihn ununterbrochen, niemand verließ das Haus, ohne in den Himmel zu schauen oder auf das Dach seines Hauses zu steigen und nach dem aus dem Blau kommenden Tod zu suchen.

Warum suchte ich überhaupt in diesen ewigen Wiederholungen nach einem Sinn? Ich hatte begonnen, in diesem Meer aus Tod die Sinnlosigkeit zu spüren. Vielleicht würde ich darin untergehen, vielleicht würde ich mich am Ende sogar in die Sinnlosigkeit flüchten. Sollte ich wirklich noch weiterhin hierher kommen, um in meinem Kampf gegen den Tod schließlich den Tod zu finden?

Wir gelangten zu Hause an. Nura wartete bereits auf uns. Sie küsste mich ungeduldig: «Gott sei Dank, dass es dir gut geht!» Abu Ibrahim saß neben dem Sprechfunkgerät: «Das Flugzeug ist wieder weg. Es ist Richtung Taftanaz geflogen.» Wir holten tief Luft, und doch konnte ich meine Fragen nach dem Sinn nicht mehr loswerden. Mohammed ging, um am Einschlagsort bei der Suche nach Opfern zu helfen. «Dort sterben Menschen, die ebenso gut wir sein könnten», sagte ich.

Alle Mitglieder der großen Familie versammelten sich bei den beiden Alten, um den Alltag zu organisieren. Wer würde kochen? Wer sollte zum verbrannten Acker gehen? Nura und ich sortierten einige Kleidungsstücke, die sie genäht hatte. Sie konnte sehr gut nähen, und ich schlug ihr vor, sie solle es den jungen Frauen und Mädchen beibringen, damit sie eine kleine Werkstatt einrichten könnten. Das Funkgerät gab wieder ein krächzendes Geräusch von sich. Wir hielten inne: «An die Bevölkerung von Saraqib, an die Revolutionäre von Saraqib, ein Helikopter mit Fassbomben ist unterwegs Richtung Saraqib und Taftanaz. Ssssschh ... Ssssschh.»

Wir erstarrten. Nura schrie, ich hielt mir die Hand an die Stirn, das Sprechfunkgerät krächzte weiter. Fassbomben sind Wassertanks oder Müllcontainer oder normale Ölfässer, die mit Dynamit oder anderem explosivem Material sowie mit Metallteilen gefüllt sind. Bei Fassbomben hat man kaum eine Chance, lebend davonzukommen. Die Kartoffelscheiben im Ofen wurden gar, und ich lief hin und schaltete das Gas ab. Wir sollten nicht auch noch verbrennen! Die beiden Alten blickten in Panik zu uns hinüber. Die Stimme des Kämpfers aus dem Sprechfunkgerät sagte: «Ich sehe ein Flugzeug. Es fliegt in einer Höhe von sechs Kilometern. Das können wir nicht herunterholen.» Wir hörten Schnellfeuergeschütz, mit dem man versuchte, den Angriff auf Saraqib abzuwehren. Das Getöse aus dem Gerät schwoll an. Man konnte jetzt nur schwer zwischen dem Geräusch einer MiG und dem eines Helikopters unterscheiden, das war erst möglich, nachdem die Bombe gefallen war. Eine laute Detonation. Aus dem Funkgerät ertönte: «Gott ist groß! Das Fass ist in der Luft explodiert. Gott ist groß! Gott ist groß!»

Der Tod war einmal mehr an uns vorübergegangen. Wir konnten uns wieder bewegen. Die Männer gingen auf die Straße, die Frauen widmeten sich wieder der Zubereitung des Essens. Und ich folgte Ajusch in den Hof, um den Himmel zu sehen.

Diesen Tag werde ich mein ganzes Leben lang nicht vergessen: Es war der 20. Juli 2013. Wie sollte ich ihn auch vergessen, diesen weiteren Schritt ins Nichts?

Wir befanden uns im Medienbüro, in dem es zuging wie in einem Bienenstock. Einer der jungen Männer war der Redakteur einer Kinderzeitschrift, ein anderer fotografierte für die Website des Koordinationskomitees von Saraqib. Wieder ein anderer lud Videoclips hoch, um sie an die Medien zu verschicken. Denn wie in den vergleichbaren Büros anderer Dörfer und Städte versuchte man auch von hier aus, der Welt mitzuteilen, was vor Ort passierte. Ab und zu kamen einige Kämpfer vom Bataillon «Die Märtyrer von Saraqib» herein, deren Stützpunkt etwa zweihundert Meter vom Büro entfernt lag. Es war Ramadan, und das bedeutete, dass wir nicht vor dem Ruf des Muezzins zu Abend essen würden.

Das Medienbüro bestand im Wesentlichen aus zwei Räumen, in dem einen waren die Vorräte, die elektrischen Geräte und der Generator untergebracht, in dem anderen konnte man im Internet surfen und Dateien versenden, hier wurden auch Gäste und Journalisten empfangen. In diesem Raum hielt ich mich auf, weil er nicht von den Kämpfern betreten wurde. Ich verschickte ein paar E-Mails und machte mir einige Notizen bezüglich der Frauenprojekte. Vor mir ausgebreitet lagen die Papiere, auf denen ich detailliert die Situation der Frauen aufgezeichnet hatte. Doch auf einmal, von einem Moment auf den anderen, konnte ich nicht mehr weiter. Mich verließen die Kräfte, und ich befand mich wie in einem Trancezustand. Ich ging ins Bad, um mir das Gesicht zu waschen.

Plötzlich war eine laute Detonation zu hören, ihr folgten noch mehrere Explosionen. Das Fensterglas sprang heraus. Alle liefen zusammen. Eine Streubombe hatte die Mauer vom Nebenraum des Büros getroffen. Das Fenster bestand nur noch aus einer Öffnung in der Wand, Himmel und Erde loderten. Die Männer riefen, wir müssten raus, aber einer meinte, das Flugzeug fliege noch immer über uns und wir würden mit Splitter- und Fassbomben angegriffen. Ich begriff zuerst nicht, was passierte. Wir konnten nicht in den Schutzraum laufen. Die Streubomben hinterließen kleine Kugeln auf dem Boden, die ihrerseits explodierten. Marcin Suder, ein polnischer Journalist, war bei uns, auch ein englischer Journalist, dessen Namen ich vergessen habe. Dazu zwei syrische Journalisten. Marcin lief sofort auf die Straße und begann den Himmel zu fotografieren. Ich sammelte meine Papiere ein und rief: «Ich komme mit euch!»

Wir stiegen ins Auto und vermieden bestimmte Gassen, um die Kugeln der Streubomben nicht zur Explosion zu bringen.

Die Rakete, die neben dem Büro niedergegangen war, hatte nur noch verbrannte Erde hinterlassen. Die Häuser, die von drei darauffolgenden Fässern getroffen worden waren, waren dem Erdboden gleichgemacht. Männer zogen die Verletzten heraus. Es war nichts übrig geblieben außer Steinen und Leichen. Sie hatten die Farbe der Steine und des Staubs angenommen. Alles hatte die gleiche Farbe. Ich fotografierte, als ein junger Mann brüllte: «Fahrt zum Krankenhaus, dort werdet ihr gebraucht!» Wir fuhren los. In der gegenüberliegenden Straße ging eine Streubombe nieder, das Feuer flammte hoch auf. Wir versuchten den Bereich, der bombardiert wurde, zu umfahren, aber das Funkgerät in Mohammeds Hand meldete, auch das Krankenhaus sei von Streubomben getroffen worden. Und auf das Nachbarhaus sei eine Rakete niedergegangen. Wir rasten zum Krankenhaus, die Straßen waren fast leer, man sah nur ein paar Leute, die etwas transportierten und einige Familien auf der Flucht. Das Brummen der Flugzeuge war noch immer zu hören. Ich sagte zu den anderen im Auto: «Wir sind wie Ratten in einer Falle, und Assad macht sich einen Spaß daraus, uns umzubringen.» Die Männer antworteten nicht. Aber es war die genaueste Beschreibung für das, was passierte.

Das Krankenhaus lag am Rand der Stadt, in der Nähe der Autobahn, und war deshalb ein leichtes Ziel für die Bomben. Als wir das Gebäude betraten, herrschte dort pures Chaos. Verwundete Männer mit staubbedeckten Gesichtern; ein junger Mann, der am Ende seiner Kräfte war, saß auf einem Stuhl voller Blut; Menschen, die kamen und gingen, rempelten einander an; eine Atmosphäre von Angst und Schrecken. Der Arzt, der mit dem jungen Mann befreundet war, tauchte auf und führte uns in den Nachbarraum. Er war um die dreißig und stammte aus Saraqib. Er war völlig aufgebracht: «Die Ärzte sind abgehauen. Die Menschen draußen schreien. Was soll ich machen? Es gibt nicht genügend Medikamente. Die Menschen sterben. Und die Leute sind wütend. Was soll ich denn tun?» Ein Mann klopfte an die Tür und schrie, der Arzt solle sofort kommen, es gebe einen Verletzten. Es mangelte an allem, an Medikamenten, an der Ausstattung, an Strom und Wasser. Der junge Mann schrie, sie brachten ihn in einen Nebenraum, in dem zwei Betten standen. Darauf lagen zwei zugedeckte Frauenleichen. Ich ging zu ihnen. «Sie sind heute durch die Fassbomben getötet worden», sagte der Krankenpfleger.

«Kann ich sie sehen?», fragte ich.

«Natürlich», antwortete er verwundert.

Ich ging zu ihnen und hob das Tuch vom Gesicht der ersten Frau. Sie war etwa vierzig Jahre alt. Sie sah aus, als schliefe sie – wäre da nicht das Blut gewesen, das ihr Gesicht bedeckte. Ich legte das Laken zurück und schaute zum Fenster. Ich setzte mich auf die Kante des zweiten Bettes. Neben mir lag die Leiche der anderen Frau, das Dröhnen der Flugzeuge erfüllte den Himmel. Ein Mann fuhr mich an: «Was tun Sie hier?» Ich machte mir bewusst, dass ich zwischen zwei Leichen saß, eine von ihnen berührte ich sogar. Ich stand ganz ruhig auf. Ich war nicht ich. Meine einzige Gewissheit war, dass ich in der Blase meiner Leere lebte.

Ich ging zu meinen Freunden, die bei den Verletzten und anderen Toten standen. Der Arzt redete immer noch: «Was kann ich für die Leute tun? Ich kann ihnen nichts geben. Sie sind dem Tod überlassen. Mein Gott ... o mein Gott!»

Vor dem Krankenhaus stand ein Mann mit der Leiche seines Sohnes im Arm. Auch er rief Gott an, in langen, gedehnten Klagelauten.

Viele andere Menschen drängelten sich vor dem Eingang, Schreie, Tumult. Nebenan brannte gerade das Nachbarhaus aus. Ich ging zu dem weißen Laster vor der Tür des Krankenhauses. Auf der Ladefläche lagen drei Leichen, eine Mutter und ihre beiden Kinder. Sie waren in zerrissene Laken gehüllt. Die Armen sterben zuerst! Man konnte die Füße der Frau sehen, weil das Laken hochgerutscht war. Die Beine waren aufgeschlitzt. Das honigfarbene Haar des Jungen war zu sehen, und große Blutflecken. Das Mädchen schien noch klein gewesen zu sein. Sie waren von einer Fassbombe getroffen worden, obwohl ihr Haus nicht in der Stadtmitte lag. Das Fass war in der Luft explodiert, und sie waren von den herumfliegenden Splittern getötet worden. Der kleine Laster war auf einer Seite voller Blut. Der Ehemann, der daneben auf dem Gehsteig saß, schaute zur Tür des Krankenhauses. Er blickte in die Leere. Immer der gleiche Anblick: Männer sitzen neben den Trümmern ihrer Häuser oder den Leichen ihrer Familien und starren ins Leere. Ich ging noch näher an den Laster heran: «Möge Gott sich ihrer erbarmen.»

Er schaute mich an und antwortete: «Gott schütze Sie.» Dann verfiel er wieder in sein Schweigen.

Ich trat einen Schritt vom Laster zurück, damit die Männer die drei Leichen ins Krankenhaus tragen konnten. Man konnte das Zöpfchen und das Gesicht des Mädchens sehen. Es war wahrscheinlich noch nicht einmal vier Jahr alt. Es trug Plastikschuhe, an einem Fuß waren keine Zehen mehr zu erkennen. Nur Adern und Blut. Ich lief hinter den Männern her, hob das Laken und deckte es über den verstümmelten Fuß. Meine Finger wurden rot vom Blut.

«Das war die sechste Fassbombe», sagte ein junger Mann, als wir auf den Trümmerhaufen vor uns starrten. Dasselbe Flugzeug warf gerade das siebte Fass über der Stadt ab, dann flog es weiter und warf das nächste ab. Man konnte nichts mehr erkennen.

«Es ist die Hölle hier», schrie ich und fing an, mich um mich selbst zu drehen. Ich konnte nur Staub sehen. Ein scharfer Ton zerriss mir das Ohr, und ich drehte mich immer weiter.

«Wir bringen dich nach Hause, hier ist es zu gefährlich für dich», schrie Mohammed.

«Aber das Haus kann bombardiert werden», antwortete ich, nachdem ich aufgehört hatte, mich zu drehen.

Der Arzt hatte gesagt: «Gott schenke uns Gnade. Die Angriffe mit Chemiewaffen waren barmherziger als die Fassbomben, denn sie zerstören alles. Da gibt es keine Rettung mehr.»

Wir liefen zum Auto. Einer der Männer auf der Rückbank sagte: «Sie wollen einen Übergang öffnen von hier bis zur Ziegelfabrik. Seit einer Woche wird ununterbrochen intensiv bombardiert. Sie müssen fort von hier, Madame.» Ich sagte kein Wort, ich wollte nicht mit ihnen diskutieren.

Als das Auto vor Abu Ibrahims Haus hielt, verspürte ich einen gewaltigen Zorn. «Fahrt ihr etwa schon wieder zurück?», fragte ich.

«Wir müssen überlegen, was wir mit den Verletzten machen. Deine Anwesenheit dort stört nur. Bleib hier. Wir kommunizieren über das Funkgerät mit dir.»

Von Tag zu Tag wurde mir klarer, dass es keinen Sinn hatte, hier leben zu wollen. Ich hatte kein Französisch gelernt, weil ich so sicher gewesen war, dass ich in mein Land zurückkehren und mich im Norden niederlassen würde. Paris war für mich bis dahin immer nur ein Provisorium gewesen. Jetzt wurden meine Pläne immer absurder.

Ich blieb zu Hause bei Nura, Ajusch und den beiden Alten. Sie hockten noch immer an ihrem Platz, schafften es nicht hinunter in den Schutzraum. Die beiden Alten schwiegen wie üblich, doch Nura war panisch, sie betete im Stehen zu Gott, während Ajusch und ich uns nur anschauten. Ich ging in die Küche und machte eine Tasse Kaffee. Plötzlich stürmte Maisara herein und schrie: «Los, kommt schon, ihr müsst raus aus Saraqib!»

Sie wollten uns zusammen mit den anderen Frauen zu einer Moschee bringen, die Abu Ibrahim außerhalb von Saraqib in al-Maschrafija errichtet hatte. Ich war wütend, weil ich nicht bei den Männern bleiben durfte. Die Szenen wiederholten sich, und jedes Mal passierten sie wie zum ersten Mal. Es war die immer gleiche Konfrontation mit dem Tod und mit der Ohnmacht, denn Widerstand bedeutete hier: nichts zu tun und dem Tod bei der Arbeit zuzusehen. Was sollten die unbewaffneten Zivilisten unter Artillerie-, Raketen- und Fassbombenbeschuss auch machen? Sie hatten keinerlei Möglichkeit, sich zu verteidigen. Die Kämpfer konnten mit ihren Waffen nichts ausrichten, und die meisten Opfer waren Zivilisten.

Auf der Fahrt hinaus aus Saraqib sahen wir Menschenmassen, die ebenfalls aus der Stadt flohen. Wir hörten durch das Funkgerät, dass einer der Kämpfer es geschafft hatte, eine nicht explodierte Streubombe auseinander zu nehmen. Rechts von der Straße sahen wir viele Häuser, auf die Fassbomben niedergegangen waren. Vor uns war ein Autohaus zerstört worden. Aus dem Funkgerät wurde geschrien: «Wo sind die Ärzte? Wir brauchen Chirurgen, wir haben viele Opfer.» Dann eine andere Stimme: «Bewohner von Saraqib ..., Bewohner von Saraqib, nehmt euch in acht, ein Flugzeug kommt, ein Flugzeug ist auf dem Weg.»

Durch die Autoscheibe konnte ich beobachten, wie die Menschen wie betäubt fortliefen. Sie hatten nur wenige Habseligkeiten bei sich. Drei Familien, die zu Fuß unterwegs waren, sahen uns an, als wir im Auto an ihnen vorüberfuhren. Dann tauchte ein Bewaffneter vor uns auf. Er hielt uns an und wollte wissen, wohin wir fuhren, bevor er uns passieren ließ. «Gestern haben Bewaffnete zum ersten Mal eine Frau entführt», erzählte Abu Ibrahim. «Sie kam aus einem Nachbarort, trotzdem haben sie sie entführt. Ihren Mann fand man tot auf der Straße. Sie haben sein Auto gestohlen und seine Frau verschleppt. Wir müssen vorsichtig sein, das sind alles Söldner und Gauner.»

Auf der anderen Seite versuchte man, mit einem Kran das Dach eines Hauses abzunehmen. Wir hielten kurz an und erkundigten uns. Fünf Menschen waren getötet worden; nach einem Kind wurde noch gesucht. Ein Bewohner des Hauses stand vor dem Kran und beobachtete ihn bei der Arbeit, ein anderer saß auf dem Gehsteig. Es hieß, der Erste sei der Vater der drei Kinder, die zusammen mit ihrer Mutter gestorben waren, der andere ihr Onkel.

Auf der anderen Seite sammelten Kinder Metallstäbe, die infolge der Fassbombenexplosion überall herumlagen, um sie zu verkaufen. Die Metallstäbe waren nicht einmal eine halbe Elle lang, manche kürzer. Ein Junge stieg auf der Suche nach den Stäben auf einen Trümmerhaufen, obwohl die Männer schrien, er solle sofort zurückkommen. Er war etwa dreizehn Jahre alt und hatte tiefschwarze Augen. Seine Kleidung war zerschlissen, das Haar staubbedeckt. Er war sicher schon mehrmals in die Trümmer gekrochen, um so viele Metallstäbe wie möglich zu finden. Für deren Erlös würde er vielleicht etwas Brot kaufen können. Der auf dem Gehsteig sitzende Mann zündete sich eine Zigarette an, beobachtete den Kran und wischte sich den Staub von den Wimpern. Seine Tochter befand sich noch unter den Trümmern, aber die anderen

Männer meinten, sie sei bestimmt schon tot, er müsse auf Gott vertrauen.

Wir kamen zu der Moschee außerhalb von Saraqib. Die Bewohner in der Umgebung waren Beduinen. Die Moschee war groß und mit Bettlaken unterteilt. Hier sollten wir eine Weile bleiben, vielleicht sogar ein paar Tage. Viele Familien waren hergekommen. Sie besaßen nur noch ein paar Laken und Plastikmatten und einfache Küchenutensilien. Wir brachten Erfrischungsgetränke, Brot, Käse und Wasser mit. Es gab keinen Strom hier, kein Wasser, aber es wurde auch nicht bombardiert.

Kaum hatten wir den uns zugeteilten Platz gesäubert, da tauchten Maisara und Suhaib wieder auf und trugen die beiden Alten herein. Dies war meine Chance, nach Saraqib zurückzukehren. Ihre Weigerung akzeptierte ich nicht. «Ich bin nicht extra hierher gekommen, um so weit weg vom Geschehen zu sein! Ihr müsst mich mitnehmen.» Und das taten sie dann auch.

Die beiden Alten konnte man auf den Händen tragen, so leicht waren sie. Von Flucht zu Flucht wurde die Seele schwerer und der Körper leichter. Die erwachsenen Söhne brachten die Alten an einen sicheren Ort – um selbst in den Tod zu gehen. Sie hatten die Rollen getauscht. Ihre Mutter war wütend, sie hatte ihr Haus nicht verlassen wollen. Die Tante schwieg. In Ajuschs Augen standen Tränen. Sie sagte, sie wolle nicht fliehen, lieber wolle sie in Würde sterben. «Die Flucht nimmt uns die Würde. Am besten ist es, zu Hause zu sterben.» Doch die Männer kümmerten sich nicht um das Gejammer der Frauen, sie ließen sie in der Moschee zurück, und ich fuhr mit ihnen zum Medienbüro.

Als wir dort ankamen, war es fünf Uhr nachmittags, und

bis jetzt waren ungefähr siebzehn Fassbomben auf Saraqib gefallen, alle auf die Häuser von Zivilisten und auf den Markt. Wir wussten nicht, wie viele Raketen und Streubomben dazukamen, aber wir würden es sicher noch erfahren. Ich ging allein ins Büro, während Suhaib und Maisara weiterfuhren. Der polnische Fotojournalist Marcin Suder, ein britischer Journalist und noch zwei andere Journalisten waren bereits dort. Einer von ihnen war verletzt, sein Bein war gebrochen, und sie behandelten ihn gerade. Marcin bearbeitete einige seiner Fotos. Ich war durch die Gespräche im Nebenzimmer abgelenkt, es fielen die Namen der Familien, die heute Opfer der Bombardierung geworden waren. Einer hatte eine Hand verloren, einer ein Bein, ein Mädchen hatten sie zerfetzt aus den Trümmern gezogen.

Vor Ort bekommt die Revolution eine andere Realität. Auch das Schreiben darüber ist anders. In dieser Realität muss man nicht theoretisieren, es ist noch nicht einmal wichtig zu wissen, was das Ende des Tages bringen wird. Es gilt, starke Nerven zu haben und von Stunde zu Stunde zu reagieren. Man muss wissen, wie man am sichersten aus der Bombardierung herauskommt – was nahezu unmöglich ist –, man muss darauf achten, dass Ärzte und Helfer in der Nähe sind sowie Aktivisten, die die Opfer der Bombenabwürfe dokumentieren. Du musst das Internet durchforsten, in der Hoffnung, dass es nicht ausfällt und dieser kleine Flecken Erde, der der Zerstörung und Vernichtung anheim gegeben ist, nicht aus der Welt purzelt. Du musst über ganz banale Kenntnisse verfügen, aber wichtiger als alles andere ist, dich zusammenzunehmen. Dich zusammenzunehmen beim Anblick der abgerissenen Körperteile und der ungeheuren Zerstörung der Häuser, damit du keinen Augenblick vergisst, dass dein psychischer Zusammenbruch für die anderen ein weiteres Problem sein würde. So banal ist es. Du musst kleine Finger aus den Trümmern aufsammeln. Die Leiche eines anderen Mädchens herausziehen, dessen Kleidung noch warm von seinem Urin ist. Dann fortgehen und nach weiteren Opfern suchen. Du darfst die Gesichter der Opfer nicht vergessen, damit du über sie schreiben und der Außenwelt in allen Einzelheiten erzählen kannst, wie diese weißen Augen unter dem Himmel aussehen, aus dem es Fässer und kostenlose Todesgeschenke regnet. Es ist nicht wichtig, ob du in der Lage bist, das Geschehen zu analysieren, ob du begreifst, dass die Häuser der Zivilisten bombardiert werden, damit die Revolution ihren Rückhalt in der Bevölkerung verliert und alle zivilen Projekte, für deren Durchführung die Aktivistinnen und Aktivisten in die vom Regime befreiten Gebiete zurückgekehrt sind, vernichtet werden. Auch ob du weißt, dass das Regime die ganze Region zerstört, um den militärischen Nachschub zu unterbrechen ... all das ist unwichtig! Wichtig ist in diesem Augenblick nur, fest auf den Beinen zu stehen, während der Himmel Fässer und Streubomben herabregnen lässt, so unerschütterlich wie ein Baum zu stehen.

An all das dachte ich, als der Himmel erneut zu lodern begann.

Drei Fässer fielen hintereinander herab, zusätzlich zu den Streubomben. Wir liefen in aller Eile die Stufen des Büros hinunter. Marcin und der englische Journalist trugen den jungen Mann mit dem gebrochenen Bein. Wir blieben vor dem Eingang stehen. Vor uns tauchten mehrere Männer auf. Wir wussten nicht, wohin, denn der Helikopter kreiste immer noch über uns. Die Dämmerung hatte eingesetzt, und ganz in der Nähe schien eine Streubombe niedergegangen zu sein.

Die Männer forderten uns auf, mit ihnen zu gehen, aber ich lehnte ab. Ich sagte zu Marcin, ich würde sie nicht kennen und wir sollten besser umkehren, denn man hatte mich vor Entführungen gewarnt. Draußen sei es auch zu gefährlich, wir sollten in den Schutzraum hinuntersteigen. Die fremden Männer protestierten und sagten, die Schutzräume seien nicht sicher. Marcin wollte aufs Dach zum Fotografieren, die anderen Jungs sollten den Verletzten wieder hochbringen. «Ich gehe mit aufs Dach und warte dort die Bombardierung ab», sagte ich. Marcin sah mich erstaunt an.

Wir stiegen die Treppe hinauf, er ging bis zum zweiten Stock und von dort aufs Dach. Es war eine verrückte Idee, den Hubschrauber vom Dach aus zu fotografieren. Viele Menschen waren schon durch umherfliegende Splitter getötet worden. Trotzdem folgte ich Marcin aufs Dach. Ich war zum ersten Mal hier oben, es war seltsam und beängstigend. Später gewöhnte ich mich daran, die Hubschrauber zu beobachten, die die Fässer abwarfen. Ich stellte mir das Gesicht des Piloten vor. Ich versuchte mir ein menschliches Bild von ihm zu machen.

Der Himmel war fast rot. Es war noch nicht ganz dunkel. Die Häuser zeichneten sich noch ab, und überall sah man infolge der Granatenexplosionen Lichter aufleuchten. Im Abendrot kreiste ein Flugzeug. Aus den Häusern drang kein Laut, auf den Straßen regte sich nichts, außer dort, wo die Menschen die Auswirkungen der letzten drei Fassbomben in Augenschein nahmen. Für einen Moment sah der Ort aus wie ein Gemälde. Das Flugzeug kam näher. «Wir müssen sofort runter!», schrie ich. Wir liefen los. Meine Finger suchten in der Dunkelheit nach einer Stütze, Marcin packte mich und zog mich zur Treppe. Ich verlor das Gleichgewicht. Wegen der

Druckwelle der Detonation stürzten wir vor der Tür, dann kam eine zweite Explosion, dann eine dritte.

Im Angesicht des Todes wachsen dem Körper Millionen Saugnäpfe, die nach irgendetwas suchen, um sich festzuhalten. Im Angesicht des Todes will der Körper irgendetwas spüren, um sich zu vergewissern, dass er noch existiert. Es ist eine intuitive Reaktion, die zwischen Wahnsinn und tierischem Instinkt schwankt, der sich mit aller Macht gegen das Verlöschen wehrt. Meine Finger fuhren durch die Luft auf der Suche nach einem Lebewesen. Ich wurde vorübergehend blind, ich sah nur Schatten. Marcin und der englische Journalist waren vor mir. Wir stießen zusammen. Ich weiß nicht, wie es kam, dass wir uns im Augenblick der lauten Detonation aneinander klammerten und im Augenblick der Stille darauf sofort wieder voneinander lösten. Wir liefen los, als sei nichts gewesen. Niemand will sterben. Und Mut ist nur ein leeres Wort. Wir waren einfach nur Menschen in Panik, die vor dem Nichts flohen.

Wir liefen auf die Straße und dann weiter, bis das Bombardement aufhörte. Mohammed war gerade mit dem Auto angekommen. Er wollte zu den Einschlagsorten, um den Verletzten zu helfen und alles zu dokumentieren. Wir stiegen ein, und einer der Jungs meinte, wir sollten in der Bäckerei am Stadtrand Essen besorgen.

Die Menschen strömten auf die Straße, um die Zerstörung zu begutachten. Diesmal sah ich etliche ISIS-Kämpfer. Auch sie waren zum Ort des Einschlags gekommen und hatten sich unter die Bevölkerung gemischt. Sie zeigten ganz offen ihre Waffen. Sie passten nicht hierher, wirkten wie Fremde. Sie hatten einen dunklen, fast bläulichen Teint, wie ihn die Syrer nicht haben. Drei Männer kamen aus Mauretanien. Auch ein

Jemenit und ein Saudi waren da, und ein Ägypter. Diese Männer waren nicht beliebt bei den Syrern, und bisher hatten sie sich in dieser Region noch außerhalb des gesellschaftlichen Gefüges befunden. Die Kämpfer der Ahrar al-Scham hingegen waren Teil der Gesellschaft, waren die meisten von ihnen doch Syrer aus der Umgebung. Sie hatten ihre Wohltätigkeitsvereine, ihre Krankenhäuser, ihre Schulen und nicht nur ihre militärischen Einheiten, sondern auch eine missionarische Bewegung.

Aus verschiedenen Richtungen in Saraqib waren Flugabwehrgeschütze zu hören, was bedeutete, dass ein Flugzeug gesichtet worden war. Es folgten Detonationen in der Nähe. Wir fuhren schneller, vorbei an Feuer und Staub, und hielten nicht an. Mittlerweile war es stockdunkel. Wir kamen zum Stadtrand und hielten vor der Bäckerei. Es war eigentlich ein großer überdachter Platz. Wir besorgten Lebensmittel, die wir an Familien weiterverteilen wollten. Doch erst einmal setzten wir uns, um selbst einen Happen zu essen, auf eine Plastikmatte mit ein paar Kissen. Andere Kämpfer und Aktivisten standen ebenfalls vor der Bäckerei.

Die Kämpfer gehörten der «Front der Revolutionäre von Saraqib» an. Ein alter Mann war mit seiner Familie hier. Zu den schon eingetroffenen Familien kamen später weitere hinzu. Ganz in unserer Nähe stand ein Maschinengewehr. Es war seltsam, zusammen mit diesen jungen Kerlen neben mir zu essen und zu wissen, dass sie vom Tod bedroht waren. Ihre Finger tauchten das Brot in Öl, ihre Gesichter waren müde, sie wirkten ausgezehrt und erschöpft. Sie hatten nur einen kleinen Moment der Erholung, um ihre Wegzehrung zu verschlingen. Und dazu das Geräusch der Granaten und Bomben.

Ich aß kaum, sondern rauchte. Ich konnte einfach nicht

aufhören. Seit Jahren sagte ich mir: «Eines Tages werde ich aufhören, mir die Lunge zu verbrennen.» Aber jetzt sah ich die Zigarette an und dachte nur: Das ist es, was ich am meisten begehre. Das und ein Glas heißen Tee. Ich machte mir Sorgen um Nura, Ajusch und die beiden Alten, auch wenn sie in der Moschee in Sicherheit waren.

Ahmad riss mich aus meinen Gedanken: «Was ist los, Madame? Haben Sie Angst vor dem Maschinengewehr?» Mohammed warf ihm einen missbilligenden Blick zu.

«Ja sehr! Ich zittere vor Angst.» Wir lachten.

Ahmad war ein Kämpfer aus Saraqib. Er war neunundzwanzig Jahre alt. Auf die Hand hatte er sich die Blume von Damaskus tätowiert. Er hatte auf der Handelsschule gelernt und beim Militär gedient. Er erzählte: «Im Januar 2011 war meine Wehrzeit zu Ende, aber ich konnte es nicht genießen, denn kurz darauf begann die Revolution.» Er aß ruhig weiter, aber ich drängte ihn, weiterzureden. «Wie so viele andere sind wir friedlich auf die Straße gegangen und haben nur Reformen gefordert. Ja, wirklich.» Er lachte. «Aber dann haben sie unsere Leute getötet, verhaftet und unsere Häuser in Brand gesetzt. Obwohl wir keine Waffen getragen haben. Wir waren drei Freunde und haben uns zu dritt ein Gewehr geteilt, um damit abwechselnd unsere Häuser und unsere Frauen und Kinder vor den Leuten des Regimes zu beschützen. Als sie unseren Freund getötet haben, waren wir nur noch zu zweit. Danach habe ich mich den ‹Märtyrern von Asaad Hilal› angeschlossen.»

«Wie seid ihr auf die Idee gekommen, Kämpfer zu werden?», fragte ich ihn.

Dieses Mal lachte er nicht. Er war groß und kräftig, und es fiel ihm schwer, auf dem Boden zu sitzen. Er hörte auf zu essen und zündete sich eine Zigarette an: «Es gab einen Regimeanhänger aus dem Umland von Idlib, der uns beschossen hat. Und die Männer hier schossen zurück. Da haben wir überlegt, wie wir uns schützen können, weil sie begannen, willkürlich in unsere Richtung zu schießen. Wir haben dann Gruppen gebildet aus fünfzehn oder zwanzig Leuten, um die Stadt zu verteidigen. Die Armee und der Geheimdienst hatten bereits fünf Checkpoints um die Stadt herum errichtet.»

Alle hörten ihm zu. Sie hatten aufgehört zu essen, auch das Bombardieren hatte aufgehört, und Ahmad erzählte allein in der Stille des Abends: «Ich wollte nicht töten, als ich mich dem Bataillon angeschlossen habe. Wenn wir gekämpft haben, haben wir nicht auf die tödlichen Stellen geschossen, nur auf die Beine, aber später wurde alles anders. Sie kennen die Geschichte. Wegen der Grausamkeiten des Regimes ist alles aus dem Ruder gelaufen. Wir haben uns dann nicht mehr darum geschert, wohin wir schießen. Ich lebe jetzt mit meinem Vater, meiner Mutter und meinem Bruder zusammen. Und ich werde nicht aufhören, Baschar al-Assad und seine Leute zu bekämpfen, weil sie meine Freunde umgebracht haben.»

Ich fragte ihn nach den extremistischen religiösen Einheiten, die von den Prinzipien der Revolution abgewichen seien. Er sagte: «Ich verstehe nicht, was Sie meinen. Es gibt eben verschiedene Gruppierungen. Und es gibt einen großen Unterschied zwischen ISIS und der Nusra-Front. Einen sehr großen sogar.»

Ein junger Kerl mischte sich ein: «Die Leute von der Nusra-Front sind die besten Menschen. Sie stehlen nicht, sie töten nicht, und sie beschützen die Menschen.»

Ein anderer Kämpfer widersprach ihm: «Das stimmt nicht!»

Ahmad unterbrach die beiden: «Ich sage nichts Schlechtes über die Nusra-Front. Sie schaden niemandem, während ISIS dem Islam und Syrien großen Schaden zugefügt hat. Es sind Ausländer, sie haben mit uns Syrern nichts zu tun. Andererseits ist es das Recht der Islamisten, über eine Möglichkeit nachzudenken, wie man die Scharia umsetzen kann, oder auch die Verschleierung von Frauen in Betracht zu ziehen.» Ich verkniff mir einen Kommentar dazu, ich wollte das Thema nicht vertiefen. Er fügte hinzu: «Ehrlich gesagt, ich habe durchaus Respekt für die Nusra-Front, nachdem sie so viele Gebiete befreit hat.»

«Und was ist mit ihrem politischen Konzept?», fragte ich.

«Keine Ahnung, das weiß ich nicht. Aber ich werde Ihnen etwas sagen: Wir haben jetzt Chaos hier, und Schmutz. Alles ist schmutzig. Das Regime, die dschihadistischen Einheiten, die Sicherheitsapparate und die Revolutionäre. Die ganze Welt. Wir leben im und vom Schmutz. Aber es gibt einen Unterschied zwischen den Kämpfern, die ihre Familien und ihre Arbeit zurückgelassen haben und nach Syrien gekommen sind, um für ihre Religion zu kämpfen, und ihren Führungen, die mit dem Geheimdienst verbandelt sind und sich selbst an das Regime und andere verkaufen. Die Führungsschichten von einigen Bataillonen sind unterwandert worden.»

Ahmad bekam einen geringen Sold von 1500 syrischen Pfund. Er sagte, dass er davon lediglich seine Zigaretten bezahlen könne. Er lachte und spottete über alles, sogar über sich selbst. «Und Sie, Madame? Was hat Sie hierher geführt? Ist Gott böse auf Sie, oder warum sind Sie hier?» Er lachte.

Ich lachte nicht. Ich fragte ihn ganz ernst, was er während des Kämpfens fühle, und da antwortete er ebenso ernst: «Im Kampf ist der Mensch nicht mehr da. Im Kampf bin ich ein

Tier. Entweder du tötest oder du bist tot, hahaha ... Das Problem ist, dass ein Teil der Sunniten auf der Seite der Revolutionäre steht, während alle Alawiten für Assad sind. Warum sterben nur wir Sunniten, und die Minderheiten bleiben verschont? Warum schweigen die, wenn sie doch Syrer sind wie wir? Bei Gott, das verstehe ich nicht. Wirklich nicht! Ich habe keine klare Vorstellung von der Zukunft. Ich bin Kämpfer, aber ich bin auch Mensch, ich bin zur Schule gegangen und ich hasse das Töten. Ich möchte heiraten und Kinder bekommen. Deshalb kämpfe ich, einfach nur, um zu leben. Aber ich weiß, dass die Revolution von ihren Prinzipien abgewichen ist und dass die ganze Welt gegen die Revolutionäre ist. Die Revolution ist wie eine arme vergessene Witwe geworden. Manchmal fühle ich mich wie eine Schachfigur, ich weiß, dass sie mit uns machen, was sie wollen. Wer finanziert die militärischen Einheiten? Wer sind sie? Ich weiß, dass das, was passiert, absoluter Wahnsinn ist und dass wir uns alle auf den Tod zubewegen. Aber sollen wir sterben, ohne uns zu verteidigen? Ich bin zweimal in die Türkei gefahren. Ich bin durch die Straßen gelaufen und hatte so ein komisches Gefühl, man kann es nicht beschreiben. Dort gab es keine Bomben! Keine Flugzeuge! Keine Raketen, die die Menschen töten. Verstehen Sie? Ich habe mich fremd gefühlt. Wir sterben einfach nur, das ist alles, was wir tun!»

Er hörte auf zu sprechen.

«Geben Sie mir bitte eine Zigarette», bat ich ihn nach einem Augenblick des Schweigens. Er war wütend geworden, als er seinen letzten Satz beendet hatte. Aber als ich ihn jetzt um eine Zigarette bat, lachte er: «Alles ist so sinnlos. Wir könnten jetzt sterben, jetzt in diesem Augenblick.» Er zündete mir die Zigarette an, dann sprach er lachend weiter: «Warum schreiben Sie nicht auch etwas über Abu Nasser?» Er zeigte auf einen schmächtigen jungen Mann mit bleichem Gesicht und furchtsamen Augen. Er war mir bisher nicht aufgefallen. Er hatte sich ein wenig zurückgezogen und schien sich nicht darum zu kümmern, was um ihn herum vor sich ging.

Der junge Mann wirkte äußerst schüchtern und wollte nicht sprechen. Er schaute mich aus den Augenwinkeln heraus an. «Es muss Ihnen nicht peinlich sein», sagte ich zu ihm. «Ich bin wie Ihre Mutter.»

Da antwortete er leise: «Ja, Madame, das stimmt.» Dann erzählte mir Abu Nasser, der 1991 geboren war, seine Geschichte: «Ich habe wegen dem Dschihad für Gott zu den Waffen gegriffen. Ich war beim ‹Hassaan Ibn Thabit›-Bataillon, das zur Ahrar al-Scham gehört. Ich habe aufgehört zu rauchen und bin mit ihnen zur Front gegangen. Einen Monat lang bin ich in Aleppo geblieben. Dann bin ich weitergezogen zum Flughafen von Azaz. Ich habe die Ahrar al-Scham verlassen und mich einer unabhängigen bewaffneten Gruppe angeschlossen. Ihr Anführer, der Scheich, stammte aus Saraqib. Sie haben mir die Uniform eines Toten gegeben, die habe ich angezogen. In Azaz habe ich ein eigenes Gewehr erhalten. Ich habe nur geschossen, um meinen Freund zu rächen, der vor meinen Augen gestorben ist. Ich wollte mit ihnen nach Dschabal al-Akrad in die Schlacht ziehen, aber der Anführer hat es mir verweigert. Dann habe ich auch diese Einheit verlassen und bin hierher zurückgekommen. Ich bin einziger Sohn meiner Eltern und wollte in ihrer Nähe bleiben.»

Ich fragte ihn nach der bewaffneten Gruppe, der er sich vorher angeschlossen hatte, und er sagte: «Sie sind unabhängig. Es gibt viele Gruppen, die so arbeiten. Wir sind drei Monate geblieben und haben keinen einzigen Schuss abgegeben.

Im Gegenteil, die Armee hat uns angegriffen und die Jungs mit Kopfschuss getötet. Der Anführer des Bataillons hat uns belogen, er hat uns allein in der Schlacht zurückgelassen und ist verschwunden. Ich war so wütend, er war doch unser Scheich! Wie konnte er da einfach abhauen? Er hat mir das Gewehr abgenommen, als ich sie verließ, obwohl es doch meins gewesen war. Ich habe erfahren, dass er Drogen nahm und rauchte. Er hat viele verbotene Dinge getan. Ich habe mich dann dem Bataillon von Abu Tarrad angeschlossen, dem Anführer der «Brigade der Revolutionäre von Saraqib». Aber ich habe kein Geld, mir ein neues Gewehr zu kaufen. Der Preis für ein Gewehr beträgt mehr als 130 000 Pfund.»

Abu Nasser wollte weiterkämpfen, obwohl er eigentlich hatte studieren wollen. Er hatte zwar das Abitur nicht bestanden, aber er konnte Geige und Laute spielen. «Er ist ein hervorragender Lautenspieler», sagte Ahmad lachend.

Abu Nasser schüttelte den Kopf und entgegnete: «Ich kann nicht mehr spielen.»

«Du lügst!», rief Ahmad laut.

«Nein, wirklich, ich kann es nicht mehr. Ich weiß nicht, warum. Zuerst habe ich gedacht, ich kämpfe gegen die Ungläubigen, die die Muslime töten. Und jetzt sage ich, ich kämpfe gegen die Ungerechtigkeit. Wenn ich am Leben bleibe und Baschar stürzt, dann lasse ich alles hinter mir und gehe zu meinem Bruder nach Amerika, um Musik zu studieren. Ich liebe die Laute. Früher habe ich befürchtet, nicht als Märtyrer zu sterben und nicht ins Paradies zu kommen. Aber dann habe ich die Lüge erkannt und den Widerspruch gesehen zwischen dem, was der Scheich uns sagte und was er tat. Einmal ...» Seine Stimme versagte, seine Wangen röteten sich, und er fuhr aufgebracht fort: «Einmal sind ein Oberst und zwei von seinen Soldaten desertiert und haben uns geholfen, die Eroberung des Flughafens von Ming zu planen. Aber als wir vor den Toren des Flughafens standen, wollte der Scheich nicht, dass wir ihn einnehmen. Das ist doch Verrat!»

Er setzte sich aufrecht hin und sah jetzt älter aus, als er war. Erregt und traurig und mit großer Verzweiflung in der Stimme sagte er: «Ich denke nicht daran zu heiraten. Wie könnte ich heiraten, wo ich doch jeden Augenblick sterben kann? Sie sehen ja, dass wir ununterbrochen bombardiert werden, wir werden noch unseren Verstand verlieren! Ich mache mir große Sorgen um meine Eltern und denke nicht daran, die Waffen fallen zu lassen, bevor Baschar nicht gestürzt ist. Weil er nicht aufhört, uns umzubringen. Sie sind es, die töten. Wir verteidigen uns. Aber ich sage Ihnen, dass die Dinge nicht gut stehen. In Aleppo haben wir jemanden getroffen, der Alkohol trank, da haben die Männer ihn vor den Augen der Öffentlichkeit ausgepeitscht. Es gibt da Dschihadisten, die haben Menschen abgeschlachtet und angezündet.»

«Wer sind diese Leute?», fragte ich.

«Egal», sagte er. «Jedenfalls haben sie Leute ausgepeitscht, weil sie nicht nach den Regeln Gottes lebten. Und andere haben sie umgebracht, weil sie Alawiten waren.»

Es war sechs Uhr früh. Die Flugzeuge waren gekommen und bombardierten Saraqib. MiGs konnte man nicht überhören. Wir erkannten sie an ihrem Geräusch.

Durch das Fenster des Medienbüros, von dem aus man den Stützpunkt des Bataillons sah, beobachtete ich den Mann, der hinter der 5,14-Kanone saß und auf das Flugzeug zielte. Das Geschütz war auf einen kleinen Laster montiert. Ich kannte den Kämpfer hinter der Kanone. Ich winkte ihm zu und beobachtete zusammen mit ihm den Himmel. Er befand sich in einer anderen Welt, verschmolz mit der Kanone und schoss. Die Männer meinten, dass Flugzeug sei abgehauen, weil es Angst vor der Flugabwehrkanone habe.

Aus dem Sprechfunkgerät krächzte es: «Das Flugzeug ist weg, Jungs. Möge Gott euch stärken. Aber haltet die Augen offen!»

Ich kehrte zum Fenster zurück, der junge Mann war noch auf seinem Posten. Er zündete sich eine Zigarette an und beobachtete den Himmel. Für einen kurzen Augenblick machte er einen entspannten und glücklichen Eindruck. In der anderen Hand hielt er sein Sprechfunkgerät und lauschte.

Im Medienbüro herrschte reger Betrieb. Ein junger Mann, der in Jura promoviert hatte, hatte sich den Männern angeschlossen, die für die Technik und die Programmierung zuständig waren. Ein schmaler junger Kerl, voller Begeisterung, aber ein bisschen ängstlich. Er hörte nicht auf zu arbeiten, blieb wie viele der Aktivisten, die kamen und gingen, tagelang dort, ohne das Büro zu verlassen. «Wie Sie auch!», sagte er zu mir.

Auch Suhaib war hier. Er war ein Enkel der Familie, bei der ich wohnte. Er hatte sein Studium in Europa aufgegeben, war nach Saraqib zurückgekehrt und machte jetzt hier die Technik und arbeitete beim Radio. Und er kämpfte. Er war in einer Schlacht am Bein verletzt worden und hinkte. Ein mutiger Kämpfer, der Saraqib nicht verlassen wollte, bis er starb. Er sagte: «Entweder wir sterben oder wir siegen.» Ich stritt oft mit ihm, aber er besaß ein reines Herz und außergewöhnlichen Mut.

Aiham war Mathematiklehrer. Bis jetzt hatte er die Stadt nicht verlassen wollen. Bald würde er gehen, aber bis dahin wollte er noch die Kinder unterrichten. Er lebte bei seinem Bruder, der sich um die Unterrichtsorganisation kümmerte, Tauben züchtete und einige Monate später durch eine Granate sterben würde, die von einem Flugzeug abgeworfen wurde.

Mohammed war mein ständiger Begleiter auf meinen Reisen. Manhal, Marcin Suder, andere Medienleute und die jungen Kämpfer von Ahrar al-Scham, sie alle waren hier in dem kleinen Büro und träumten noch immer davon, dass die Revolution weitergehe und «ein Wunder geschehe», wie einer von ihnen sagte.

In einer Ecke diskutierten zwei Männer darüber, wer bei den islamistischen Bataillonen das Prinzip des Beutemachens eingeführt hatte, ein Prinzip, das Übertretungen und Plündereien erlaubte und neue Diebe heranzüchtete. Die Freie Syrische Armee sei dagegen gewesen und habe das Beutemachen immer als kriminell bezeichnet, «aber am Ende haben sich die Islamisten durchgesetzt», sagte der junge Mann, der die Zeitschrift für Kinder herausgab und sie in den ländlichen Regionen zwischen Aleppo und Idlib verteilte.

Die jungen Männer arbeiteten zwar nicht professionell, aber sie lernten ständig hinzu. Wer in der Nothilfe tätig war, wurde womöglich zum Kämpfer, wer die Geschehnisse dokumentierte und fotografierte, wurde vielleicht mit einer journalistischen Aufgabe betraut oder wiederum auch zum Kämpfen oder zur Nothilfe geschickt.

Der Raum, in dem ich arbeitete, wurde für alles Mögliche benutzt und war ziemlich vernachlässigt, so dass ich mich dort unwohl fühlte. Ich bat Aiham und einen jungen Mann namens Badi, mir dabei zu helfen, das Zimmer zu putzen. Sie waren zuerst befremdet, aber dann halfen sie mir doch. Später brach einer von ihnen auf, um einer Familie bei der Flucht zu helfen, ein anderer meinte, dass er einen ausländischen Journalisten abholen müsse. Außerdem würde heute der Regionalrat von Saraqib hier zusammenkommen, um über die Angelegenheiten der Stadt zu beratschlagen. Das war eine zivile Organisation, die aus verschiedenen Gründen ihren Einfluss verloren hatte, unter anderem wegen der mangelnden Finanzierung und der aufkommenden Streitigkeiten unter den Bewohnern, nicht zuletzt aber wegen der neuen Scharia-Kommission. Sie und das Scharia-Gericht standen unter dem Schutz der islamischen Bataillone, die ihre Gesetze mit Waffengewalt und im Namen Gottes durchsetzten.

Am Abend tauchte das Flugzeug wieder auf. Wir stürzten zum Fenster, von dem aus man die Kanone sehen konnte. Der Mann zielte auf das Flugzeug, Schüsse wurden abgefeuert, ich hielt mir die Ohren zu und trat vom Fenster zurück. Drei Männer gingen hinaus, stellten sich neben die Kanone und schauten in den Himmel, als würden sie einen Papierflieger beobachten. Wie üblich war nach ein paar Minuten alles vorbei. Aber plötzlich stand Schahir, ein junger Mann von der «Front der Revolutionäre Saraqibs», vor der Tür. Er stürzte ins Zimmer und rief: «Da liegen zwei Leichen im Tal außerhalb der Stadt. Los, Jungs, helft uns, wir müssen herausbekommen, wer sie sind, und sie beerdigen.» Ich setzte mein Kopftuch auf und rief: «Ich fahre mit euch.» Er blickte mich befremdet an. Trotzdem lief ich hinter ihnen her.

Die Sonne brannte. In der Ferne, von der anderen Seite der Stadt her, waren Detonationen zu hören. Wir hielten auf der Autobahn. Beidseits der Straße standen Zypressen. Die beiden Leichen lagen in dem Tal auf der rechten Seite. Ich konnte sehen, welche Farbe die Kleidung einer der beiden Toten hatte. Beide Köpfe fehlten, einer lag nicht weit von den Leichen entfernt. Über ihnen schwirrte eine kleine Wolke aus Fliegen. Schahir, der während der Fahrt gesprächig gewesen war, verstummte. Weil sie die Leichen nicht identifizieren konnten, beschlossen die jungen Männer, sie an Ort und Stelle zu begraben. Die Flugzeuge und Bomben waren weit entfernt. Die Jungs begannen zu graben. Sie setzten sich Atemschutzmasken auf. Einen Augenblick war mir, als würde ich zu Boden sinken. So viel Tod! Immer umgeben vom Tod ... Schahir, der lebenslustige junge Mann, der eine Waffe trug, war ein Sohn Saraqibs. Er verteidigte seine Stadt, er war kein Extremist und kein Terrorist, er trug einfach seine Waffe und kämpfte. Doch da gab es die ausländischen Kämpfer, offenkundig Söldner, die im Namen der Religion Köpfe abschlugen und die uns wie Besatzer unseres Landes an den Checkpoints anhielten. Alle Wertmaßstäbe waren durcheinandergeraten. Das Chaos, die verzweifelten Versuche der Männer, ihre Revolution zu verteidigen, die ihnen entglitt; ihr Kampf gegen das Assad-Regime und dazu der Kampf der dschihadistischen Gruppen, die begonnen hatten, ihr Leben zu zerstören ...

Ich setzte mich neben eine Zypresse und beobachtete sie. Der Geruch war bestialisch. Ich dachte laut: «Wie soll ich nur über all diese Zerstörung schreiben?»

Einer der Jungs hatte mich mit mir selbst reden gehört. Er beugte sich freundlich zu mir herunter und sagte: «Sie müssen das doch nicht alles mit anschauen, Madame, lassen Sie uns zurückfahren!» Die Farbe Gelb legte sich über meine Augen. Schahir und die anderen kamen zurück und munterten mich ebenfalls auf zu gehen. Ich stand mühevoll auf. Dieser Geruch in meiner Nase und das Bild des abgetrennten Kopfes besetzten mein ganzes Denken. Mörder und Getötete. Ohne Identität. Das Chaos des Absurden und der Zerstörung.

Auf der Rückfahrt sagte Schahir: «Ich glaube nicht, dass sie welche von uns sind. Vielleicht waren es Leute des Regimes.»

«Woher willst du das denn wissen?», fragte ein anderer.

«Ist doch egal. Möge Gott sich ihrer erbarmen.»

Aber der junge Mann auf der anderen Seite meinte: «Wenn sie Baschar-Anhänger sind, möge Gott sich ihrer nicht erbarmen. Scheiß drauf!»

Nichts wird bleiben, nichts wird uns bleiben. Diese düstere Vorstellung drängte sich immer mehr auf. Das Nichts waberte überall, fraß sich selbst. In diesem Augenblick wusste ich, ich befand mich mitten in dieser tödlichen Zone, direkt am Rande des Nichts. Ich war nicht geschaffen für all das, was ich sah, worin ich mich befand. Ich war schwächer als dieser fortgesetzte Tod. Als dieses jede Sekunde neu entstehende Böse, das größer und größer wurde, bis es die Welt verschlang! Ich war nicht mehr in der Lage, weiterzuleben wie früher. Das passiert mir immer wieder. Dann denke ich darüber nach und erneuere meine Kräfte. Aber die treibende Kraft, die mich in den Tod stößt, wächst und wächst. Die Süße des glatten Todes schleicht sich in meine Wünsche. Nichts hat jetzt mehr einen Sinn! Ich habe das Gefühl, ein Ameisennest sitzt in meinem Kopf. Das Dröhnen der Bomben ist weit entfernt, das Sirren der Fliegen über den beiden Leichen, das Gesicht eines Kindes unter den Trümmern. Ich schwimme in dem süßen Gefühl, mich dem Tod hinzugeben …

Die Stimme von Schahir riss mich aus meiner Starre. Wir waren vor dem Medienbüro angekommen.

Die Mitglieder des Rates hatten sich dort inzwischen versammelt, um das Problem der Brotversorgung zu besprechen. Gestern hatte es in ganz Saraqib kein Brot gegeben. Ich zog mich zurück, um zusammen mit Mohammed meine Frauenbesuche zu organisieren. Wir wollten einen Alphabetisierungskurs initiieren, wir mussten einen Ort für das Frauenzentrum finden und uns um weitere Kleinprojekte kümmern. Aber mein Kopf war leer. Ich notierte mechanisch, was Mohammed sagte. Ein junger Mann kam herein und erzählte uns von ausländischen Kämpfern, die die Bevölkerung aufforderten, für sie nach Märtyrerwitwen zu suchen, die sie heiraten wollten. Sie zahlten ihnen sogar Geld dafür. Viele Menschen lehnten das zwar ab, aber einige waren einverstanden. Ich hatte schon vorher davon gehört. Erst am Vortag waren wir bei einer Witwe gewesen, die mir erzählte, dass ein jemenitischer Kämpfer sie heiraten wolle. Sie habe zugestimmt, weil sie und ihre drei Kinder sonst keinen Lebensunterhalt hätten. Sie lebten nur von dem, was sie vom Ihsan-Verein des Ahrar-al-Scham-Bataillons erhielten. Glücklich sei sie allerdings keineswegs darüber. Wir überlegten uns ein Projekt für die hübsche junge Frau: Sie sollte von zu Hause aus Putzmittel und Utensilien für Frauen verkaufen. Sie war sich zwar sicher, dass ihr das nicht reichen würde, aber vielleicht könnte sie damit immerhin die Heirat mit dem jemenitischen Dschihadisten verhindern. Tatsächlich konnte sie später die Heirat ausschlagen und sich selbst ernähren.

Einer der Jungs reparierte den Ventilator auf dem Dach. Es war ein besonderer Ventilator, der Strom erzeugte, denn das Regime hatte in den aufständischen Regionen den Strom abgestellt. Omar und Suhaib betrieben solange den regionalen Radiosender, den die Männer im Büro ins Leben gerufen hatten.

Tatsächlich waren nach der Befreiung dieser Gebiete erste Anzeichen für die Herausbildung neuer staatlicher Strukturen erkennbar gewesen, die jedoch durch die fortgesetzte Bombardierung und die zunehmende Ausbreitung der extremistischen religiösen Gruppierungen wieder zunichte gemacht wurden. Und trotzdem ging hier, auf diesem kleinen vernachlässigten Fleckchen Erde, die Revolution weiter. Die Männer hatten gute Erfahrungen mit der Selbstverwaltung der Bürgergesellschaft gemacht. Aber da gab es Menschen, die nicht wollten, dass sie ihre demokratische zivile Revolution verwirklichten. Das wussten sie. Der einundzwanzigjährige Mann, der für eine Zeitung arbeitete, die auf dem Land im Norden erschien, meinte: «Alles, was da draußen geschieht, passiert, um eine demokratische Revolution in einen Religionskrieg zu verwandeln. Dazu kommen diese Dschihadisten, die nicht wissen, was sie tun. Aber ihre Führungen wissen es.» Er spuckte auf den Boden. Zwei seiner Brüder waren im Bombenhagel gestorben.

Als wir vom Büro aus zu Muntaha aufbrachen, tauchte das Flugzeug wieder auf. Das DSchk-Maschinengewehr und die 5,14-Kanone hielten dagegen. Wir fuhren durch eine Seitenstraße, in der Kinder einen Kreis bildeten, spielten und lachten. Ich lachte nicht. Ich dachte an das Flugzeug, das über uns schwebte und das sie von einem auf den anderen Moment in Leichenteile verwandeln konnte. Zwei Mütter standen mit sorgenvollen Gesichtern vor der Haustür. Ein Mann mit einer Tüte Zwiebeln trat auf die Gasse hinaus. Und ein Kämpfer bog mit seiner Waffe in die gegenüberliegende Seitenstraße. So war das Leben hier.

Wir begannen unsere Besuche bei den Frauen. Dichter Staub lag auf den Mauern, auf den Gesichtern, auf allem. Auch ich wischte mir ständig mit dem Ärmel über das Gesicht. «Ich verliere noch den Verstand. Wie verlieren die Menschen nicht ihren Verstand, die ununterbrochen mit diesem Tod leben?», sagte ich.

Ein weiterer Morgen, an dem ich erschöpft aufwachte. Ich vermisste Alaa und ihre Gute-Nacht-Geschichten. Aber zugleich verspürte ich ein Gefühl tiefer Zufriedenheit, weil sie jetzt außerhalb Syriens in Sicherheit war. Meine Kleidung, in der ich seit zwei Tagen schlief, begann mir unangenehm zu werden, doch ich schreckte davor zurück, einen Schlafanzug anzuziehen, weil ich nicht während des Bombardements halb nackt auf die Straße hinausrennen wollte. Mein schwarzer Umhang lag neben mir, wenn ich schlief, aber meistens konnte ich wegen der Mücken und der erstickenden Hitze gar nicht schlafen. Wenn ich einmal einnickte, wachte ich gleich wieder auf. So ging es über mehrere Tage. Das Bombardement hatte gerade nachgelassen, und Mohammed und ich wollten zu Muntaha und Dija gehen und auch zur Schule, um die Projekte zu begutachten. Vorher aber wollten wir noch den Schutzraum im Suk inspizieren, den wir in ein Frauenzentrum verwandeln wollten.

Der Suk lag in der Mitte von Saraqib. Meistens wurde genau dort bombardiert, als wollten sie die höchste Anzahl von Zivilisten töten. Seit einer Stunde hatte die Bombardierung aufgehört, und Mohammed und ich fühlten uns ein bisschen sicher. Im Suk war es recht ruhig, nur wenige Läden hatten geöffnet. Die meisten Türen waren infolge der Explosionen herausgerissen. Neuerdings hatten die Besitzer Sandsäcke vor die Schaufenster gelegt, so dass es hier aussah wie an der Front. Als ich Mohammed die Namen der Märtyrerwitwen nannte, die wir heute sehen wollten, meinte er, dafür bräuchten wir mehrere Tage. Eigentlich wollte ich auch dringend zu

Razan nach Kafranbel fahren, um das dortige Schulprojekt für Flüchtlinge zu besichtigen.

Wir stiegen wieder ins Auto. Ich war in diesem Moment frohgemut gestimmt, trotz der Bombardierung, des Tötens und der Belagerung. Die Menschen hier wollten ihr normales Leben leben. Alle, Frauen, Männer, Kinder, waren fest entschlossen dazu. Im Funkgerät schrie eine Stimme: «Ein Helikopter ... Schschsch ... schschsch ... Wo seid ihr, ihr Idioten, habt ihr das Flugzeug nicht gesehen? Warum habt ihr die Leute nicht gewarnt ....?» Ich nahm das Funkgerät in die Hand, während Mohammed losfuhr. «Los, raus zur Kanone ... los Leute, das Flugzeug ist über Saraqib.» Eine laute Detonation. «Dddddsssssccchhhh.» Eine Staubwolke schwebte über uns. Mohammed fuhr langsamer und schloss die Fenster. Ich hielt mir die Ohren zu und schrie. Ich wollte hören, dass ich immer noch am Leben war. Dann zum zweiten Mal das Getöse: «Ddddssssccccchhh.» Vor mir Massen von Staub. Erst nach und nach konnte man etwas erkennen. Ich machte einen Mann aus, der mit einem verletzten Kind auf dem Arm davonlief. Er lief, weinte und schrie. Seine Stimme konnte ich nicht hören, denn ich hatte ein Klingeln im Ohr, das sich in einen heftigen Schmerz verwandelte. Ich begriff nicht mehr, was um mich herum vor sich ging. In diesem Augenblick hörte ich etwas Furchterregendes. Ich kann mich nicht mehr erinnern, wie es sich anhörte, aber mir war, als platzten mir die Ohren. Mein Kopf bebte. Auch das Auto bebte. Ein Beben des Kopfes und der Zellen und der ganzen Welt, dann verschwamm alles vor meinen Augen. Wir standen still, weiße Rauchschwaden gingen über dem Auto nieder. Wie Dschinnen schwebten sie an den Autofenstern vorbei. Schwaden aus weißem und schwarzem Rauch sanken herab, auch längliche Eisenteile. Mein Kopf war zwischen die Rippen gerutscht. Ich vernahm ein lautes Geräusch, als die Eisenteile auf das Auto fielen. Eins schoss durch das Autofenster neben Mohammed, ein anderes ganz nahe an meinem Hals vorbei. Nach zwei oder drei Minuten öffneten wir die Augen. Ich stellte mir vor, ich würde sterben, und wollte sehen, was man als Letztes sah. Ich dachte nicht an das Leben, nicht an die schönen Dinge. Ich dachte, dass es ganz leicht sein würde und ich umsonst panische Angst hätte. Ich wusste nicht, wo mich die Granate treffen würde, an welcher Stelle meines Körpers, es war nur klar, dass wir bombardiert wurden. Was wir nicht wussten, Mohammed und ich, war, dass das dritte Fass, das der Hubschrauber über dem Suk abgeworfen hatte, genau über uns gewesen war, und dass es nicht auf dem Boden explodiert war, sondern in der Luft. Dieser glückliche Zufall hatte seinen Grund, denn nachdem die Kämpfer Maschinenkanonen bekommen und damit bereits Flugzeuge abgeschossen hatten, waren auch Assads Helikopter zu einer bestimmten Flughöhe gezwungen, und weil die Fassbomben primitive handgemachte Waffen waren, die aus großer Höhe über den Zivilisten abgeworfen wurden, mussten sie vor dem Abwurf mit einem Zünder aktiviert werden. Der Zünder dieses Fasses war allerdings schneller gewesen, als das Fass bis zum Boden brauchte, und so war es in der Luft explodiert – und wir noch am Leben.

Mohammed brachte mich rasch zu Muntaha. Ich wollte eigentlich mit ihm weiterfahren und den Schaden begutachten, doch er fragte zurück: «Warum? Um mit mir zusammen zu sterben ...?» Er lächelte und wedelte mit der Hand, dann drehte er sich um und ging.

Als ich Muntahas Wohnung betrat, war die Luft voller

Staub. Die Frauen warteten schon auf mich, Frauen, deren Männer getötet worden waren, Nachbarinnen und Kinder. Sie legten Decken auf den Boden und stellten Teller mit verschiedenen Speisen darauf. Sie lachten und redeten weiter über die Bomben. Eine Schöne mit großen Augen hielt ein Kind an der Brust. Sie war die Frau eines Märtyrers und wollte eine Wollwerkstatt eröffnen. Eine andere war eine ledige Ärztin, die sich für Literatur interessierte. Eine Frau in Begleitung zweier Kinder wollte eine Nähmaschine. Das Leben, das nach dem Fass, das mir auf den Kopf gefallen war, plötzlich pulsierte, brachte mich aus der Fassung. Ich erzählte ihnen, was passiert war. Mein Kopf war vollkommen leer, meine Lippen zitterten immer noch. Alle umringten mich, eine Frau nahm meine Hand, eine andere begann, ein paar Koranverse zu rezitieren. Ich wusste nicht, wie bleich mein Gesicht war und wie panisch mein Blick. Aber ich war wirklich dankbar dafür, dass ich noch lebte. Ich versuchte zu begreifen, was die Frauen taten, um ihre Kräfte nicht zu verlieren. Sie waren schön, gepflegt, das Essen schmeckte köstlich, sie sorgten trotz ihrer Armut gut für ihre Kinder. Eine von ihnen hatte selbst genähte Kleider mitgebracht.

Dija, die eine Schule leitete und die Schwester von Muntaha war, erklärte mir, wie wichtig es sei, einige Frauen auszubilden, damit sie die Kinder zu Hause unterrichteten, denn der Besuch der Schule wäre zu gefährlich, bei einer Bombardierung wäre die Opferzahl zu hoch. Später allerdings sollten die Kinder wieder zur Schule gehen, ohne sich um die Bomben kümmern.

Wir legten Papiere vor uns aus und begannen, die Situation jeder einzelnen Frau zu prüfen und zu notieren. Ich versuchte, aufmerksam zuzuhören und mich zu konzentrieren.

Es fiel mir schwer, doch angesichts ihrer Energie war es mir peinlich. Ich war vollkommen durcheinander im Kopf. Das Dröhnen des Flugzeugs hörte nicht auf, ebenso wenig die Sirenen der Ambulanzfahrzeuge draußen, das Lärmen der Kinder, die um uns herumwuselten, das Klappern der Teller, die hinein- und hinausgetragen wurden ... Plötzlich machte sich unter den Frauen die Lust zum Erzählen breit, die Geschichten sprudelten geradezu. Eine Zwanzigjährige sagte, sie sei nicht einverstanden mit den islamistischen Bataillonen: Eine dieser Einheiten habe unlängst einem Soldaten den Kopf abgeschlagen und ihn auf einen Stock gespießt; dann seien die Männer damit durch den Suk von Saraqib spaziert.

Eine andere unterbrach sie und schrie: «Aber weißt du nicht, was er gemacht hat? Sie hatten ihn ja aufgefordert, sich zu ergeben. Er saß in einem Panzer. Sie wollten nicht auf ihn schießen. Einer meiner Verwandten war dabei, er weiß es genau. Aber der Kerl hat auf sie geschossen, vom Panzer aus, er wollte sie alle umbringen. Er hat zwei junge Männer getötet, bis dann einer der Männer ihn umgebracht hat. Sie waren eben wütend.»

Da sagte eine andere Frau zu ihr: «Wir sind doch nicht gegen Baschar auf die Straße gegangen, damit unsere Kinder jetzt solche brutalen Sachen sehen? Das ist ein Verbrechen! Warum musste sein Kopf durch die Gegend getragen werden? Wir wollten schon eine Petition beim Scharia-Gericht einreichen. Es ist keine Macht und keine Kraft außer bei Gott!»

Eine andere stimmte zu: «Das akzeptieren wir nicht. Wir wollen nicht, dass unsere Kinder so brutal aufwachsen.»

Und eine andere Frau flüsterte: «O Gott, die Zukunft wird noch schrecklicher sein ...», während Kinder durch den Raum liefen und auf unserem Schoß herumsprangen.

Die junge Frau antwortete: «Und was sollen wir machen? Ich werde jedenfalls nicht akzeptieren, dass mein Sohn ein bestialischer Mörder wird.»

Ich machte mir Notizen über die Situation der Frauen und war dabei immer noch verblüfft über die Beharrlichkeit des stürmischen Lebens, das ich hier mit den Fingern greifen und ganz tief einatmen konnte. Diese Frauen blieben hier, inmitten des Todes, während ich die Möglichkeit hatte, der Hölle zu entkommen und im Ausland zu leben.

Als das Flugzeug wieder zurückkehrte, schrie eine junge Frau, deren Vater umgekommen war: «Das ist eine MiG!» Wir hörten eine Detonation. Eine andere sagte: «Das ist eine Streubombe.» Muntaha meinte, ich solle unbedingt bei ihnen bleiben, aber Mohammed wartete draußen trotz des Bombardements auf mich. Ich war noch verwirrter, wir sammelten unsere Papiere zusammen, dann eilte ich die Treppe hinunter.

Zu Hause bei Abu Ibrahim, Nura und Ajusch waren alle in den Schutzraum hinuntergestiegen. Sie hatten schon auf mich gewartet. Mehrere Bomben fielen hintereinander. Ich stellte wieder fest, was für ein Wahnsinn es war, auch nur darüber nachzudenken, angesichts dieser kollektiven Todesfeier irgendetwas tun zu wollen.

Die Familie war von der vorübergehenden Fluchtstation in der Moschee außerhalb von Saraqib zurückgekehrt. Nura war wütend, weil Ajusch hochwollte, um bei den beiden Alten zu bleiben. Ich schloss mich ihr an. Später holten wir das Essen in den Schutzraum und aßen schweigend.

Trotz allem konnten Mohammed, Muntaha und ich abends zu Fadia gehen, der Frau, die einen Schönheitssalon für Frauen eröffnen wollte. Ihr Wunsch hatte mich erstaunt, denn wer kümmerte sich jetzt um solche Dinge?! Fadia war eine schmale Brünette mit drei Kindern. Der Verbleib ihres Mannes war unbekannt. Sie war gerade mal fünfundzwanzig. Der Schönheitssalon sollte bei ihr in der Wohnung eingerichtet werden. So hielten wir es auch mit den anderen Projekten, denn die hiesige Tradition verbot den Frauen, das Haus allzu häufig zu verlassen. Vor der Revolution war das einfacher gewesen, denn die Frauen hatten es meist nicht nötig gehabt zu arbeiten. Das war jetzt anders. Die Ärztin aus Saraqib erzählte mir, dass ein großer Teil der Frauen hier die Schule besucht habe oder sogar Akademikerinnen seien, doch die Bräuche und Traditionen besäßen weiter große Macht. Es ging dabei nicht nur um Religion, sondern man fürchtete auch den Tratsch der anderen.

Die meisten Menschen, die ich auf meinen Rundfahrten traf, gehörten der Mittelschicht an, deren Situation sich durch die Revolution verschlechtert hatte, doch sie begegneten mir freundlich und großzügig. Oft versuchten sie, mich in ein Gespräch über den Konflikt zwischen den Religionsgemeinschaften zu verwickeln, beteuerten aber zugleich, dass sie selbst nichts damit zu tun haben wollten und gegen extremistische Einflüsse in der syrischen Gesellschaft seien. Ich verstand aus ihren Worten, dass sie wussten, dass ich Alawitin war, und dass ich bei ihnen nicht um mein Leben fürchten müsse. Doch was zwei Tage später geschah, veranlasste mich, Saraqib bald darauf zu verlassen.

Es war Abend, wir befanden uns im Medienbüro, ich saß mit Marcin Suder und Badi zusammen, einem sechzehnjährigen Jungen, der sich um alles kümmerte, was im Medienbüro gebraucht wurde; Abu Hassan, Mohammed, Manhal und vier der Aktivisten, die das Internet nutzten, gingen ihrer Arbeit nach. Es war schon nach Mitternacht, als wir Bombenlärm hörten, doch wir rührten uns nicht, denn es klang noch weit entfernt. Dann ging ein Hilferuf ein, wir sollten zum Krankenhaus kommen, neben dem Bomben niedergegangen waren. Manhal, Marcin und ich brachen auf. Es war die letzte Nacht, in der ich Marcin sah, und ich hätte mir nicht vorstellen können, dass ich Zeugin seiner Entführung werden würde.

Marcin fotografierte die Details der Bombardierung. Die Blutflecken, die ausgebrannten Häuser gegenüber dem Krankenhaus, die Verletzten, die Gesichter der Leute, die vorbeikamen, der Wartenden. Die Farbe des Himmels, die Bäume. Wir blieben vor dem Zimmer stehen, in dem ein verletztes Kind lag. Bis zu diesem Augenblick war ich stark geblieben, aber beim Anblick des Kindes, das nicht älter als vier war, verlor ich die Fassung. Es sah aus, als sei es gerade aufgewacht. Es war dünn, hatte ein hübsches Gesicht und weinte nicht. Es schaute an die Decke, die Augenlider bewegten sich nicht. Man konnte nicht gleich eine Verletzung erkennen, aber ich wusste, es hatte ein tiefes Loch in der Brust, das der Splitter einer Streubombe gerissen hatte. Der Splitter hatte sich in seinem Körper festgesetzt. Der Arzt sagte, er werde die Brust des Kindes ganz öffnen müssen, um den Splitter herauszuholen. Ich schaute ihn an. Unvermittelt schluchzte ich auf und rief: «O Gott ... o Gott!», und lief hinaus. Ich konnte mir keinen schrecklicheren Anblick vorstellen: ein Kind wie ein trauriger Vogel. Ganz still war es, es beschwerte sich nicht. Es hatte Schmerzen. Sein Blick war starr, in ihm lag die Hoffnung der ganzen Welt. Es verstand nicht, was um es herum vor sich ging. Ein kleiner schwarzer Gegenstand war in seinen Körper eingedrungen und schlief nun in seinem Fleisch. Und zerriss ihm die Eingeweide. Während Marcin das Kind fotografierte, ging ich durch die Zimmer des armseligen Krankenhauses, das alle Arten von Instrumenten und Apparaten dringend benötigte. Obwohl es schon fast halb zwei Uhr war, wurden immer noch weitere Verletzte gebracht. Ich ging zurück zu dem Kind, das an die Decke starrte. Der Arzt traf alle Vorbereitungen, um ihm die Brust zu öffnen. Wir verließen das Krankenhaus. Marcin stützte mich und Manhal lief eilig voraus. Ich bewegte mich ganz langsam. Marcin sagte ganz ruhig auf Englisch: «Alles wird gut. Das Kind wird gerettet werden.» Auf dem Weg zurück zum Medienbüro fuhren wir Umwege und blieben mehrmals stehen, weil vor uns Granaten niedergingen. Marcin fotografierte alles. Er zuckte nicht mit der Wimper, er zitterte nicht. Er fotografierte, als hätten die Granaten, die auf uns herabregneten, nichts zu bedeuten.

Es war schon Morgen, als ich unter der Tür des Büroraums einen Schatten bemerkte. Ich glaubte, es seien die Jungs, die einige Stromkabel oder das Satellitengerät reparieren wollten. Ich fühlte mich sicher, weil ich die Eingangstür unten verschlossen wusste. Trotzdem verriegelte ich auch die Tür meines Raums und öffnete das Fenster. Meine Knochen taten mir weh, und die Kopfschmerzen und das Klingeln im Ohr ließen meine Bewegungen schwerfällig werden.

Ich stützte mich gerade auf das Fensterbrett, als Manhal im Nebenzimmer laut zu schreien begann. Schüsse wurden abgegeben, Tumult war zu hören. Ich vergewisserte mich noch mal, dass meine Tür abgeschlossen war, und hörte auf zu atmen. Schreie und Schüsse. Dann ein lautes Klopfen an meine Zimmertür, wieder Schüsse. Manhal redete mit den Eindringlingen, er wollte wissen, was sie wollten. In meinen Ohren pfiff es, und ich wusste nicht, ob aus dem Himmel Bomben oder Raketen auf uns abgeschossen wurden. Aber ich verstand, dass das Büro angriffen wurde und dass die Schatten der Füße, die ich gesehen hatte, mit dem Angriff zu tun hatten. Manhal schrie: «Samar, der Computer! Gib mir den Computer!» Da warf ich mir den Umhang um, zog das Kopftuch über und öffnete die Tür einen Spalt, den Laptop in der Hand. Manhal stand vor der Tür, über sein Gesicht lief Blut, und er wollte einen bewaffneten Mann daran hindern, in mein Zimmer einzudringen. Der Türspalt war schmal, ich konnte nicht viel erkennen. Manhal schloss die Tür sofort wieder, und ich kehrte an meinen Platz zurück. Es vergingen etwa zwei Minuten, dann öffnete ich die Tür erneut. Ich konnte nicht einfach nichts tun. Der Mann und Manhal standen noch immer vor meiner Tür, Manhal mit blutüberströmtem Gesicht. Später erzählte er mir, dass der Bewaffnete ihn mit dem Pistolenkolben auf den Kopf geschlagen hatte. Ich glaubte, jetzt würden wir sterben. Ein einziger Gedanke nahm von mir Besitz: dass es ISIS-Leute waren, die gekommen waren, um mich zu entführen, weil sie erfahren hatten, wer ich war. Oder um uns gleich zu töten, denn sie verfolgten, verschleppten oder töteten die Aktivisten ebenso, wie es das Assad-Regime tat.

Da das Blut immer weiter über Manhals Gesicht floss, glaubte ich, er würde sterben, und ich fragte ihn: «Ist alles in Ordnung?» Ich vergaß fast den bewaffneten vermummten Mann, wäre da nicht sein furchterregender Schrei gewesen: «Los, rein da!» Er hielt mir seine Pistole vors Gesicht. Das Herz rutschte mir in die Hose. Ich schaute ihm ruhig und fest in die Augen und sagte: «Entschuldigung, tut mir leid.» Dann schloss ich die Tür und setzte mich auf eine der Plastikmatten am Boden. Ich konnte nur an eins denken: dass Manhal im nächsten Moment tot zusammensacken würde und der

Mann die Tür öffnete und mir in den Kopf schoss. Oder dass ich entführt werden und für immer von der Bildfläche verschwinden würde. Ich saß ganz ruhig da, nur meine Lippen zitterten.

Der vermummte Bewaffnete war kein Syrer, sondern einer der ausländischen Kämpfer. Er hatte honigfarbene Augen. Ich kann mich immer noch an seinen Blick erinnern. Wie sehen die Augen eines Mörders aus? Wer war er? Seine Augen blinzelten nicht. Das war die Ruhe des sicheren Todes. Aber sie sahen nicht aus wie die Augen der normalen Mörder. Er schien ein hübscher junger Mann zu sein, mit roten Wangen. Aber er war ein Mörder. Vielleicht nicht älter als zwanzig. Ich saß da und zitterte. Dann konnte ich nicht länger warten. Ich öffnete die Tür und stellte fest, dass sich die Bewaffneten zurückgezogen hatten. Es waren neun an der Zahl gewesen. Sie hatten Mohammed mit Plastikbändern gefesselt, dieselben, mit denen der Geheimdienst und die Assad-Schergen die Verhafteten fesselten. Harte Plastikbänder, die als Fesseln benutzt und an den Handgelenken straff gezogen wurden, bis sie ins Gewebe schnitten. Jede Bewegung drückte sie noch tiefer ins Fleisch. Abu Hassan war gefesselt, auch Badi. Alle waren mit Gewehrkolben geschlagen worden, und alle Geräte waren aus dem Büro gestohlen worden. Nichts hatten sie zurückgelassen, sogar die speziellen Stromkabel der Geräte hatten sie gestohlen. Auch die Papiere hatten sie mitgenommen, innerhalb von Minuten hatten sie sich alles unter den Nagel gerissen. Aber am Schlimmsten war: Sie hatten Marcin mitgenommen. Sie hatten einen ausländischen Journalisten entführt, um Lösegeld zu erpressen.

Damit war die Sache jedoch noch nicht zu Ende. Manhal und die anderen Jungs waren dem Auto hinterhergelaufen, doch es war verschwunden. Sie wollten sich beim Scharia-Gericht beschweren, doch ohne Erfolg. Wir versammelten uns bei dem Bataillon, dessen Stützpunkt an das Büro grenzte, nachdem der Anführer des Bataillons, Abu Dijab, geholt worden war. Dann setzten wir uns mit einigen Kämpfern und Bewohnern der Stadt zusammen. Manhal weigerte sich, das Blut abzuwaschen und seine Wunden zu reinigen, bevor er nicht vom Scharia-Gericht Recht bekommen hatte. Doch das Scharia-Gericht verlangte einen Beweis dafür, dass ISIS den polnischen Journalisten Marcin Suder entführt hatte.

Es war klar, dass damit auch die säkularen Aktivisten der Zivilbewegung eingeschüchtert werden sollten, denn danach häuften sich die Vorfälle, bei denen säkulare Aktivisten verfolgt, entführt und ermordet wurden.

Marcin war verschwunden, und ich war sicher, dass die Vermummten von irgendjemandem, der das Büro und die Aktivitäten dort sehr gut kannte, hingeführt worden waren und dann, von der Anwesenheit einer Frau irritiert, rasch wieder verschwanden, denn Schüsse hätten die Kämpfer des in der Nähe stationierten Bataillons auf den Plan gerufen. Am Ende konnten sie nicht gefasst werden. Es herrschte Chaos, und es gab immer häufiger Entführungen von ausländischen Journalisten, um Lösegeld zu erpressen, und um die Wahrheit zu vertuschen.

Die Trauer zerfraß mich. Marcin war ein außergewöhnlicher Mensch gewesen. Ein helles lachendes Gesicht mit zwei Grübchen. Er hatte für die jungen Männer im Büro einen Fotografiekurs durchgeführt. Er war höchst anständig und fein – wenn wir uns im Bombenhagel bewegten, vergaß er, obwohl er wie besessen fotografierte, niemals, zuerst aus dem Auto auszusteigen und mir die Tür zu öffnen. Oder er klopfte den Jungs nach dem Bombardement auf die Schulter und lächelte freundlich. Er hatte zu mir gesagt: «Ich verstehe das Anliegen deines Volkes. Aber die Welt da draußen ist schwierig und kompliziert.»

Marcin war verschwunden. Und es verbreitete sich die Nachricht, dass ich zusammen mit den Männern im Büro gewesen sei, auch wenn wir das hatten verheimlichen wollen, damit die Bewaffneten nicht zurückkehrten. Es gab keine andere Möglichkeit: Ich musste Saraqib verlassen. Als unsere Freunde aus Kafranbel die Nachricht hörten, wollten sie mich sogleich abholen kommen, aber ich wollte noch ein paar Tage bleiben, denn ich dachte, ich könnte bei der Zeugenaussage im Scharia-Gericht behilflich zu sein. Mir war nicht bewusst gewesen, dass das Scharia-Gericht schon meine Anwesenheit als Verbrechen betrachtete!

Als ich an jenem schwarzen Tag zu meiner kleinen Familie zurückkehrte, schrie Nura: «Um Gottes willen, wenn sie dich entführt hätten ...!», und schlug sich die Hände vors Gesicht. Dann umarmte sie mich. Auch Ajusch umarmte mich liebevoll. Bevor sie das Haus verließ, um Fleisch und Gemüse zu kaufen, sagte sie: «Vor der Revolution haben die Männer eingekauft. Denkst du, dass die Revolution die Frau an den Rand gedrängt hat? Ich finde nicht, denn jetzt gehen wir raus und kaufen ein und bewegen uns ganz normal, wenn die Männer nicht da sind. Das Problem sind nur diese fremden salafistischen Gruppen, die unser Leben kontrollieren.»

Diesmal ging Ajusch ohne mich auf den Markt, denn alle baten mich, zu Hause zu bleiben.

Nun wurde ich von der ganzen Familie, die sich hier versammelt hatte, verwöhnt. Eine Schwester und ihre beiden Söhne, ihre Tochter, die Englischlehrerin, der Bruder und sein

Sohn, Nura und die beiden Alten, die Frau des ältesten Sohnes und ich, wir alle trafen uns hier und begannen, die nächsten Tage zu planen. Ich wollte wissen, wie die Menschen unter der unaufhörlichen Bombardierung einerseits und den tiefen gesellschaftlichen Veränderungen andererseits hier leben sollten.

Der Sohn der Schwester, ein netter, gebildeter junger Mann, meinte: «Wie wir hier leben werden? Es wird in jedem Fall schwierig. Wir müssen darüber nachdenken, wie wir unser Leben absichern können. Der Boden ist verbrannt, der Handel zum Erliegen gekommen, die Männer sind in den Kampf gezogen und kehren als Leichen zu uns zurück. So eine Situation kann man vielleicht ein Jahr ertragen, aber nicht mehrere. Wir sind um Jahrhunderte zurückgeworfen. Und wenn uns die Scharia-Gerichte und die dschihadistischen Gruppen weiterhin durch ihre ausländischen Kämpfer kontrollieren, dann werden hier am Ende die Milizen und eine extremistische Religion herrschen. Dabei ist der Islam eine Religion, die das Leben erleichtert und nicht erschwert.»

Sie sprachen über ISIS. Ich musste daran denken, was sie wohl mit Marcin machen könnten. «Sie werden ihn nicht töten, oder?», fragte ich.

«Nein, sie werden ihn wegen des Geldes am Leben lassen», antwortete einer der Jungs. «Das Problem ist, dass sie nicht zugeben werden, ihn entführt zu haben.»

Ein Mitglied des Scharia-Gerichts, das der Nusra-Front unterstellt war, hatte Manhal gedroht, dass sie die Säkularen in diesem Land allesamt ausrotten wollten. «Wie sollen wir nur leben, wenn sie allen Söldnern der Welt erlauben, nach Syrien zu kommen, und damit der Gewalt und dem Extremismus?», fragte Ajusch.

Ich versuchte genau zuzuhören, was diese Menschen sagten. Die normalen Menschen, die keine Stimme hatten und kein Internet, durch das sie ihre Gedanken verbreiten konnten. Niemand sonst hörte ihnen zu.

Allein das Essen für einen Tag zu organisieren, erforderte ungeheure Anstrengungen, obwohl diese Familie zu den Wohlhabenden zählte. Aber der Bombenhagel, die Verknappung der Lebensmittel, die Preissteigerungen und der Mangel an Strom und Wasser machten den Alltag zur Qual. Die Frauen hier waren für das Existentielle zuständig, sie kümmerten sich um die Mahlzeiten, die Sauberkeit und die notwendigen Dinge, um Kinder und Männer am Leben zu erhalten.

Vor zwei Tagen hatten wir mit Mohammed und Muntaha das Projekt «Vorratskammer» besucht, das eine Gruppe von Frauen aus Saraqib betrieb. Sie kochten und produzierten Lebensmittel auf Vorrat, um sie zu gemäßigten Preisen zu verkaufen. Auf diese Weise waren sie wirtschaftlich unabhängig. Wir waren nach dem Fastenbrechen zu ihnen gekommen und hatten uns in den Hof gesetzt. Anwesend waren die Mutter und sieben Mädchen sowie drei weitere Familien. Im Hof standen Blumenkübel mit fliederfarbenen und roten Blumen, in der Mitte wuchs ein Olivenbaum. Das Szenario stand im Widerspruch zum äußeren Anblick des Hauses, vor dem eine Granate niedergegangen war. Gearbeitet wurde in einem großen Raum, in dem ein Kühlschrank und ein Ofen standen. Auf Regalen waren Glasgefäße mit verschiedenen Lebensmitteln und Süßigkeiten aufgereiht. Sie brauchten den großen Kühlschrank für die Aufbewahrung der Lebensmittel und einen Generator, um überhaupt arbeiten zu können. Es war stockdunkel hier, und die Kerzenbeleuchtung reichte nicht aus. «Wir setzen den Generator nur gezielt ein, denn das Öl für seinen Betrieb ist sehr teuer», sagte der Sohn der Frau, der die Bestellungen auslieferte. «Wir versuchen überhaupt, sehr sparsam zu sein, aber wie sollen wir unter diesen Bedingungen weiterarbeiten?»

Wir kehrten nach Hause zurück. Die Erzählungen über die Organisierung des Alltags der Familien hatten mir zu denken gegeben, und noch immer ging mir der Satz von Abu Baraa vom Scharia-Gericht durch den Kopf, der den Aktivisten gedroht hatte, sie köpfen zu lassen.

Auch Abu Akrama gehörte zum Scharia-Gericht. Er war ein Palästinenser aus Jordanien, der sagte, er sei nach Syrien gekommen, um die Rawafid[1] und die Tyrannen zu bekämpfen. Bevor er hierher gekommen war, hatte er sich in Afghanistan, im Irak und in Pakistan aufgehalten. Er war ein dicker Mann mit einer dunklen, leisen Stimme, um die vierzig, äußerst klug, verheiratet. Er trug keine islamische Kleidung wie die Männer von al-Qaida, sondern zivile Kleidung. Er war ein stiller Mann, der niemals über sich und seine Vergangenheit sprach. Aber man erfuhr, dass er Maschinenbauingenieur war, der Englisch, Französisch und Dari sprach. Er war der Kopf hinter der Sicherheitsstruktur der Nusra-Front in Saraqib. Außerdem war er Mitglied im Sicherheitskomitee von Saraqib und wie gesagt beim Scharia-Gericht, das er jedoch später verließ.

Mich quälte der Gedanke, wie ich hier leben sollte, wenn ich mich kaum alleine außer Haus bewegen durfte. Es war wie ein Gefängnis. War ich in der Lage, hier zu bleiben, wie ich es geplant hatte? Und wie sollte das möglich sein, ohne diesen wunderbaren Menschen zur Last zu fallen und ihnen noch mehr Unglück aufzubürden?

1 Abfällige Bezeichnung für die Schiiten (A. d. Ü.).

«Morgen kommen die Frauen zu dir. Das ist sicherer für dich», sagte Mohammed. Ich schaute ihn und Nura an, die damit beschäftigt war, ein Stück Stoff zu schneiden. Sie wusste, was ich dachte.

«Nein, es geht nicht um das Gerede der Leute, wir haben Angst wegen der Söldner und der Verbrecher … diesen Hundesöhnen», sagte Nura und schaute mich tieftraurig an.

Ich schwieg, aber ich beschloss, nun wirklich nach Kafranbel zu fahren, weil meine Anwesenheit hier mittlerweile eine Gefahr für meine Gastgeber darstellte.

Das Medienbüro von Kafranbel war neuerdings in einem großen Haus mit mehreren Räumen untergebracht. Es hatte sich zu einem Zentrum für arabische und ausländische Journalisten und Aktivisten entwickelt, die die vom Regime kontrollierten Gebiete aus Angst vor Verfolgung durch den Geheimdienst hatten verlassen müssen und nun in den Norden gekommen waren, um die Revolution weiterzuführen.

Das Haus hatte einen großen Balkon, der auf einen Olivenhain blickte und auf dem wir meistens zusammensaßen. In diesem Zentrum wurden auch angehende Journalisten ausgebildet, die eine Radiostation für das Umland von Idlib errichten wollten. Raed erklärte mir, dass sie mit der Radiostation eine Plattform bieten wollten, in der Probleme gemeinsam und transparent diskutiert werden sollten. Er betrachtete es als Teil der kommenden Demokratie.

Raed Fares war die führende Persönlichkeit hier, um die sich alles drehte, und eine Autorität für die Aktivisten. Khalid, Abdallah, Ahmad, Izzat und Osama bildeten eine Gruppe von jungen Männern, die friedlich demonstriert und Demonstrationen organisiert hatten. Auch der andere Ahmad, der Maler von Kafranbel, schaute von Zeit zu Zeit vorbei. Er war meist so ruhig und still, wie ich ihn beim ersten Mal erlebt hatte. Die Männer hatten sich nach der Entführung von Marcin Sorgen um mich gemacht und wollten, dass ich bis zu meiner Ausreise aus Syrien bei ihnen bliebe. Raed hoffte immer noch, dass die Revolution Erfolg haben würde, trotz all der Irrwege und obwohl Syrien sich in ein Schlachtfeld und einen Spielball internationaler Interessen verwandelt hatte. Abdallah sagte: «Entweder wir sterben beim Durchsetzen der Revolution, oder wir sterben beim Scheitern der Revolution.» Er lachte. Abdallah war gerade einmal zwanzig und widmete sein Leben bereits seit drei Jahren der Revolution. Und Hammud opferte sich in seiner Arbeit vollkommen auf. Razan war ebenfalls hier. Und auch drei junge Männer vom Projekt «Bus der Würde», das Flüchtlingen Schulbildung ermöglichen sollte, ein Projekt, das Razan und ich unterstützten. Sie waren Anfang zwanzig, Hassan studierte Wirtschaft und Jussef, Izzat und Firas Englische Literatur. Sie erzählten mir von ihrer Arbeit. Sie zeigten in den Schulhäusern von Kafranbel und anderen Ortschaften Lehrfilme und boten den Flüchtlingen, die ihre zerstörten Dörfer verlassen hatten, sportliche und musikalische Aktivitäten an.

Raed hatte Gemüse in Maarrat al-Nuuman gekauft, obwohl dort bombardiert wurde. Das Gemüse sei dort billiger und besser, sagte er. Wir redeten und lachten. Razan lief wie ein Weberschiffchen zwischen der Küche und dem Balkon hin und her, auf dem wir saßen. Es war kurz vor dem Fastenbrechen, und sie war mit der Zubereitung des Essens beschäftigt. Hier in Kafranbel konnten wir im Freien sitzen und die Olivenbäume anschauen, unter denen sich Berge von Müll angesammelt hatten, die regelmäßig verbrannt wurden.

Das Haus, in dem das Zentrum lag, war vorher von der Regierungsarmee besetzt gewesen, und man konnte noch überall Einschusslöcher sehen. Auch in der Küche, in der sich die Scharfschützen verschanzt hatten, um auf die Menschen draußen zu schießen, waren die Wände übersät davon. Als die Armee abgezogen war, hatte der Besitzer das Haus den Aktivisten überlassen, die es gesäubert hatten, doch die Spuren der Zerstörung waren noch immer sichtbar.

Ich lehnte meinen Kopf gegen die Säule auf dem Balkon und stellte mir vor, dass hier der Kopf eines Soldaten gelehnt hatte, dessen Stirn eine Kugel durchbohrt hatte. Aus dem Funkgerät krächzte es: «Da ist ein Flugzeug über dem Suk ... über dem Platz fliegt ein Flugzeug, Leute!» Wir hörten die Stimme genau in dem Moment, als der Muezzin zum Abendgebet rief. Es war der Zeitpunkt für das Fastenbrechen. Mohammad al Attar, Jara Nassir und Ibrahim al-Assil gesellten sich zu uns, syrische Aktivisten, die in den Norden gekommen waren, um zivile Aktionen zu unterstützen. Die Jungs brachten gerade Wasser, um das Fasten zu brechen. Wir schauten uns an. Raed sagte: «Möge das Fasten angenommen sein, Leute!» Als wir uns gerade das Essen auftaten und Hammud die Treppe heraufkam, begann das Bombardement. Wir ließen alles stehen und liegen, ich lief zu einem Pfeiler im Zimmer und schrie, sie sollten das Gleiche tun. Es war ein Helikopter, und das bedeutete, dass Fassbomben abgeworfen würden. Anschließend lief ich hinter Hammud die Treppe hoch aufs Dach. Ein paar junge Männer folgten uns. Der Helikopter hatte das Fass ganz in unserer Nähe abgeworfen, die Staubwolke war deutlich sichtbar. «Runter!», schrie Hammud, blieb aber selbst stehen und schaute zu. Auch Raed stand da, dann eilte er plötzlich davon, die Treppe hinunter, die Jungs hinter ihm her. Wie auch in Saraqib wollten die Männer das Geschehen dokumentieren und fotografieren und den Verwundeten helfen. Sie machten die Arbeit, die dem Staat oblag. Auch wir anderen gingen die Treppe hinunter. Niemand hatte das Essen auf dem Balkon angerührt. Abu Mahmud, der Kämpfer, der mit dem Funkgerät im Schoß dort saß, sagte: «Das war's, wir haben unseren Teil für heute bekommen. Das passiert jeden Tag kurz vor dem oder genau zum Fastenbrechen.»

Wir versammelten uns wieder um das Essen, aber wir rauchten nur, niemand rührte etwas an. Abu Mahmud fügte hinzu: «Seit Beginn des Ramadan warten sie jeweils auf den Gebetsruf zum Fastenbrechen, dann fangen sie an zu bombardieren, entweder aus Flugzeugen oder mit Raketen. Ich habe sie über das Funkgerät belauscht.»

«Was haben sie denn gesagt?», fragte ich.

Er lächelte bitter. «Sie haben gesagt, dass sie uns jetzt ein appetitliches Mahl aus Fässern servieren ... Dann haben sie gelacht. Einer von ihnen hat vor dem Abwurf zu seinem Kollegen gesagt: ‹Los, schmeiß den Hunden ihre Fastenmahlzeit runter!›»

«So reden sie miteinander, wenn sie Fässer abwerfen?»

«Nicht immer», antwortete er, «aber manchmal. Es war mein Pech, dass ich das gehört habe. Aber das ist mein Job.»

Abu Mahmud, der traurige und wütende Kämpfer, war um die vierzig, ein dunkler Typ mit blauen Augen. Er hatte sechs Jahre lang in Saudi-Arabien auf dem Bau gearbeitet, dann war er zurückgekommen, hatte sich ein Auto gekauft und ein Haus in der Stadt gebaut. Als die Demonstrationen begannen, beschloss er, seinen Job als Fahrer aufzugeben und sich der friedlichen Revolution anzuschließen. Doch als die Assad-Armee nach Kafranbel kam, griff er zur Waffe. Er hatte ein einfaches russisches Gewehr und zog damit zusammen mit seinen Kumpels in die Schlacht gegen die Armee. Aber das Gewehr taugte nicht viel, wie er sagte, deshalb besorgte er sich ein Scharfschützengewehr, so dass er aus dem Hinterhalt auf Assads Soldaten schießen konnte, ohne erkannt zu werden. Er hatte sich dem Bataillon der «Ritter des Rechts» angeschlossen, das zur Freien Syrischen Armee gehörte. Als die Assad-Flugzeuge zu bombardieren begannen, schoss er mit einem Maschinengewehr Kaliber 12,7. Er beschütze seine Leute und seine Familie vor den Bomben, sagte er. Er gehe morgens aus dem Haus und kehre am Ende des Tages zurück. Er glaubte, dass sie noch einen langen Weg vor sich hätten, denn die Verbrecher und die dschihadistischen Einheiten hätten die Revolution zerstört.

Während er in den Himmel schaute und gleichzeitig das Funkgerät nicht aus den Augen ließ, fragte ich ihn, was er nach dem Ende der Kämpfe tun wolle.

In seiner Stimme schwangen Ekel und Kummer mit, als er sagte: «Ich werde das alles hier hinschmeißen», er zeigte auf sein Maschinengewehr, «und wieder als Fahrer arbeiten.» Er fügte hinzu: «Ich wollte nie eine Waffe tragen. Das ist ein Todeswerkzeug, und ich will das Leben. Mein Vater ist unter dem Regime von Hafiz al-Assad im Gefängnis von Palmyra gestorben. Als sie mich verhafteten und zur Abteilung des politischen Geheimdienstes brachten, sagte mir der General in aller Ruhe: ‹Tu deinen Kindern nicht das Gleiche an wie dein Vater dir!› Und wissen Sie was? Ich bin ohne Vater aufgewachsen. Elf Jahre lang war er eingesperrt. Das Regime hat mir meinen Vater und meine Bürgerrechte vorenthalten. Und ich habe mich nicht beschwert. Wir haben friedlich demonstriert, aber sie haben auf uns geschossen. Ich will kein islamisches Regime. Ich möchte einen zivilen demokratischen Staat. Ich sage das ganz klar und deutlich ...»

Während er erzählte, waren die anderen zurückgekommen. Sie berichteten uns, was geschehen und wo die Bombe niedergegangen war. Es hatte zum Glück nur Verletzte gegeben. «Hauptsache, heute ist niemand getötet worden ... Lasst uns essen», sagte Raed. Männer kamen und gingen. Ein anderer Kämpfer gesellte sich zu uns. Ich beobachtete die Männer beim Essen. Die kleine Stadt Kafranbel verdiente alles Lob in der kurzen Geschichte der syrischen Revolution. Die Einheiten der Freien Armee kontrollierten die Stadt, und bis zu diesem Augenblick Ende Juli hatten sich die extremistischen und dschihadistischen Brigaden und Bataillone noch nicht in der Stadt breitgemacht.

Mitanzusehen, wie das Leben unter dem Bombardement weiterging, bedeutete mir sehr viel. Diese Menschen verfügten über keine Erfahrung mit einer Zivilgesellschaft, aber sie erfanden verschiedene Arten des Widerstands. Hassan, der Dunkelhäutige, Spöttische; Izzat, der Wohlerzogene, aber Zornige; Firas, dessen Stimme kaum vernehmbar war; Abdallah, den man den Toleranten nannte, ein junger vitaler Mann, schön wie ein Ritter aus einem viktorianischen Gemälde ... Während ich sie alle beobachtete, hatte ich ständig einen Kloß in der Kehle. Ich war nicht in der Lage, auch nur ein einziges Wort zu sagen, während ich kaute. Uns alle verband die Nähe des Todes. Sie genügte, um uns zu Freunden zu machen. Unser aufgeschobener, aber stets präsenter Tod. Man durfte nicht ständig daran denken, sonst würde man angesichts des ungeheuerlichen Unrechts verrückt werden.

In diesem Augenblick, und auch am nächsten Tag, als ich

sie bat, mir die Zubereitung der Mahlzeit zu überlassen, fand ich mich selbst. Ich hatte geglaubt, meine Wurzeln kappen zu können, meine familiären Wurzeln, die Wurzeln meiner Herkunft, ich hatte geglaubt, sie in der Liebe, der Religion, in der Arbeit, in der Idee von Heimat vergessen zu können, um mich auf etwas Neues einzulassen, aus Liebe zur Freiheit und zur Wahrheit. Doch all diese Wurzeln waren mit einem Mal, als ich mein Essen kaute und die Vitalität dieser jugendlichen Männer beobachtete, wieder da.

Als ich am nächsten Tag für sie kochte, freuten sie sich über die Mahlzeit, die ich ihnen zubereitet hatte, wie über ein großartiges Geschenk. Ihre Augen drückten Dankbarkeit aus, und mir war bewusst, wie sehr sie sich wünschten, dass sich die Ziele, die sie sich von ihrer Revolution erträumt hatten, als sie vor zwei Jahren auf die Straße gegangen waren, wenigstens zum Teil verwirklichten. Sie wollten nicht glauben, dass das, was geschah, ein Krieg der Religionen war. Und der Beweis dafür war meine Anwesenheit hier bei ihnen. Wenn sie darüber sprachen, geschah es stets im Scherz, ebenso scherzhaft, wie Raed jedes Mal, wenn das Flugzeug pünktlich zum Fastenbrechen bombardierte, zu trällern begann: «Wir sind gekommen, euch zu massakrieren» und ein anderer singend antwortete: «Vierte Division». Dann begannen alle zu lachen und mitzusingen. Es war die Abwandlung zweier Lieder: Mit dem einen hatte die Nusra-Front in Bennisch ein kleines Kind gezwungen, den Alawiten zu drohen. Das andere mit dem Titel «Vierte Division» war die Antwort darauf, die von einem alawitischen Kind gesungen wurde. Es kokettierte darin damit, die Bevölkerung der aufständischen sunnitischen Regionen auf bestialische Art zu töten. So wurden die Kinder als Hassinstrumente missbraucht. Die Aktivisten in Kafranbel sangen diese beiden Lieder im Spott und lachten, als tilgten sie damit die Bedeutung des Todes. Ich dachte bei mir: «Wir haben dich bezwungen, du Diktator, es ist nur ein Augenblick, und vielleicht sterben wir gleich, aber wir haben dich besiegt, wir Kinder Syriens. Vielleicht trägst du den Sieg davon, weil du ein Verbrecher bist ... Aber in diesem Augenblick haben wir dich besiegt.» Doch es war tatsächlich nicht mehr als ein Augenblick, immer nur ein ganz kurzer Augenblick, denn gleich darauf wurde das Bombardement stärker und wir versanken in tiefem Schweigen.

Wir tranken mehrere Gläser Tee, dann wollten wir zu einer Schule aufbrechen, in der das «Bus der Würde»-Projekt eine Filmvorführung geplant hatte. In den meisten Schulhäusern hatten Flüchtlinge Zuflucht gesucht.

Es war schon dunkel, und auf der Fahrt durch die Landschaft sah man lediglich in der Ferne die Lichter von Explosionen aufleuchten. In Maarrat al-Nuuman wurde bombardiert. Wir fuhren in die entgegengesetzte Richtung, Hussam, Razan, Firas, Izzat, Hassan und ich.

Der Himmel war klar, und über uns leuchtete ein herrlicher Vollmond, als wir durch die Oliven- und Feigenhaine fuhren. Es hatte etwas Märchenhaftes, und ich stellte mir vor, dass diese Ruhe und Stille und die Pracht des funkelnden Himmels nichts waren als purer Zauber, der fern war von jeder Todesangst. Die kurzen Momente des Glücks, die von dem Leuchten der weit entfernten Granaten unterbrochen wurden, machten mir bewusst, dass nicht Sehnsucht nach dem Tod mich zur Rückkehr hierher bewogen hatte, sondern im Gegenteil der Wunsch, mich vom Tod zu lösen. Es war der Grund, warum ich jetzt lachte und die Luft ganz tief einatmete, warum ich das Fenster öffnete, meinen Kopf hinausstreckte und ihn dem Fahrtwind aussetzte. «Wir sind da», sagte Izzat.

Die Schule lag in einem größeren Dorf namens al-Dar auf einem Hügel, mit dem Auto nur etwa zehn Minuten von Kafranbel entfernt. Wegen des gekappten Stroms lag der Ort wie die umliegenden Dörfer in absoluter Dunkelheit. Doch aus den Klassenzimmern drang ein fahler Lichtschein. Ein Mann kam auf uns zu und begrüßte uns. Ein anderer schaute uns geringschätzig an und ging wieder fort. Eine Gruppe junger bärtiger Männer stand an der Mauer und beobachtete neugierig, was passierte. Geräte und Leinwand waren schon vorbereitet. Aus dem Schulhaus strömten lärmend und lachend Kinder. Dann kamen die Mütter. Ich konnte kaum ihre Gesichter in der Dunkelheit erkennen. Die Kinder tobten herum, dann wurden Mädchen und Jungen getrennt, was ungewöhnlich war.

Eine der Mütter war mit ihren drei Kindern hierher gekommen, nachdem ihr Haus in Maarrat al-Nuuman zerstört worden war. Eine andere Frau hatte Aleppo verlassen müssen. Viele aus ihrer Familie waren getötet worden, sie lebte nun mit fünf ihrer Kinder hier im Schulhaus. Ein zehnjähriges Mädchen kam auf uns zu und begann zu singen. Sie hatte eine kräftige, wenn auch ein wenig heisere Stimme. Sie hielt ihre Zwillingsschwester an der Hand, die im Bombenhagel die Sprache verloren hatte. Sie waren beide sehr dünn. Die Frau aus Maarrat al-Nuuman sagte, sie seien Waisen. Eine etwa sechzigjährige Frau packte mich hart am Ellenbogen und flüsterte mir zu: «Sehen Sie das alles hier? Wie lange sollen wir noch so leben? Ich habe drei Kinder verloren, mein Haus liegt in Trümmern, mein vierter Sohn kämpft und ich lebe mit sechs meiner Enkel hier. Und die da», sie zeigte auf drei junge Frauen, «das sind meine Schwiegertöchter.»

Der Projektor begann zu laufen, das Licht breitete sich aus. Die Aktivisten forderten die Kinder auf, sich geordnet in Reihen zu setzen. Sie versuchten mit dem Projekt, eine provisorische Alternative für die Schule zu finden, damit die Kinder nicht vollkommen isoliert blieben. Hier wuchs eine ganze Generation heran, die nicht würde lesen und schreiben können. Teilweise wurden die Kinder auch für den Krieg rekrutiert, ISIS war dies in Rakka bereits gelungen, aber auch die Nusra-Front mobilisierte Kinder.

Die Vorführung begann. Ich setzte mich zwischen die Kinder. Es war ein belehrender und unterhaltender Film. Danach würde es ein Gespräch mit den Kindern geben, zu dem auch die Erwachsenen gerne hinzukamen, denn wo es kein Telefon und keinen Strom gab, war jede Abwechslung willkommen. Etwas abseits standen ein paar bärtige junge Männer, die feindselig beobachteten, was passierte. Die Aktivisten hatten mir erzählt, dass nicht alle Leute mit ihrer Arbeit einverstanden seien, weil sie das für Unglauben hielten. Aber immerhin, sie beobachteten nur und verboten die Aktivitäten nicht. «Wer sind diese Leute?», hatte ich gefragt. «Die Leute von der Nusra-Front und die Anhänger von ISIS ... und einige Strenggläubige.»

Ich konnte diese Veränderungen hier auf dem Land nicht begreifen. Wenn es so weiterging, würden alle Formen des zivilen Lebens verschwinden. Der Mensch ist ein neugieriges Wesen, das liegt in seiner Natur. Das Leben verändert sich und entwickelt sich in Richtung Zukunft und nicht in die Vergangenheit. Aber die Angst vor den Dschihadisten und der Idee eines islamischen Staates war groß.

Noch vor Ende der Veranstaltung vernahmen wir eine laute Detonation. Der Himmel leuchtete auf, ich sah die Panik in den Augen der Kinder. Eine Rakete flog über unsere Köpfe hinweg in Richtung eines anderen Dorfes! In unserer Nähe ging eine Granate nieder. Niemand schrie. Die Mütter liefen los und packten sich ihre Kinder. Unsere Jungs brüllten, einer rief durch ein Megafon: «Was haben wir gesagt, was wir tun, wenn ein Flugzeug bombardiert und eine Granate runterkommt? Was tun wir dann? Was haben wir gesagt, welche Vorsichtsmaßnahmen wir ergreifen?» Aber niemand hörte ihm zu. Sie hatten den Kindern etliche Anweisungen für solche Fälle eingetrichtert, denn wenn sie ganz plötzlich wegstürmten, würden sie sich im daraus entstehenden Chaos womöglich gegenseitig verletzen. Ein Mann schrie: «Macht den Projektor aus! Mit dem Licht zieht ihr die Bomben an!»

Plötzlich kam eine Frau auf uns zu. «Was macht ihr hier nur? Ihr wollt die Kinder unterrichten, um ihnen das Leben zu erleichtern? Was bringt das? Sie wollen essen ... und sie wollen, dass dieser Hundesohn aufhört, sie zu bombardieren. Stoppt ihn, dann ist bei uns alles in Ordnung. Möge Gott dir keinen Erfolg verleihen, Baschar! Verflucht seist du und deine verbrecherische Familie!»

«Wenn wir ihn stoppen könnten, würden wir es tun», entgegnete ich. «Aber mehr als das hier liegt nicht in unserer Macht.»

Die Aktivisten packten die Teile des Stromgenerators und die anderen Geräte ein, und nach und nach kehrte wieder Stille ein. Der Platz hatte sich geleert, aber die Kinder und Erwachsenen beobachteten uns durch die Scheiben der Klassenräume. «Wenn hier eine Granate runtergeht, sterben sehr viele Menschen auf einmal», sagte Razan.

Da entgegnete einer aus der Gruppe der Bärtigen höhnisch: «Das ist dann Gottes Wille.»

Schweigen machte sich breit. In tiefster Dunkelheit stiegen wir wieder ins Auto.

Am nächsten Tag konnten die Aktivisten den Film in einer anderen Schule bis zum Ende zeigen und mit den Kindern darüber sprechen. Diese Schule lag ebenfalls außerhalb von Kafranbel. Dort wohnten etwa fünfzehn Familien mit mehr als siebzig Kindern zwischen zwei und dreizehn Jahren. Die eifrigsten Besucher der Veranstaltung waren Mädchen. Die Jungen hielten sich eher zurück, sie sagten, sie seien Männer und ihr Platz sei nicht hier. Ein Neunjähriger meinte, nachdem ich ihn eingeladen hatte, sich zu uns zu setzen: «Halten Sie mich etwa für ein kleines Kind? Ich werde bald losziehen und mich der Nusra-Front anschließen. Ich kann schon schießen.»

Seine hübsche, zehnjährige Schwester lächelte: «So ein Lügner! Er kann gar nicht schießen.»

Da brüllte er, sie solle den Mund halten, sie dürfe ja gar nicht in Anwesenheit von Männern sprechen.

Der Neunjährige war nicht der Einzige, der so dachte. Die Familie eines Kämpfers hatte einen etwa zwölfjährigen Neffen mit Seilen an eine Säule im Haus gefesselt. Er war abgehauen und hatte sich der Nusra-Front angeschlossen, um zu kämpfen. Als seine Familie ihn zurückholte, hatte er sie beschimpft und behauptet, er wolle nichts mehr mit ihnen zu tun haben, weil sie Ungläubige seien.

So viele Projekte zur seelischen, kulturellen und wirtschaftlichen Entwicklung auch mit den Flüchtlingen durchgeführt wurden, so unzureichend waren sie doch angesichts des täglichen Elends und Grauens. Es war zum Verzweifeln. Diese Kinder bekamen kaum genug zu essen, sie waren ständig auf der Flucht, und die Aktivisten vom «Bus der Würde», die sie ein wenig unterrichteten, erschienen viel zu selten. Das Ausmaß der humanitären Katastrophe war so viel größer als alle Mühen, die für ihre Linderung aufgewendet wurden!

Wir fuhren wieder nach Kafranbel ins Medienzentrum, wo die Männer im Schein batteriebetriebener Lampen zusammensaßen. Hussam schenkte uns eifrig Tee ein. Er war äußerst wohlerzogen. Er hatte ein Studium der Arabischen Literatur abgeschlossen und davon geträumt, Universitätsdozent zu werden. Doch dann hatte die Stelle die Tochter eines Offiziers bekommen, obwohl sie keinen guten Abschluss gehabt hatte. Jetzt war er arbeitslos.

Hussam war im Juli 2012 von der Armee desertiert und von Damaskus über die Berge von Latakia ins Umland von Idlib geflohen. Er war an der Befreiung des ersten Checkpoints in Kafranbel beteiligt gewesen, aber eine Woche später hatte er seine Waffe hingeworfen und war zu den friedlichen Aktionen zurückgekehrt. Das Gebaren der FSA und der anderen militärischen Einheiten habe ihm missfallen. Er sei nicht einverstanden mit der Brutalität, und auch dass die Kämpfer stehlen würde, könne er nicht akzeptieren.

Auf einer Fahrt durch das Umland von Kafranbel hatte Hussam mir seine Geschichte erzählt: In der Armee war er bei der Vierten Division gewesen, unter einem Oberst, der von einem russischen Experten ausgebildet worden war und die Leitung der technischen Abteilung innehatte. Der Oberst habe ihm den Auftrag gegeben, einen silberfarbenen Saba mit Sprengstoff auszurüsten. Auf Hussams Nachfrage hieß es, es sollten damit bewaffnete terroristische Banden bekämpft werden. Hussam erzählte voller Wut: «Ich flog also mit dem Oberst im Helikopter nach Tal Rahhal. Der Ort war von Revolutionären umzingelt. Der Oberst sprach mit dem Kommandeur der dortigen Truppe und übergab ihm die Sprengladungen. Ich dachte ja, das Auto soll in einer Kriegsregion eingesetzt werden, denn ich hatte das Märchen von den bewaffneten Banden geglaubt. In der Nacht weckte mich der Oberst und sagte, das Auto sei nun bereit für den Anschlag, es müsse nur noch der Zünder angebracht werden. Das bedeutete, dass jeder, der danach in den Wagen stieg, in die Luft fliegen würde, sobald er den Motor anschaltete. Dann sagte der Oberst, zwei Männer würden mich zu dem Wagen begleiten. Wir fuhren zusammen los. Die beiden sagten kein Wort und antworteten auch nicht auf meine Fragen. Ich dachte, wir würden dorthin fahren, wo gekämpft wurde. Ich hatte Angst, aber ich durfte mich den Befehlen nicht widersetzen. Unterwegs erfuhr ich, dass die beiden stillen Männer Mitglieder des Militärischen Geheimdienstes waren. Zu meiner großen Überraschung hielten wir auf dem Platz im Zentrum von Qabun. Als wir ausstiegen, blieben im gleichen Moment zwei andere Autos neben uns stehen. Die beiden Männer sagten, Major Dschamil Hassan habe befohlen, dass wir mit den beiden Autos zurückkehren sollten, ich in dem einen, die beiden Männer in dem anderen. Das wunderte mich, aber ich bat sie um das Teil, das das Alarmsignal außer Funktion setzte, damit ich den Zünder anbringen konnte. Ich befestigte ihn jedoch umgekehrt, so das er nicht explodieren konnte. Wäre der fünfunddreißig Kilo schwere Sprengsatz explodiert, hätte er auf dem überfüllten Platz ein Massaker angerichtet. Ich hatte furchtbare Angst, dass es herauskommen würde. Ich beendete meine Arbeit, dann kehrten wir alle zurück. Am nächsten Morgen bin ich vom Militär desertiert. Glauben Sie mir, ich hatte wirklich geglaubt, dass es um Terroristen ginge, und ich war Feuer und Flamme, mein Land gegen sie zu verteidigen. Aber diese Geschichte hat mich die Wahrheit erkennen lassen. Der Assad-Clan, das sind die wahren Terroristen …»

Das war Hussams Geschichte, die er mit großer Verbitterung erzählt hatte. Jetzt saß er mit uns zusammen und sang, während wir Tee tranken. Einer nach dem anderen verließ das Büro, am Ende blieben nur Raed, Razan, Hassan, Izzat, Hammud und ich zurück. Sie waren gekommen, weil sie am nächsten Morgen die Mauern von Kafranbel bemalen wollten. Diese Mauern und die Karikaturen, die sie fotografierten und dann per Internet in die ganze Welt schickten, waren ihr stärkstes Mittel, ihre Not bekannt zu machen. Raed war die Erschöpfung nicht anzusehen, und ich wollte von seiner Energie profitieren – er sollte mir vom Beginn der Revolution in Kafranbel erzählen. «Lass uns anfangen! Du erzählst und ich schreibe», sagte ich zu ihm.

Zwei junge Männer Anfang zwanzig trafen ein. Einer fragte: «Ist alles in Ordnung, Madame? Hier gibt es keine Entführungen. Hier sind Sie in Sicherheit.» Ich dankte ihm und fragte nicht, wer er war. Ich hatte mich daran gewöhnt, dass ständig Leute kamen und gingen, um sich nach mir zu erkundigen. Nach der Entführung von Marcin verstand ich, dass sie das Gefühl hatten, mich hüten zu müssen wie einen Schatz.

Raed fing an zu erzählen: «Die Proteste begannen im Februar 2011. Es gab damals zwei Gruppen, die regimekritische Sprüche auf die Mauern der Stadt schrieben. Im März setzten wir uns zusammen und versuchten uns zu koordinieren. Wir hatten überhaupt keinen Kontakt zu anderen Gruppen in Syrien. Wir haben in aller Heimlichkeit miteinander kommuniziert, um eine Revolution gegen das Assad-Regime anzuzetteln. Ich wollte einen anderen Präsidenten für mein Land. Wir wollen keine verbrecherischen Geheimdienstapparate. Wir wollen ein Justizwesen und Gesetze. Wir haben einen wirklichen Staat verdient, wir sind nicht die Sklaven der Assad-Familie. Am 25. März verabredeten wir uns zur ersten Demonstration, doch die Sache misslang, denn am gleichen Tag veranstaltete eine Ortsgruppe der Baath-Partei ein Fest, und deren Leute liefen in einem Unterstützungsmarsch für Baschar durch Kafranbel. Das motivierte uns aber nur noch mehr, am darauffolgenden Freitag auf die Straße zu gehen, und zwar ganz ohne Parolen. Es war eine selbstbewusste Demonstration, wir waren ungefähr zwei- oder dreihundert Leute. Wohl die Hälfte waren allerdings Geheimdienstler, die sich eingeschlichen hatten, weil sie wissen wollten, was passierte. In ganz Syrien gibt es überall Spione, und in Kafranbel ist es nicht anders. Wir haben Fotos von der Demonstration ins Netz gestellt. In der nächsten Woche sind wir nicht auf die Straße gegangen, denn namhafte Familien hatten uns davon abgeraten. Es wurden sogar Volkskomitees gegründet, die sich vor den Moscheetüren postierten und Demonstrationen verhindern sollten. Dabei wollten wir nur unseren Protest äußern und einen Rechtsstaat einfordern. Aber am 15. April sind wir dann doch auf die Straße gegangen, gegen den Willen der Familien, die Angst vor Assads Repressalien hatten. Wir hatten das Datum und den Namen Kafranbel auf ein Spruchband geschrieben, außerdem trugen wir die Syrienfahne und hatten auf Spruchbänder geschrieben: ‹Mit unserer Seele und unserem Blut opfern wir uns für dich, Deraa und Banjas›[2]

2 Die im Süden Syriens liegende Stadt Deraa gilt als die Wiege der Revolution. Hier wurden die Kinder verhaftet, die den Spruch «Wir wollen

oder ‹Gott, Syrien, Freiheit – mehr nicht!› Auch am 17. April haben wir nachmittags demonstriert – es war der Unabhängigkeitstag – und den Sturz des Assad-Regimes gefordert. Das haben wir auch auf die Spruchbänder geschrieben, die wir fotografierten. Dann kamen die Fahrzeuge des Geheimdienstes und etwa zweihundert Sicherheitskräfte. Wir haben friedlich vor ihnen gestanden, und sie haben auf uns geschossen. Sie haben die Maschinengewehre auf uns gerichtet, aber wir standen unbewaffnet da und machten das Siegeszeichen. Da haben sie sich zurückgezogen. Meine Mitstreiter und ich haben unsere Wohnungen verlassen und sind untergetaucht. Wir konnten nicht mehr zu Hause schlafen. Wir sind nur tagsüber gekommen, um unsere Familien zu sehen, und übernachtet haben wir im Freien. Wir haben dann täglich demonstriert. Der Rückhalt in der Bevölkerung war schwach, weil die Leute Angst hatten. Sie erinnerten sich noch gut an das Massaker von Hama im Jahr 1982, wo innerhalb einer Woche mehr als dreißigtausend Menschen durch die Truppen und die Sicherheitskräfte von Hafiz al-Assad gestorben waren. Aber wir haben uns nicht auf Kafranbel beschränkt, sondern sind auch in die Nachbardörfer gefahren und haben die Leute dort aufgefordert, gegen das Regime auf die Straße zu gehen, in Hazirin, Dschabala, Maarzita, Haas, al-Habit, Kafr Uwaid. Jeden Tag sind wir von Dorf zu Dorf gefahren. Wir sind auch demonstrierend zu Fuß nach Maarrat al-Nuuman gezogen, und die Bevölkerung dort hat sich uns angeschlossen. Seit damals im April, als wir zum ersten Mal die Spruch-

den Sturz des Regimes» auf die Schulmauern geschrieben hatten. Dort wurde gleich zu Beginn auf die Bevölkerung geschossen. Auch in der Mittelmeerstadt Banjas wurde die Bevölkerung von Militär und Geheimdiensten für ihre Demonstrationen hart bestraft. (A. d. Ü.).

bänder von Kafranbel beschrieben haben, tun wir das jeden Freitag. Es ist Tradition geworden, dass wir sie im Internet veröffentlichen. Später haben sich uns viele Leute, die es vorher nicht gewagt hatten, angeschlossen, so dass die Anzahl der Demonstranten zwischen viertausend und siebentausend Teilnehmern schwankte. Ich werde niemals vergessen, wie die Frauen uns mit Blumen und Reis bewarfen und wir lauthals Freiheit forderten.»

Aufgewühlt hörte Raed auf zu sprechen. Er zündete sich eine Zigarette an. Ich war wie benommen vor Müdigkeit. Die jungen Männer hörten mit großem Respekt zu, obwohl sie ja bei all diesen Ereignissen dabei gewesen waren. Raed fuhr fort: «Wir wurden vom Geheimdienst gesucht, und aus genau diesem Grund hatten die Leute Angst vor uns. Am 2. Mai stürmten die Sicherheitskräfte die Wohnungen der Aktivisten. Sie schlugen alles kurz und klein und verhafteten etwa fünfzig Leute. Darauf demonstrierten wir vor der Wache, in der die Aktivisten festsaßen, und einige Menschen schlossen sich uns an. Dann versperrten wir die Ausgänge des Dorfes mit Steinbarrikaden und setzten Autoreifen in Brand. Und wir drohten, die Wachstation in Brand zu setzen, wenn die Verhafteten nicht freigelassen würden. Dann zog eine Delegation aus Kafranbel los, um mit dem Regime zu verhandeln, doch sie kamen enttäuscht zurück. Am nächsten Tag erschien der Sekretär der örtlichen Baath-Partei bei uns und erkundigte sich nach unseren Forderungen. Diese lauteten: Die Geheimdienste sollten die Leute nicht drangsalieren, die ganzen Geheimdienstapparate sollten aufgelöst und es sollte ein neuer Präsident eingesetzt werden. Wir haben ganz ruhig mit ihnen diskutiert, aber als ich sagte: ‹Ich möchte einen anderen Präsidenten für Syrien als in den letzten vierzig Jahren›, schwieg der Sekretär. Nach einigen Minuten antwortete er, er wolle keine Parolen gegen Baschar al-Assad auf den Plakaten sehen, und wir sollten auch Hafiz al-Assad nicht beleidigen. Nur dann würden die Gefangenen freikommen. Aber wir hatten Hafiz al-Assad gar nicht beleidigt, das stimmte nicht. Wir hatten nur den Sturz des Regimes von Baschar al-Assad gefordert. Am 7. Mai haben wir dann demokratische Wahlen innerhalb des Koordinationskomitees durchgeführt …»

«Wie hat das mit dem Komitee angefangen?», unterbrach ich ihn.

Er lachte. «Es ist alles ganz spontan und improvisiert entstanden. Facebook haben wir damals noch nicht genutzt. Das war im Februar 2011. Wir waren fünfzehn Leute, darunter der Rechtsanwalt Jassir al-Salim, Hassan al-Hamra und ich, und wir bildeten einfach ein Komitee. Wir wollten eine Volksbewegung organisieren. Wir haben uns bei einem von uns zu Hause getroffen und sieben Personen für verschiedene Aufgaben gewählt, für den Bereich Politik, militärische Fragen, Medien, Organisation. Und als wir das Gefühl hatten, dass diese Leute noch nicht genügend legitimiert waren, haben wir uns im Kulturzentrum versammelt, um Wahlen durchzuführen, und alle Menschen darüber informiert. So wurde das Koordinationskomitee von Kafranbel ins Leben gerufen. Am 1. Juli haben wir dann eine große Demonstration organisiert. Aber am 4. Juli kam das Militär in die Stadt, hat alle Verbindungsstraßen in der Region gekappt, und wir sind aus Kafranbel geflohen. Wir waren ungefähr sechzig Aktivisten, die unter freiem Himmel in den Gärten und in anderen Dörfern gezeltet haben. Aber wir wurden aus diesen Dörfern vertrieben, weil die Leute sich vor dem Militär und dem Geheimdienst fürchteten. In Kafranbel gab es damals neun Checkpoints des Militärs und ungefähr tausendsiebenhundert Soldaten, dazu hundert Panzer und hundert andere Militärfahrzeuge. Wir sind heimlich in die Stadt zurückgekehrt, trotz anwesender Scharfschützen und des Militärs, und haben neue Spruchbänder geschrieben. Als wir eine Demonstration von der Al-Aqaba-Moschee aus begannen, wurden wir vom Militär beschossen. Also sind wir wieder geflohen. Am darauffolgenden Freitag, das war der 15. Juli, haben wir in Maarrat Sarma, in der Nähe von Kafranbel, demonstriert. Wir hatten Plakate dabei, auf die wir den Namen Kafranbel geschrieben hatten. Immer wieder haben wir auch in Kafranbel demonstriert, und dann flohen wir wieder vor dem Militär, denn sie schossen auf uns, obwohl wir unbewaffnet waren. Zum Glück gab es keine Toten. Frauendemonstrationen gab es nur wenige, aber am 13. Mai waren auch die Frauen auf die Straße gegangen.»

Er hielt inne, und ich hörte auf zu schreiben. Ich trank einen Schluck Kaffee und zündete mir eine Zigarette an. Ich beobachtete ihn, wie er in die Nacht hinaussah und die Olivenbäume in der Umgebung des Hauses betrachtete.

«Und warum habt ihr dann zu den Waffen gegriffen?», fragte ich.

Ein zorniger junger Mann, der gerade in der Tür zum Balkon erschienen war, sagte: «Ja nun! Sie haben uns getötet, uns bombardiert. Was sollten wir tun? Sterben? Warum wohl wollen wir Waffen?»

Raed fuhr fort: «Es gab da ein Brennstofflager des Militärs. Es heißt jetzt Wadi al-Daif, das gibt es immer noch. In diesem Lager war eine Wachkompanie stationiert. Ein paar von unseren Männern hatten Kontakt zu einem Soldaten in Wadi al-Daif, und so bekamen wir von dort drei Gewehre, die wir nach Kafranbel brachten. Wir konnten uns auch noch sechs weitere Gewehre besorgen. Insgesamt hatten wir schließlich achtzehn Gewehre, die wir in einem Feigenhain vergruben. Aber wir holten sie erst auf Beschluss des Koordinationskomitees heraus, als wir unsere Familien verteidigen wollten. Erst als das Militär kam, gruben wir sie aus und legten fest, unter welchen Bedingungen wir sie benutzen durften. Es geschah wirklich gegen unseren Willen. Wir wollten keine Waffen tragen und wollen das bis jetzt nicht! Zuerst haben wir sie benutzt, um uns zu verteidigen. Wir lebten ja draußen, und wir brauchten Waffen, um uns gegen wilde Tiere und gefährliche Menschen zu verteidigen. Am 16. August organisierten wir wieder eine Demonstration. Das Militär griff uns an und verteilte sich in der ganzen Stadt. Es begann eine breit angelegte Verhaftungswelle. Die Mutter eines der Verhafteten, die versuchte, ihren Sohn zurückzubekommen, stießen sie zu Boden, wobei ihr das Kopftuch vom Kopf rutschte, und das hat die Menschen so provoziert, dass sie sich zusammentaten und Waffen zu sammeln begannen. Wir zogen zum al-Ajjar-Checkpoint, um auf die Beleidigung unserer Ehre zu reagieren. Wir hatten ein Jagdgewehr und ein Scharfschützengewehr dabei. Innerhalb von zwei Stunden haben wir sechs Soldaten am Checkpoint getötet, einer von ihnen ein Hauptmann. So begannen die bewaffneten Aktionen … Am nächsten Tag kamen Massen von Soldaten und verhafteten viele Menschen. Sie funktionierten die Teppichfabrik in ein Gefängnis um und brachen in die Häuser ein. Diese kollektiven Verhaftungen waren absolut willkürlich … Einige unserer Leute haben es abgelehnt, Waffen zu tragen, und sind zivile Aktivisten geblieben. Wir alle waren ja Zivilisten gewesen, die nur demonstrieren wollten … Zuerst gab es sechs bewaffnete Gruppen, dann sieben. Jede Gruppe bestand aus zehn, elf Personen, denen ein angesehener Mann vorstand, auf dessen Wort man hörte. Im Ausland lebende Leute aus Kafranbel haben uns dann Unterstützung zukommen lassen. Das begann im August 2011, und wir haben die Gelder verteilt. Einem verheirateten Mann haben wir sechstausend syrische Pfund gezahlt, einem unverheirateten dreitausend Pfund. Das war wenig, aber es gab auch nur wenige Aktivisten. Im November gründeten wir das erste Bataillon namens ‹Bataillon der Märtyrer von Kafranbel›. Es wurde später Teil der Freien Syrischen Armee. Unser Plan war es, nachts die Stützpunkte der Armee anzugreifen: Zwei Leute haben vom Motorrad aus einen Checkpoint beschossen und sind schnell geflohen. Daraufhin wurde vom Checkpoint aus zurückgeschossen. Gleichzeitig kam ein Motorrad mit zwei Leuten aus der entgegengesetzten Richtung, und auch sie beschossen den Checkpoint. Also, wir schossen von zwei Seiten, und so hielten wir die Soldaten die ganze Nacht auf Trab und hinderten sie daran, nachts in die Häuser der Zivilisten einzudringen. So haben wir es mit allen neun Checkpoints um Kafranbel herum gemacht. Auf diese Weise wollten wir ihre Gewalttaten stoppen!» Er betonte den letzten Satz besonders, als wolle er sich rechtfertigen. «Zu jener Zeit desertierte Oberstleutnant Abu al-Madschd. Er war der erste Offizier, der desertiert ist. Wir trafen uns mit ihm, denn er wollte mit uns zusammenarbeiten. Anfangs waren wir misstrauisch, aber dann hat er das Bataillon ‹Die Märtyrer von Kafranbel› angeführt, das später ‹Ritter des Rechts› hieß. Wir haben die Gründung des Bataillons gefilmt und über das Netz bekannt gegeben. Von da an respektierten uns die Leute. Sie spendeten uns, so viel sie konnten, und ließen uns jegliche erdenkliche Unterstützung zukommen. Die meisten waren ja für die Revolution. Aber der Rückhalt in der Bevölkerung war mal stärker, mal schwächer. Wir hatten begonnen, primitive Minen herzustellen, die wir vor den Militärfahrzeugen deponierten. Sie bestanden aus Zucker, Düngemitteln und ein paar anderen Stoffen und hatten einen Zünder. So wollten wir die Demonstrationen vor dem Militär schützen. Doch dann ärgerten sich die Leute darüber, dass die Straßen durch die Explosionen kaputtgingen. Aber wir wollten unbedingt das Eindringen der Militärfahrzeuge nach Kafranbel verhindern. Es kam zum Streit mit der Bevölkerung über diese neue Taktik. Was sollten wir denn tun? Unsere Jungs starben unter der Folter – nach der Befreiung von Kafranbel haben wir ihre Leichen im Garten der Schule gefunden, wo sich das Militär einquartiert hatte. Aber die Leute wurden immer wütender über den ständigen gegenseitigen Beschuss, weil natürlich auch die Häuser in Mitleidenschaft gezogen und beschädigt wurden. Die Kämpfe wurden dann immer heftiger, die Straßen waren ein regelrechtes Schlachtfeld geworden, und je wütender die Leute wurden, desto schwächer wurden wir. Wir warfen der Bevölkerung vor, uns im Stich zu lassen, und sie beschuldigten uns, die Stadt zu zerstören. Auf diese Weise verloren wir ihre Unterstützung. Wir hatten RPGs (Panzerabwehr-Granatwerfer) gekauft, die aber unbrauchbar waren. Die Waffenhändler hatten uns betrogen, und einer der Männer ist deshalb gestorben. Das war ein weiterer Grund für unsere Schwäche. Schließlich erhielten wir zehn neue RPGs vom Revolutionären Militärrat. Das war Ende April 2012. Ich glaube, das war das Ende von Assad in Kafranbel. Wir griffen daraufhin die Checkpoints an. Der erste war der Al-Ajjar-Checkpoint. Das war im Juni. Dann begann uns die Armee mit Gwosdika-Granaten aus Panzern zu beschießen. Und wie du siehst, kann uns auch jetzt jeden Augenblick eine Granate auf den Kopf fallen. Sie haben uns ohne Unterlass bombardiert, aber wir haben nicht aufgehört, zu kämpfen und sie anzugreifen, bis wir fünf Checkpoints erobert hatten. Der wirkliche Augenblick der Befreiung begann um drei Uhr morgens im Dorf Hazirin. Wir hatten das Gebäude des Militärs rundum vermint und die Minen gezündet. Sie hatten Panzer und beschossen uns von den Checkpoints aus, und wir flohen in alle Richtungen. Damals habe ich mich einfach hingesetzt, einen Apfel gegessen und auf den Tod gewartet. Dann haben wir uns zurückgezogen und geplant, am nächsten Tag zurückzukommen, um den Stützpunkt zu befreien. Aber die Soldaten hatten sich zum Rathaus zurückgezogen, andere sind nach Wadi al-Daif gegangen. Schließlich blieb nur noch der Checkpoint am Rathaus und drei andere in Kafranbel. Alle anderen Checkpoints waren verlassen worden. Damals haben wir angefangen, ‹Das befreite Kafranbel› auf die Plakate zu schreiben. Vorher hatten wir geschrieben: ‹Das besetzte Kafranbel›.»

«Genug geredet», sagte Hammud und stand auf.

Es war bereits nach Mitternacht. Ich legte meine Papiere nieder. Mein ganzer Körper schmerzte vom Rücken bis zu den Zehen. Meine Beine waren steif, ich konnte mich kaum rühren. Auch Raed erhob sich und sagte: «Morgen reden wir weiter.» Mir war, als würden wir aus einem tiefen Grab heraussteigen, und ich wäre ein Blatt, das vor langer Zeit vom Baum gefallen war; Füße hatten es zertrampelt, zerrissen und in Staub verwandelt, der nun zu dem Gipfel eines weit entfernten Berges flog.

So einfach entstand das Böse. Das Böse, das plötzlich aus Höhlen kroch und sich in der Luft breit machte. Böses, das Böses hervorrief, in einem nicht endenden Teufelskreis. Und wir hier stiegen diese Spirale hinauf. Ich erhob mich und hatte das Gefühl, in einem Orkan des Bösen aufzusteigen, und mir bliebe keine andere Wahl, als mich ihm schließlich zu ergeben. Nur allein die Nachtluft rettete mich auf dem Nachhauseweg vor der Hölle meiner Gedanken.

Die Autoscheinwerfer durchschnitten die tiefe Dunkelheit. Wir fuhren zu Razan, bei der ich wohnte. Sie empfing auch andere Aktivistinnen, die in den befreiten Regionen zivile Aktionen leiteten. Schon seit Monaten allerdings wurden immer wieder Aktivisten von ISIS-Mitgliedern oder Söldnereinheiten entführt sowie von der Nusra-Front verfolgt, weshalb mit der Zeit immer weniger von ihnen kamen. Trotzdem genoss Kafranbel immer eine gewisse Immunität, denn noch zeigten sich nur wenige Extremisten in der Stadt.

Meine Anwesenheit hier bedeutete für die jungen Männer eine große Verantwortung. Ich hielt mich zwar getreu an ihre Anweisungen, war aber auch fest entschlossen, eine der Frontlinien aufzusuchen. Ich weiß nicht genau, was mich dazu antrieb. Vielleicht war es meine Beziehung zur Wahrheit. Nicht zur absoluten Wahrheit, sondern zur relativen. Ich musste alles mit eigenen Augen sehen. Wenn ich immer wieder heimlich oder inkognito nach Syrien zurückkam, wollte ich nicht nur Frauenzentren oder Schulen gründen. Ich wollte etwas über dieses Böse herausfinden, das aus den banalsten Dingen hervorbrach. Ich suchte nach diesem Bösen, indem ich die Tatsachen aufschrieb. Was war das Böse und wie konnte es so leicht entstehen? Ich wollte das Böse verstehen, weil ich nicht auf der anderen Seite hatte bleiben können, wo das Böse produziert wurde, dort, wo das Regime die Macht hatte; hier aber, auf diesem Territorium, wo ich mich nun befand, wuchs das Böse in aller Normalität.

Vielleicht war ich in mein Heimatland zurückgekehrt, um

die Konfrontation zu suchen mit dem, was meine Wurzeln gekappt hatte. Qua Geburt gehörte ich in diesem Krieg, der aufgezwungenermaßen die Dimensionen eines Religionskonfliktes anzunehmen begann, auf jene andere Seite. Was aber mein Verständnis von Freiheit betraf, so gehörte ich hierher, in diese nordsyrische Region, in die ich mich heimlich einschleichen musste – und in der ich, nach der Besetzung durch dschihadistische Gruppierungen, abgelehnt wurde.

Das Haus, in dem Razan im oberen Stockwerk lebte, erreichte man durch einen Graben, der durch die Bomben entstanden war. Das untere Stockwerk lag im Dunkeln. Es gab dort ein Zimmer, in dem fünf Flüchtlingsfamilien mit etlichen Kindern eng zusammengepfercht wohnten. Sie hatten ihr Zuhause in den Bomben verloren; drei ihrer Männer waren umgekommen, zwei der Frauen waren schwanger. Sie wussten alle nicht, wohin.

Razan und ich stiegen die Treppe hinauf. Wir hatten eine kleine Laterne dabei, die wir in der Wohnung auf ein Regalbrett stellten. Wir hatten sie im Medienzentrum aufgeladen, denn es gab ja keinen Strom. Auch das Wasser war abgesperrt, zum Waschen hatten wir nur ein paar Tropfen zur Verfügung. Und zum Schlafen mussten wir uns die Decke über den Kopf ziehen, sonst würden uns die Mücken verschlingen.

Eine zauberhafte Stille hüllte die Nacht ein. Es war kurz vor ein Uhr. Ich konnte kaum noch meine Beine bewegen oder meine Augen offen halten. Einen Moment lang überkam mich ein Glücksgefühl, weil ich mich in Syrien befand. Ich wollte mein ganzes Leben so verharren, im Zauber dieses Moments.

Ich schlief tief und fest bis fünf Uhr morgens. Erst da

machte ich mir das Geräusch der fernen Detonationen bewusst. Am liebsten wäre ich wieder ins Dunkel zurückgekehrt, hätte mich zurückgezogen wie jene Höhlenmenschen im Koran. Die Mückenstiche an meinen Beinen brannten. Ich trank mit Razan zusammen Kaffee. Sie war erst vor einem Monat aus der Haft entlassen worden. Sie hatte die Revolution unterstützt, war aus Syrien geflohen, dann war sie wieder zurückgekommen, um sich im Norden zu engagieren.

Ich nahm mein kleines Heft, um die Aufgaben des Tages festzulegen. Es gab hier täglich so viel zu tun wie woanders in einem Monat. Während meines vierwöchigen Aufenthalts versuchte ich die Arbeit von Monaten zu erledigen. Aber die Umstände erlaubten dies nicht immer, das ununterbrochene Bombardement lähmte das Leben und verwandelte die Menschen in angsterfüllte, hungrige Geschöpfe.

Heute stand auf meinem Plan ein Radioworkshop mit den jungen Männern im Büro, ein Besuch des Frauenzentrums, das Treffen mit einem Schriftsteller aus Kafranbel, anschließend eine Fahrt nach Maarrat al-Nuuman, um spät abends zurückzukehren und Raeds Bericht von der Revolution in Kafranbel weiter aufzuzeichnen.

In der Küche hatte Razan alles penibel geordnet. Sie schloss die Kaffee- und Zuckertüten mit Wäscheklammern, hängte Wäsche an Türen und Griffen auf. In einer Schranktür befand sich ein länglicher Spiegel, den wir statt eines Badezimmerspiegels benutzten.

Aus meinem Fenster hatte ich einen Blick auf das Nachbarhaus, das von einer Bombe getroffen worden war. Zwei der Nachbarkinder hockten in einer Art Nische, die durch den Beschuss entstanden war. Das eine Kind mochte sechs Jahre, das andere etwas älter sein. Auf der Mauer wuchsen Gräser, und in den Ecken standen kleine gelbe Blumen. Der Boden war voller weißer Plastiktüten. Die beiden Kinder zählten rote, grüne und gelbe Murmeln ab. Eins der beiden holte ein Stück Stoff aus der Tasche, breitete es aus, und sie begannen zu spielen. Am blauen Himmel zogen langsam kleine weiße Wolken vorüber.

Die Menschen, deren Alltag ich hier so eindringlich miterlebte, waren Menschen, deren Heldengeschichten niemand aufschrieb, Menschen, die das Land veränderten, ohne sich um große Parolen und hochtrabende Worte zu kümmern. Sie hatten auch mein Leben verändert. Diese Unbekannten, diese Anonymen, die ihre Motorräder bestiegen und getötet wurden, weil sie drei Fladen Brot kaufen wollten, sie atmeten und lebten hier im Elend. Granaten flogen über ihre Köpfe hinweg, Flugzeuge legten ihre Häuser in Trümmer und setzten ihre Gärten in Brand. Sie erwachten jeden Morgen in Dankbarkeit darüber, dass sie noch am Leben waren. Sie lebten zwischen Steinhügeln und unter Oliven- und Feigenbäumen. Ganz einfach so. Und so wie die Nacht zum Tag wurde, so wurden sie älter, bekamen Kinder und starben ohne großes Aufheben. Ihr Leben ging schnell vorüber. Niemand kümmerte sich um sie, niemand fragte nach ihren Wünschen, während sie jetzt auf ihren Türschwellen saßen. Frauen schlugen auf der nackten Erde ihr Lager auf, zusammen mit ihren Männern, falls es sie noch gab. Und die Kinder tobten und spielten auf einem kleinen begrenzten Raum. Die Familie, die hier auf dem Grundstück lebte und an der ich auf meinem morgendlichen Rundgang vorbeikam, diskutierte darüber, ob sie wohl zwei Liter Dieselöl zusätzlich bekommen würden und wo man Zwiebeln erhielt, während die zwölfjährige Tochter den Boden fegte und ihn mit ein paar Tropfen

Wasser aus einer kleinen Plastikkanne bespritzte. Der Vater sah mal in den Himmel, mal zu seiner Frau und dem Säugling. Er brummte etwas Unverständliches vor sich hin. Als ich «Guten Morgen» wünschte, antworteten alle neugierig und erfreut: «Guten Morgen». Dann setzte ich meinen Weg fort.

Hussam erwartete mich im Auto. Ich wollte mit ihm die neuesten Bombenschäden in der Stadt begutachten. Es sah aus wie in den meisten Städtchen und Dörfern im Umland von Idlib, nur der Grad der Zerstörung unterschied sich ein wenig. In Kafranbel war zum Beispiel weitaus weniger zerstört als in Maarrat al-Nuuman, wohin wir nachmittags fahren wollten. Während der eineinhalbstündigen Rundfahrt fotografierte ich die Trümmer, das Schulhaus, den großen Wassertank. Die Wassertanks waren ein begehrtes Ziel von Assads Flugzeugen, denn es gehörte zur Politik des Regimes, die aufständischen Dörfer von der Trinkwasserversorgung abzuschneiden. Schulen wurden ebenfalls gezielt bombardiert oder zu Stützpunkten der militärischen Einheiten umfunktioniert.

Auch der Suk wurde in den meisten Städten und Dörfern ganz bewusst bombardiert. Auf dem Marktplatz und in der Stadtmitte von Kafranbel hatten die Hubschrauber am Vormittag drei Fassbomben abgeworfen – innerhalb weniger Minuten waren dreiunddreißig Menschen getötet worden. Neben dem Platz war die alte Moschee bombardiert worden. Als wir den verwüsteten Marktplatz überquerten, wo die Bevölkerung von Kafranbel eine Marmorsäule mit den Namen der Bombenopfer aufgestellt hatte, herrschte fast normaler Betrieb. Früher sei hier viel mehr los gewesen, sagte Hussam, seit Beginn der Revolution sei es ruhiger geworden. Die Geschäfte und Gemüseläden und Verkaufskarren sahen aus wie immer. Ich beobachtete eine Gruppe von Kindern vor einem Gemüsekarren, der Älteste etwa fünfzehn Jahre. Sie hatten kräftige Stimmen, sie schrien und lachten und liefen zwischen den Karren hindurch.

Als Nächstes fuhren wir zum Medienbüro zurück, wo ich den jungen Männern eine Einweisung in die Radioarbeit versprochen hatte. Der Keller, in dem die Radiostation untergebracht war, bestand aus drei zusammenhängenden Räumen. Auf dem Boden lagen Plastikmatten und Schaumstoffkissen. Wir betraten den Raum, in dem aufgenommen und gesendet wurde. Er war so winzig, dass gerade mal eine Person hineinpasste. Die Ausrüstung war sehr primitiv. Die Jungs machten einen Testlauf und bereiteten sich darauf vor, die Menschen direkt anzusprechen. Sie hatten keinerlei Erfahrung mit der Medienarbeit, sie wollten einfach ihre Botschaft an den Mann bringen und Probleme öffentlich diskutieren. Ossama, ein junger Ingenieur Anfang dreißig, erzählte mir, er wolle gemeinsam mit Izzat und Ahmad ein Programm für die Bevölkerung von Kafranbel machen, in dem alltägliche Dinge angesprochen wurden, die Probleme mit der Nothilfe, mit den Diebstählen und – das war am heikelsten – die Übergriffe durch die militärischen Einheiten.

«Wir sind die Soldaten von Assad losgeworden, und jetzt sind diese dschihadistischen Soldaten hier», meinte ein kaum zwanzigjähriger Mann.

Es war stickig im Keller. Das Bombardement hatte eingesetzt, und einige Leute kamen zu uns herunter. Es schien sich um Artilleriebeschuss zu handeln, was bedeutete, dass man davonkommen konnte.

Nach meinem kleinen Radiolehrgang fuhr ich mit Hussam zum Frauenzentrum. Auch dies war provisorisch in einem

Keller untergebracht. Er musste dringend renoviert werden. Umm Khalid, die Leiterin des Zentrums, deren Sohn ein Aktivist war, hatte kein Abitur; sie konnte aber lesen und schreiben und glaubte, dass die Frauen die Veränderung herbeiführen würden. Sie betete und fastete, und sie fuhr Auto und besaß einen Schönheitssalon für Frauen. Sie repräsentierte eine wichtige Schicht von Frauen in dieser Region, die danach strebten, die Zivilgesellschaft wieder zu den ursprünglichen Forderungen der Revolution zurückzuführen: Gerechtigkeit, Freiheit und Würde. Als wir ankamen, hatte Umm Khalid gerade den Handarbeitsunterricht beendet.

Das Kopftuch gehörte hier immer schon zur Tradition, doch seit über einem Jahr war es nahezu obligatorisch. In einigen Regionen von Aleppo hatte ISIS es zur Pflicht gemacht, und in Rakka waren die Frauen von Kopf bis Fuß schwarz verhüllt, nachdem ISIS dort die Macht übernommen hatte. Die Region hier war wie alle ländlichen Gebiete Syriens in den vergangenen Jahren vernachlässigt worden und verarmt, aber die Frauen hatten eine gewisse Schulbildung und waren in der Lage, einen Dialog zu führen und über Politik zu diskutieren. Sie waren sich darüber bewusst, dass sich in der Gesellschaft ein grundlegender Wandel vollzog, der sie in einen dunklen Tunnel führen würde, aus dem es kein Entkommen gäbe. Denn die Dschihadisten, die in Nordsyrien zunehmend an Macht gewannen, setzten mit Geld und Gewalt ihre gesellschaftlichen und religiösen Gesetze durch. Unter dem ständigen Bombardement erschienen Diskussionen über solche Dinge allerdings als müßiger Luxus. Das meinten zumindest die jungen Frauen, mit denen wir nach der Besichtigung des Kellers im oberen Stockwerk Kaffee tranken.

Sie dachten laut darüber nach, was unter den schwierigen

Bedingungen getan und wie weitergearbeitet werden könne, ohne die Bräuche und Traditionen zu verletzen. «Das ist wirklich schwierig», sagte eine von ihnen. «Wir sollten die Frauen in den grundlegendsten Dingen fortbilden, wir müssen ihnen Handarbeiten, Haareschneiden und Krankenpflege beibringen. Nicht mehr und nicht weniger. Wenn dieser Krieg vorbei ist, können wir an andere Dinge denken.»

«Wir können aber auch Englisch und Französisch unterrichten und Alphabetisierungskurse und Computerkurse anbieten», hielt Umm Khalid dagegen.

Ich meinte, sie bräuchten unbedingt Internet und Computer, und sie müssten die Frauen zur Selbstversorgung befähigen. Das Wichtigste aber seien tatsächlich Alphabetisierungskurse.

Während wir miteinander sprachen, ging plötzlich eine Granate in der Nähe nieder. Wir hatten neben dem Fenster gesessen, und jetzt kauerten wir uns blitzschnell im hinteren Zimmer zusammen. Einige Minuten vergingen, dann schauten wir uns an und brachen in Gelächter aus. Aber ich konnte sehen, dass die Frauen ganz bleich im Gesicht geworden waren. Ich war es sicher auch.

Es ging auf ein Uhr zu, es war Zeit, zum Büro zurückzukehren, um mit Abu Wahid zur Front zu fahren. Doch Hussam verspätete sich. Ich konnte ihn nicht erreichen, weil es kein Telefon gab, ich konnte aber auch nicht allein durch die Straßen laufen. Die Frauen meinten, sie würden sich derzeit nur im Notfall außer Haus bewegen, ich sollte auf keinen Fall alleine gehen. Im jedem Krieg komme es zu Regellosigkeiten, und was würde erst passieren, wenn dieses Chaos zielgerichtet und organisiert sei? Trotzdem waren die Frauen entschlossen, ihr Leben weiterzuführen.

«Ja, ich lebe im Krieg, mitten im Bombardement», sagte Umm Khalid, «aber ich möchte den jungen Frauen beibringen, wie ein schönes Leben aussehen könnte. Wir wollen heiraten und Kinder bekommen und unser Leben gestalten. Wir wollen uns nicht dem Tod ausliefern.»

Sie faszinierten mich. Umm Khalid verkörperte genau meine Vorstellung davon, wie Frauen Teil der Gesellschaft werden sollten. Ich hatte mehr Vertrauen in sie als in die politischen und intellektuellen Eliten.

Die Frauen waren begierig zu erfahren, wie ich selbst lebte. Umm Khaled überzeugte mich davon, dass ich mir unbedingt eine Frisur zulegen müsse, und nahm mich mit in ihren Schönheitssalon bei sich zu Hause. Er war bescheiden eingerichtet, aber er reichte aus, um die meisten Bräute der Stadt wundervoll herauszuputzen.

Dann tauchte Hussam auf, und wir fuhren zurück zum Büro. Ich dachte bei mir, dass ich, auch wenn ich davon überzeugt war, dass die Zukunft noch Schrecklicheres bringen würde, nicht verzweifeln durfte. Ich würde meinen Glauben an die Menschheit nicht verlieren, und die Frauen hatten meine Hoffnung noch vergrößert.

Es war Anfang August, die Sonne brannte, und ich hatte in der schwarzen Kleidung, die mich von Kopf bis Fuß einhüllte, das Gefühl zu ersticken. Mich beunruhigte, dass ich immer noch zu zittern begann, wenn ich eine nahe Detonation hörte. Wie würde es erst sein, wenn ich an die vorderste Frontlinie fuhr?

Abu Wahid wartete schon mit dem Wagen auf mich, und wir machten uns sofort auf den Weg.

Äußerlich hatte sich Abu Wahid seit meinem letzten Besuch nicht sehr verändert, er war nur etwas schmaler geworden. Aber er sprach kaum über die Kämpfe und machte einen resignierten Eindruck, weil er keine ausreichenden Gelder für seine Soldaten erhalten hatte. «Sind wir besiegt?», fragte ich ihn ganz direkt.

Er warf mir einen Blick zu, dann antwortete er: «Ach, was soll ich sagen? Wir haben gesiegt, wir wurden besiegt ... Glauben Sie bloß nicht, dass wir nur besiegt wurden. Die ganze Welt ist gegen uns ... die ganze Welt.» Seine Finger auf dem Lenkrad zitterten. Er hatte sehnige, von der Sonne verbrannte Arme. Ich fragte nach seiner Frau und den Kindern. «Denen geht's wie allen anderen.»

Die heiße Luft strich uns über die Gesichter. Wir fuhren über die Dörfer. Abu Wahid machten einen weniger entschlossenen Eindruck als das letzte Mal, er wirkte eher bedrückt. Im Februar hatte er noch zuversichtlich gesagt: «Alles kann in Ordnung kommen. Wir versuchen immer noch, unseren Traum zu verwirklichen.» Diesmal schwieg er die meiste Zeit. Ich versuchte deshalb gar nicht erst, ihn in ein Gespräch über den Verlauf der Revolution und die zunehmende Macht der Dschihadisten zu verwickeln. Ich wusste, was er über die Finanzierung dieser Gruppen sagen würde, über die Männer, die täglich aus allen Teilen der Welt ins Land strömten, um unter dem Vorwand, den Islam zu verteidigen, zu kämpfen. Er sagte nur: «Wir nehmen auf dem Weg noch einen Kämpfer mit.»

Dieser Kämpfer, der Abu Khaled hieß, lebte in Maarrzita. Es war kein normales Haus, das wir aufsuchten, sondern ein verlassener Hühnerhof in der Nähe der Front. Er hatte seine Frau, seine Schwägerin und die Kinder dort untergebracht, damit sie in seiner Nähe seien. Rund um den Hühnerhof wuchs nur trockenes Gras. Drinnen lagen eine alte Plastikmatte und ein großes Kissen, das kaum für zwei Personen reichte. Zementpfeiler und blanker Stein unterteilten den Innenraum des Gebäudes. Ich bat Abu Wahid, die Frau und die Schwägerin besuchen zu dürfen. Ich war durstig, aber die Menschen fasteten, und man musste die Fastenden respektieren. Abu Khaleds Frau hieß Umm Fadi. Sie hielt ihre beiden Kinder im Arm und erzählte: «In diesem Hühnerstall leben wir seit einem Jahr, seit sie unser Haus kaputtgebombt haben. Damals haben wir alles zurückgelassen und sind nur auf die Straße gelaufen. Wir konnten nirgendwohin. Ich werde bis zum Tod bei meinem Mann ausharren.»

Plötzlich schepperte die schäbige Eisentür, ich schrie auf, und die beiden lachten. «Das war nur eine Katze.» Es war mir peinlich, denn ich hatte geglaubt, eine Bombe sei explodiert.

Die Schwester der Frau war siebenunddreißig Jahre alt und machte einen zugleich selbstbewussten und traurigen Eindruck. Sie war ein dunkler Typ, hatte dunkle Augen und einen scharfen Blick, das Weiß ihrer Augen war gerötet und sah beängstigend aus. Ich fragte nicht, woher die Röte ihrer Augen kam. Ihre nackten Fersen zeigten auffällige Schrunden. Auch die beiden Kinder waren barfuß und nackt, sie starrten mich, ohne mit der Wimper zu zucken, aus weit aufgerissenen Augen an. Viele obdachlose Flüchtlingskinder haben diesen starren Blick.

Abu Khaled bat seine Frau, ihm die Kampfmontur zu bringen, und sie sprang sogleich auf. «Fahren Sie auch mit dorthin?», fragte mich die Schwägerin. Ich bejahte. «Wollen Sie auch so eine Kampfuniform haben?»

«Es wäre wirklich besser, wenn Sie sich anziehen würden wie wir, sonst fallen Sie auf», rief der Mann von hinten. Ich wollte es aber nicht.

Ich fragte die Frauen, wie sie ihren Alltag bewältigten. Umm Fadi erzählte, dass ihr Mann ihnen Lebensmittel mitbringe und dass sie sich alle zwei Wochen einmal waschen könnten – sich und die Kleidung, die sie am Leib trugen, denn sie besaßen fast keine Wechselkleidung. «Im Winter haben wir alle Öffnungen hier mit Plastiktüten zugestopft. Die Kälte hat uns stark zugesetzt. Wir haben noch nicht einmal mehr Brennholz, es gibt nicht mehr genügend Bäume.»

«Aber wir können unsere kämpfenden Männer nicht im Stich lassen», wurde sie von ihrer Schwester unterbrochen. «Wir werden immer bei ihnen bleiben. Ich habe früher als Sekretärin bei einer Ärztin gearbeitet, ich kann lesen und schreiben. Jetzt leben wir wie in der Steinzeit ... Hören Sie», sagte sie, nahm meine Hand und drückte sie so fest, dass es mir wehtat. «Werden Sie den Leuten wirklich sagen, was hier mit uns passiert? Schwören Sie, dass Sie der ganzen Welt erzählen, dass sie uns aus unseren Dörfern vertrieben haben! Es ist nicht so, wie es von außen scheint. Wir sind nicht ein Volk! Der Hass zwischen den Leuten wird immer größer. Sehen Sie das?» Sie zeigte auf das rostige Eisenfenster, das gerade mal fünfzig Zentimeter breit war. «Da hinten ist die Front. Wir sehen sie und sie sehen uns. Die Entfernung zwischen uns beträgt gerade mal drei Kilometer. Wir leben ein bitterarmes Leben. Eigentlich leben wir gar nicht. Und fürchtete ich nicht Gott, hätte ich mich schon längst umgebracht. Wir krepieren hier ganz langsam, wie Tiere, die man an einen Baum gebunden hat und verhungern lässt. Unsere Verwandten, die im Dorf geblieben sind, sind in den Bomben umgekommen. Hier schleichen Tag und Nacht die Schlangen herein. Könnten Sie auch nur eine einzige Nacht bei uns verbringen? Unmöglich! Schauen Sie sich mal diese Tüten an!»

Drei mittelgroße Tüten hingen an einem Pfeiler. «Darin sind unsere Kleider. Wir stopfen sie in die Tüten, damit wir jederzeit ganz schnell weglaufen können. Wir irren in der Gegend umher. Sehen Sie meinen Bauch?» Sie strich sich über den geschwollenen Bauch und fuhr fort: «Ich werde alle neun Monate schwanger, ich werde Kinder auf die Welt bringen, damit wir nicht aussterben. Unsere Kinder werden sich unsere Rechte zurückholen. Wir wollen, dass sie zur Schule gehen. Sie sollen dafür kämpfen, dass wir in unsere Häuser zurückkehren können. Wir werden uns Baschar al-Assad nicht unterwerfen. Niemals. Wir werden nicht klein beigeben.»

Endlich ließ sie meine Hand los, die durch den Druck ganz rot geworden war. Ich konnte kaum atmen. Ich würde nicht weinen. Ich biss mir auf die Lippen und schluckte alle Tränen hinunter, während sie an die Metalldecke des Hühnerstalls blickte. Die beiden Kinder kamen zu mir, und ich fragte, ob ich sie fotografieren dürfe. Sie lachten nicht. Dann stiegen Abu Wahid, Abu Khaled und ich ins Auto, um nach Hisch weiterzufahren, wo die nächste Frontlinie verlief.

Ich winkte und versprach, später noch einmal wiederzukommen. Aber ich habe mein Versprechen nicht gehalten. Die Schwägerin hatte gesagt: «Sie kommen nicht wieder», und sie behielt Recht. Ich habe sie nicht wiedergesehen.

Wir ließen den kleinen Hügel mit dem elenden Hühnerhof hinter uns. «Sind die Frauen dort alleine sicher?», fragte ich.

«Gott wird sie beschützen», antwortete der Kämpfer.

Die Ebene vor uns war leer, nur in weiter Ferne war eine Stadt zu sehen. Keine einzige weiße Wolke stand am tiefblauen Himmel.

Wir fuhren mit Abu Khaled nach Hisch. Die Einwohnerzahl der Stadt hatte einst fünfundzwanzigtausend betragen, aber es war die Region, die am stärksten bombardiert worden war. Ganze vierzehn Tage am Stück waren hier die Bomben gefallen. Abu Khaled hatte uns die Situation während der Fahrt geschildert, trotzdem hatte ich keine rechte Vorstellung von dem, was ich dann sah. Ich hatte mich an die Bilder der Zerstörung im Norden gewöhnt, aber Hisch war anders. Es war eine einzige Geisterstadt. Die Bewohner waren verschwunden – fünfundzwanzigtausend Personen, die entweder geflüchtet, getötet oder verhaftet worden waren. Es war, als hätte es die Stadt nie gegeben. Der Straßenbelag war vom Bombardement regelrecht wegradiert worden. Es gab keine Straßen mehr, nur noch erdige Pfade, die zwischen den Trümmern der Häuser hindurchliefen. Dazwischen hatten die Granaten Löcher geschlagen. Die Häuser lagen am Boden, sie waren nicht nur beschädigt, sondern zu Steinhaufen geworden. An einer Stelle klaffte ein riesiges Loch. Dort seien mehrere Fassbomben auf die Häuser niedergegangen, sagte Abu Khaled. Die Pfeiler oberer Stockwerke, die nicht zerstört worden waren, standen schräg. Ein Paternosterbaum ragte mit seinen noch grünen Zweigen aus den Trümmern.

Wir näherten uns der Front. «Können die auf der Gegenseite uns sehen?», fragte ich Abu Wahid.

«Wir versuchen so zu fahren, dass sie es nicht können», antwortete er. Zur Sicherheit duckte ich mich im Auto. Die Regierungssoldaten sollten nicht mitkriegen, dass hier eine Frau dabei war. Zwischen ihnen und uns lagen nur ein Straßenzug und ein paar zerstörte Häuser. Links, rechts, überall Steinhaufen mit wuchernden Eisengestängen sowie verbrannte Autos, die immer wieder beschossen wurden.

Die gegnerische Seite befand sich etwas oberhalb von uns. Deshalb senkten wir die Köpfe, als wir aus dem Auto stiegen.

Abu Khaled deckte mich mit seinem Körper. Vom Auto aus schlüpften wir schnell in ein kleines Gebäude. Der Raum drinnen sah aus wie alle Räume hier: eine Matte auf dem Boden und ein paar Kissen. Einige Kämpfer folgten uns, es waren mehr als zehn. Draußen wurde heftig geschossen.

«Sie haben mitgekriegt, dass ihr gekommen seid», sagte einer der Kämpfer.

«Aber wir haben doch aufgepasst und eine andere Straße genommen. Woher wissen sie es?», fragte ich.

Über das Dach hörte man von beiden Seiten die Kugeln pfeifen.

An den Wänden des Raumes hingen ein paar Bilder: ein Stillleben, das Foto eines Kämpfers, ein Bild mit bunten Blumen. Außerdem waren an einigen Nägeln Hemden aufgehängt. Der Raum konnte uns gerade so fassen. Die Kämpfer setzten sich mir gegenüber auf den Boden, die Maschinengewehre zu ihren Füßen. Die Waffen glänzten, die Mündungen waren deutlich sichtbar. Schwarze Löcher, deren Anblick mir die Kehle zuschnürte. Die Männer schauten mich neugierig an. Sie schienen erfreut. Einer sagte: «Herzlich willkommen, Madame! Haben Sie keine Angst? Sie müssen sich kleiden wie wir, damit Sie nicht auffallen.»

Ich erklärte ihnen freundlich, was ich von ihnen erfahren wollte. Wer sie waren, warum sie hier blieben und ob es wahr sei, dass die Nusra-Front und die Ahrar al-Scham hier das Sagen hätten. Und ob auch ISIS bereits präsent sei.

Ein untersetzter junger Mann mit hellem Teint und lachenden Augen antwortete mir: «Wir alle hier kommen aus Hisch. Wir bleiben hier, weil unser Zuhause zerstört wurde. Ich heiße Fadi. Ich habe früher im Libanon gearbeitet. Aber als die Ereignisse begannen und ich im Fernsehen gesehen habe, wie die Menschen hier umgebracht wurden, habe ich meine Arbeit hingeschmissen und bin zurückgekehrt. Das ist meine Heimat, hier muss ich bleiben. Meine Spezialität sind Minen und RPG-Granaten. Meiner Meinung nach ist das ein schiitisch-sunnitischer Krieg, sonst nichts. Am Anfang war es nicht so. Aber dann haben sich die iranischen Schiiten eingemischt und uns zusammen mit der Hisbollah bekämpft. Sie sind hier an der Front, wir können sie über Funk hören. Zwischen uns und ihnen liegen nur zweihundert Meter. Wie Sie sehen, ist Hisch komplett zerstört. Und wir haben keine Medienzentrale wie in anderen Städten. Sie haben uns mit allen Arten von Waffen bombardiert, mit Boden-Boden-Raketen, Fassbomben, Scud-Raketen, Granaten und allem, was einem so einfällt. Aus dem Himmel von Hisch hat es Raketen und Granaten gehagelt. Hier ist kein Stein auf dem anderen geblieben.»

Ein anderer Mann bestätigte: «Das ist ganz klar ein Religionskrieg. Ich bin Sami, ich bin zweiundzwanzig Jahre alt. Ich habe studiert. Glauben Sie denn, dass es einen anderen Grund als die Religion gibt?»

Ein junger Kerl neben ihm pflichtete ihm bei: «Ja, das ist ein Krieg um der Religion willen.»

Nun war ein schlanker ruhiger Mann an der Reihe, der schwach lächelte. Er war ein wenig blass und sagte: «Ich heiße Anas, ich bin fünfundzwanzig Jahre alt. Als wir hier in Hisch begonnen haben, friedlich zu demonstrieren wie in anderen Dörfern auch, haben wir überhaupt nicht von Religion geredet. Wir haben gerufen: ‹Das Volk will den Sturz des Regimes.› Aber das Regime, das sind alles Ungläubige. In einer einzigen Minute sind fünfzig Granaten auf uns niedergegangen. Deshalb haben wir zu den Waffen gegriffen. Sie haben es mit etlichen Flugzeugen versucht, aber sie konnten die Stadt doch nicht einnehmen. Fünfundachtzig ihrer Soldaten sind umgekommen. Wir sind nicht allein hier, es gibt die Nusra-Front und andere Einheiten, aber wir in unserem Bataillon sind alle aus Hisch. Die Hisbollah ist hier, und Schiiten aus Iran und Irak. Wollen Sie behaupten, dass das nicht stimmt? Wir sehen und hören sie doch! Die ganze Welt hat sich gegen uns verbündet. Die Weltgemeinschaft hat uns im Stich gelassen. Was sollen wir denn tun? Auf den Tod warten? Wir haben gerufen: ‹Es gibt keinen Gott außer Gott, und Mohammed ist sein Prophet.› Wir gehen dem Tod entgegen, und wir suchen Hilfe bei Gott gegen den Unterdrücker Baschar.»

Die Mienen der Männer verfinsterten sich. Einer meinte wütend: «Die Alawiten haben uns umgebracht, und dafür werden wir sie umbringen.»

Jetzt ging Abu Khaled dazwischen und sagte wie zur Rechtfertigung zu mir gewandt: «Diese Jungs hier stammen aus armen Arbeiterfamilien, deren Häuser zerstört und deren Verwandte vertrieben, wenn nicht getötet wurden. Wie Sie sehen, haben sie das Gefühl, konfessionell unterdrückt zu werden.»

«Das ist so», unterbrach ihn einer, «die Alawiten und die Schiiten kennen keinen Gott. Das sind Ungläubige.» Die anderen Männer äußerten sich ähnlich.

Der Name des Bataillons, mit dessen Kämpfern ich hier zusammensaß, lautete «Das Kommando von Hisch». Die Mitglieder der Nusra-Front hatten sich an mehreren Orten geweigert, sich mit uns zu treffen, aber hier in Hisch wollte Abu Wahid nicht einmal, dass sie überhaupt von meiner Anwesenheit erfuhren. Das Gewehrfeuer draußen wurde stärker. Ich zog mein Kopftuch zurecht und versuchte ihnen aufmerksam zuzuhören. Die friedlichen Aktivisten von Hisch waren getötet worden, nur Anas war von ihnen übrig geblieben, und der kämpfte nun ebenfalls. Einer der Männer erklärte: «Wir haben einmal versucht, einige Dörfer und bekannte Medienbüros um Unterstützung zu bitten, aber sie haben uns nicht geholfen. Sie haben uns alle im Stich gelassen.»

Der junge Mann hatte Recht. Dieses Städtchen schien so vergessen, als liege es außerhalb von Zeit und Raum. Mit ihren bleichen zornigen Gesichtern sahen die jungen Kämpfer aus wie wandelnde Leichen. Ich hielt es kaum noch aus, als sie von ihren Freunden erzählten, die einer nach dem anderen umgekommen waren. Unzählige Todesfälle in Variationen. Einer sagte zynisch: «Heute bin ich dran. Heute steige ich in den Himmel auf.»

Da antwortete ein anderer: «Nee, bestimmt nicht, du gehst nicht vor mir.» Alle lachten.

Die Männer begannen, von ihren individuellen Problemen und Erfahrungen zu erzählen, und ich wäre gerne noch geblieben, um ihnen zuzuhören, doch Abu Wadid drängte zum Aufbruch. «Wir müssen los, Jungs, es wird zu gefährlich für die Dame.» Zu heftig schossen die Scharfschützen von beiden Seiten der Front.

Ich reichte den Männern nicht die Hand, sondern verabschiedete mich mit freundlichen Worten. Männer gaben Frauen hier normalerweise nicht die Hand und blickten ihnen auch kaum in die Augen.

Abu Wahid wollte schon voraus nach draußen gehen, da sagte ein junger Mann, den ich übersehen hatte, weil er in einem hinteren Winkel gesessen hatte: «Berichten Sie allen, Madame, dass wir hier allein sterben, dass die Alawiten uns umbringen. Aber es wird der Tag kommen, an dem wir es ihnen heimzahlen. Ihnen und den ungläubigen Schiiten, denen und ihren Hurenweibern.»

«Hör auf, Junge, das gehört sich nicht», sagte Abu Wahid.

«Doch, das gehört sich wohl», antwortete er scharf.

Ich schaute ihn prüfend an. «Möge Gott euch schützen und euch euere Rechte zurückgeben, Männer», sagte ich.

«Möge Gott Sie auch schützen! Danke für den Besuch. Sie hätten bis zum Fastenbrechen bleiben und mit uns zu Abend essen sollen.»

«Ich wünsche euch ein gesegnetes Fastenbrechen», antwortete ich, dann trat ich mit den anderen Männern zur Tür hinaus und ging geduckt zum Auto. Ich schaute noch einmal zurück, die Kugeln schwirrten über unsere Köpfe hinweg. «Meine Familie und ich, wir sind übrigens Alawiten, und wir verstehen uns als Syrer», sagte ich noch schnell. Dann stieg ich ein.

Da kamen zwei der Männer zum Auto gelaufen und steckten ihre Köpfe durchs Fenster: «Bitte entschuldigen Sie, Madame, wir haben nicht Sie gemeint. Wirklich, wir hassen die Alawiten nicht, wir respektieren Sie und Ihre Familie.» Ich war so starr wie eine Statue aus Stein. Ich hörte meinen Herzschlag und das Sirren der Kugeln.

«Seien Sie ihnen nicht böse, sie meinen es nicht so», versuchte Abu Wahid die Situation zu beschwichtigen.

Ich wurde mit weiteren Entschuldigungen überhäuft. Anas stand etwas abseits, in seinen Augen glänzten Tränen. Er näherte sich dem Auto. «Wir beschützen Sie mit unserem Leben, Madame, Sie sind natürlich Syrerin», sagte er.

Abu Wahid und Abu Khaled sahen wütend aus, und ich wusste selbst nicht, warum ich es gesagt hatte. Aber jemand musste doch diese Mauer des Todes durchbrechen, ich hatte nur nicht gewusst, wie. Ich hatte das Gefühl, mein Schweigen wäre ein Verrat an allen unschuldigen Alawiten gewesen und am Geist der Revolution, für die wir vor zwei Jahren auf die Straße gegangen waren.

Den jungen Männern war die Situation peinlich. Sie wetteiferten geradezu darum, uns zu beschützen und uns zu erklären, wie wir sicher hier herauskämen. Zwei von ihnen gingen sogar im Kugelhagel vor uns her. Alle paar Sekunden drehte sich einer von ihnen um und schaute mich an. Ihre Augen drückten Dankbarkeit und die Bitte um Vergebung aus. Ich winkte und lächelte. Ich dachte nicht an die vielen Geschosse, die durch die zerstörten Häuser hindurch und um uns herumflogen. Mein Hals war angespannt, meine Kehle völlig ausgetrocknet. Die Männer liefen vor dem Auto her, das ganz langsam fuhr. Sie hatten ihre Maschinengewehre geschultert. Wir befanden uns jetzt an der Front, und sie nahmen ihre Posten ein. Das also war die Todeslinie. «Lassen Sie uns doch abwarten und sehen, was passiert», sagte ich zu Abu Wahid. Er lehnte ab, das Gefechtsfeuer sei zu heftig, wir sollten uns besser vorsichtig zurückziehen.

Bevor das Auto um die Kurve bog, winkte ich den Kämpfern ein letztes Mal zu. Die vier blieben stehen und winkten schüchtern zurück.

Wir fuhren auf einer unbefestigten Straße. Nach einigen Minuten legte Abu Wahid los: «Ich werde nie wieder mit Ihnen an so einen Ort fahren! Das war gefährlich, was Sie da gemacht haben! Aber gut, dass Sie gehört haben, wie die Jungs denken. Sie müssen wissen, dass andere sich vielleicht anders verhalten würden. Sie würden Sie vielleicht geradewegs umbringen.» Ich nickte und schaute zurück. Mir ging nur ein einziger Gedanke durch den Kopf: Waren womöglich auf der anderen Seite Verwandte von mir? Meine Verwandten, die ich liebte und nach denen ich mich sehnte? Mit denen ich meine Kindheit verbracht hatte? Meine Verwandten, denen ich nicht den Tod wünschte, und von denen ich nicht wollte, dass sie zu Mördern wurden …

Ich setzte meine Sonnenbrille auf und weinte still vor mich hin, das Gesicht in mein Kopftuch verborgen. Ich konnte nicht mehr. Mein Herz wollte explodieren. Ich hörte es schlagen, lauter und lauter. Ich vergaß, die Männer darum zu bitten, bei der Frau auf dem Hühnerhof vorbeizufahren. Ich brach mein Versprechen. Abu Wahid redete bereits davon, dass wir morgen nach Khan al-Asal bei Aleppo fahren würden, und erzählte: «Bei dem Kampf gestern sind innerhalb von ein paar Stunden fünfhundert Männer von beiden Seiten getötet wurden.» Ich beachtete ihn nicht. Ich wollte noch nicht einmal wissen, wann wir losfahren würden. Ich dachte nur daran, wie so viele Menschen innerhalb so kurzer Zeit sterben könnten. Ich bemerkte auch erst, dass Abu Khaled sich von mir verabschiedete, als er schon ausgestiegen war. Ich vergaß alles, was Abu Wahid danach noch zu mir sagte. Meine Ohren dröhnten, als ich beobachtete, wie die Sonne hinter der weiten Ebene unterging. Auf den plötzlich auftauchenden Hügeln standen ein paar Häuser, die meisten ausgebrannt. Als ich im Medienbüro von Kafranbel ankam, wusch ich mir das Gesicht und setzte mich auf den Balkon. Ich lehnte mich gegen den Pfeiler vor einem der Olivenbäume.

Gegenüber fütterten zwei Jungen in einem Stall, der kürzlich erst errichtet worden war, zwei kleine Schafe. Neben dem Stall lagen Haufen von Ästen als Brennholz. Die Jungs gingen dorthin und warfen mir ein Stöckchen zu, das in meinem Schoß landete. Raed hatte auf der Terrasse zu grillen begonnen. Er grillte in Öl eingelegtes Fleisch und Gemüse sowie scharfe Paprika. Hammud wusch das Gemüse, Abdallah kehrte den Boden und wischte die Matten ab, Razan spülte das schmutzige Geschirr, das ihr gebracht wurde. Alle witzelten herum. Die Vorbereitung der abendlichen Mahlzeit zum Fastenbrechen war ein festlicher Brauch – auf den stets die Todesgranaten folgten. Es gab immer noch ein bisschen Gemüse und andere Nahrungsmittel zu kaufen. Es gab auch immer noch Leute, die backten und kochten und sich an Kleinigkeiten erfreuten. Die Wasserkanne wurde mehrmals gespült und mit mehreren sauberen Teegläsern bereitgestellt. Zwei Kämpfer kamen und schlossen sich den feierlichen Vorbereitungen an. Raed lachte. «In einer Stunde werden wir bombardiert», sagte er. «Da müssen wir doch zumindest vorher noch etwas Gutes zu uns nehmen!» Ich sagte nichts. Ich war immer noch verwirrt und erschöpft. Ich musste meine Kräfte sammeln, denn ich hatte noch so viel vor. Ich wollte nachher mit dem «Bus der Würde» zu einer Schule fahren und mir später Raeds weiteren Revolutionsbericht notieren. Allerdings – wenn wir die Bombardierung nicht überlebten, hatten sich alle anstrengenden Tagespläne sowieso erledigt.

Wir aßen und wir überlebten. Die Granaten gingen genau fünf Minuten nach dem Gebetsruf im Westen der Stadt nieder. Wir atmeten auf.

Als ich später mit dem «Bus der Würde» von dem Flüchtlingsprojekt zurückkam, war es schon nach halb elf. Die Jungs machten Tee, und Raed und ich setzten uns wieder hin. «Wir waren letztes Mal bis zum Juni 2012 gekommen, als die Revolutionäre Kafranbel und die restlichen Checkpoints des Regimes eingenommen haben», sagte ich.

Raed nickte. «Ja, die Regierungssoldaten konnten sich

hier deshalb nur noch in Panzern bewegen. Unser letzter Befreiungskampf verlief ziemlich improvisiert. Das war am 6. August. Die Gruppe von Fuad al-Homsi, einem tapferen Kämpfer, fand sich auf einmal von der Armee umzingelt. In ihrer Verzweiflung zündeten die Jungs Autoreifen an, schickten Notrufe los und schrien um Hilfe. So begann die Befreiungsschlacht, von überall strömten die Kämpfer herbei. Wir waren ungefähr tausend bewaffnete Revolutionäre und haben fünf Tage ununterbrochen gekämpft. Wir haben uns irgendwo postiert, dann wieder aufgeteilt, um die Straßen zu sperren. Wir konnten den Armeetruppen sogar die Nahrungsmittel- und Wasserversorgung kappen. Am siebten Tag kamen Hubschrauber, um ihren Kameraden zur Hilfe zu eilen, und auch aus Flugzeugen wurden wir bombardiert. Wir konnten dennoch mehr als zwölf Stunden lang weiterkämpfen, denn die Bombardierung war da noch nicht so brutal wie heute. Sie wollten ihren Kameraden nur Feuerschutz geben. Richtig brutal wurde dann ab dem 8. August bombardiert. An diesem Tag wurde die erste Fassbombe in Syrien abgeworfen. Ich war mit meiner Kamera in der Nähe des Checkpoints und nahm alles auf. Seitdem werden wir ständig mit Fassbomben bombardiert. Am 9. August haben sie uns aus MiG-Flugzeugen bombardiert. Auch am 10. flogen die ganze Zeit MiGs über uns. An dem Tag konnten wir in der Moschee verkünden, dass die Stadt befreit sei. Wir hatten alle Kontrollpunkte erobert, auch die Checkpoints der Dörfer Haas und Kafruma. Wir waren sehr stolz, und seitdem sprach man nur noch vom ‹Befreiten Kafranbel›. Wir haben damals geglaubt, Assad sei bald besiegt. Doch das Militär war zwar weg, aber es fielen täglich Bomben, es wurde gekämpft und geschossen. Es hat mehrere Massaker in Kafranbel gegeben. Am 22. August sind sechsundzwanzig Personen auf dem Platz der Demonstrationen umgekommen. Und am 25. September sind siebzehn Leute gestorben. Jeden Tag wurde bombardiert. Am 17. Oktober gab es dreizehn Todesopfer, und am Ende des Monats elf. Am 5. November wurden zweiunddreißig Menschen getötet. Die Menschen begannen zu fliehen. Die Anzahl der Einwohner ging von dreißigtausend auf fünfzehntausend zurück. Und diejenigen, die geblieben waren, hielten sich nur nachts zu Hause auf und flohen tagsüber in die Nachbardörfer.

Im Oktober wurde dann auch Maarrat al-Nuuman befreit. Und die Bevölkerung von Hisch, das komplett zerstört war, floh nach Kafranbel – um hier zusammen mit unseren Leuten im Bombenhagel umzukommen ...» Raed hielt inne. Ich legte mein kleines Heft beiseite.

«Lass uns fünf Minuten Pause machen und eine Zigarette rauchen», bat ich.

Raed lächelte. Er wusste, dass sein Zeugnis wichtig war. Doch so wie bei Abu Wahid entdeckte ich auch in seinem Gesicht den Ausdruck der Resignation und des Bedauerns. Der friedliche Kampf, der bewaffnete Kampf, zweieinhalb Jahre ununterbrochenes Töten, extremistische religiöse Gruppen, die die Revolution ausnutzten ... So unterschiedlich ihr Werdegang auch war, glaubten beide Männer daran, dass es ohne den Sturz des Regimes keinen Ausweg geben würde.

Ich nahm mein Heft wieder auf und bat Raed weiterzuerzählen.

«Ich muss noch erwähnen», sagte er, «dass, bevor die Befreiung möglich wurde, im Juni 2012 viele Offiziere und Soldaten in Kafranbel desertiert waren. Der Offizier mit dem höchsten Rang übernahm die Führung eines Bataillons, und unser Bataillon wurde eine Brigade. Der Befreiungskampf wurde von Hassan al-Sallum angeführt. Das Problem war dann aber, dass die neu desertierten Offiziere und auch andere Menschen, die sich spät der Revolution angeschlossen hatten, nach der Befreiung um die Macht konkurrierten. Der erste Militärrat, der aus Offizieren und fünf Revolutionären bestand, löste sich nach einer Woche schon wieder auf. Es kam auch zu Streitigkeiten zwischen den Bataillonen von Kafranbel und denen anderer Dörfer. Ein hoher Offizier, der Geld und Waffen besaß, hat sich damals zurückgezogen. Oberstleutnant Abu al-Madschd ist mit seinem Bataillon ‹Fursan al-Haqq› (‹Ritter des Rechts›) geblieben. Das war hier das erste Bataillon, das für die Revolution gekämpft hat. Es erhielt immer mehr Zulauf, und diese Kämpfer waren es, die Kafranbel befreit haben. Seit jener Zeit herrscht Chaos, weil immer wieder neue militärische Einheiten gegründet wurden.»

«Wie kommt es, dass in Kafranbel, anders als in vielen anderen Dörfern, die Dschihadisten nicht die Kontrolle übernommen haben?», wollte ich wissen.

Er nickte lächelnd. «Ich wusste, dass du das fragen würdest. Du fürchtest dich vor ihnen, nicht wahr?»

«Ja, ich habe Angst, aber nicht um mich, sondern um die Zukunft des Landes.»

«Sie haben durchaus versucht, hier die Macht zu übernehmen. Im September 2011 hat die Ahrar al-Scham uns angeboten, die Checkpoints zu befreien, aber wir haben ihre Hilfe abgelehnt. Wir hatten Angst, dass sie nach der Befreiung in Kafranbel bleiben würden. Auch die Nusra-Front hat uns im Februar 2013 angeboten, sich an den Demonstrationen zu beteiligen, und wir haben das ebenfalls abgelehnt. Dabei waren die Menschen hier den Islamisten damals durchaus gewogen. Sie glaubten, nur sie könnten sie von Assad befreien, schliesslich haben die Islamisten Waffen und einen starken Glauben; die Freie Syrische Armee hingegen erhält nur wenig Gelder, weshalb manche der Männer zu stehlen begonnen haben. Außerdem dachten die Leute hier, dass die Islamisten nach den Jahrzehnten des Unrechts, in denen die Menschen nichts als Tod und Unterdrückung erlebt hatten, eine rechtgeleitete und gerechte Regierung verwirklichen würden. Schließlich hat das säkulare Regime seit Assads Vater nichts Gutes gebracht. Nachdem aber die Islamisten in die befreiten Gebiete eindrangen und dort zu herrschen begannen, haben die Menschen festgestellt, dass sie keineswegs gerecht regieren, sondern auch nicht besser sind als das Regime. Mit Islamisten meine ich jene Leute, die ein islamisches Kalifat errichten und die Hadd-Strafen der Scharia umsetzen wollen. Inzwischen werden sie im Volk abgelehnt, die Menschen hier wollen, dass sie wieder verschwinden.»

Ich bat Raed noch einmal um eine Pause. Ich stand auf und machte Tee. Ein fiebriger Eifer hatte mich erfasst. Ich hatte das Gefühl, ich könnte tage- und nächtelang hier sitzen und die Berichte der Menschen vor Ort aufzeichnen. Sie alle hatten etwas zu erzählen, Leute, die im Gefängnis gewesen waren, Aktivisten, Kämpfer – und ich war die Erzählerin ihrer Geschichten. Ich war Teil des dünnen Fadens der verworrenen historischen Wahrheit. Es gibt keine vollkommene Wahrheit. Es gibt dicke, grobe Stränge, die davon erzählen, dass das Assad-Regime Verbrechen begangen hat, wie sie die neuere Geschichte nicht erlebt hat. Und dann gibt es noch diese Fäden, die von einem heimlichen Plan erzählen, der allem zugrundeliegt und Wirtschaft, Gesellschaft, Natur und Religion durchdringt, um die befreiten Gebiete unter die Kontrolle der dschihadistischen Gruppierungen zu bringen. Ein Faden der

Wahrheit erzählt davon, dass hier an zwei Fronten gekämpft wird; dass die meisten Revolutionäre getötet, verhaftet oder entführt wurden oder das Land verlassen haben, viele aber immer noch Widerstand leisten. Ihr Widerstand ist außergewöhnlich, undurchsichtig und komplex und verwandelt sich nach und nach in einen Religionskrieg. Ähnliches hat es bei allen Revolutionen in der Geschichte gegeben.

«Aus Krieg entsteht schnell ein Bürgerkrieg», sagte ich zu Raed, als ich die Teegläser aufstellte.

«Ja, wir brauchen Zeit, die Situation ist sehr kompliziert», entgegnete er.

Die jungen Männer hatten sich in die hinteren Zimmer zurückgezogen. «Ich will unbedingt noch ein paar Fragen klären», sagte ich zu Hammud, der mich nach Hause bringen wollte, «vorher gehe ich nicht fort.» Razan war schon nach Hause gegangen, und so blieben nur noch Raed, Hammud und ich.

«Du sagst, die Leute wollen die dschihadistischen Gruppen nicht mehr. Aber der Rückhalt für die Revolutionäre ist in der Bevölkerung sehr schwach geworden, oder?», fragte ich.

«Das stimmt», antwortete Raed. «Die Aktivisten der ersten Zeit haben Fehler gemacht. Das hat die Leute geärgert. Aber die eigentliche Wut der Menschen hat sich gegen die Kämpfer gerichtet, denn ihre Unfähigkeit, dem fortgesetzten Bombardement durch Assads Luftwaffe etwas entgegenzusetzen, hat sie wütend gemacht. Die Freie Armee hatte eben nur leichte Waffen und keine Flugabwehrraketen. Die FSA hat anfangs mehrmals versucht, Wadi al-Daif zu stürmen; zehn Versuche waren es, die alle fehlschlugen. Es wurde auch viel über Verrat gemunkelt. Deshalb haben die Leute ihr Vertrauen in die Freie Armee verloren. Und dann gibt es noch einen anderen

Grund: Das Regime hat Unterstützer hier, und diese fälschen das Bild von der Freien Armee und setzen Gerüchte über die Revolutionäre in die Welt, die in der Nothilfe arbeiten, in den Medien tätig sind oder kämpfen. Es wurden zwar auch Fehler gemacht, aber das Regime hat das Gerücht als grundlegendes Kriegswerkzeug benutzt, um Unruhe zu erzeugen und die Menschen zu entzweien. Wir sind jetzt im dritten Jahr der Revolution. Die Menschen sind müde und suchen jemanden, den sie für ihre Fehler verantwortlich machen können. Die Sinnlosigkeit eines schwierigen Kampfes über einen langen Zeitraum hinweg, die bestialische Brutalität des Regimes, die Flucht vieler Aktivisten ins Ausland, die Massenflucht der Syrer, auch das waren wichtige Gründe. Die Freie Armee kämpft Tag und Nacht, ohne voranzukommen, und die Leute müssen zusehen, wie ihre Kinder grundlos sterben. Und die journalistischen Aktivisten filmen ohne Nutzen, es kommt gerade mal ein Viertel der Nothilfe an, die eigentlich gebraucht würde, und es gibt kein Wasser, keinen Strom, kein Essen ... Kurz gesagt, die Leute sind am Ende.»

«Was meinst du, lässt sich der Rückhalt in der Bevölkerung zurückgewinnen?», fragte ich.

Er schaute mich verwundert an und antwortete rasch: «Die Revolution hat angefangen und geht weiter. Wir gehören zu den Revolutionären der ersten Stunde. Einige von uns sind gestorben, andere haben das Land verlassen. Dann gibt es diejenigen, die im Hintergrund für die Revolution arbeiten, in den Verwaltungsbüros, die wir gegründet haben, um das Leben in den befreiten Gebieten zu organisieren, in den Zentren der Nothilfe, in den Nachrichtennetzwerken, in der Gelderverwaltung, in der Statistik. Das Statistikbüro besteht aus zwölf Personen. Sie verfügen über sechs Computer, mit denen sie Statistiken über die Anzahl der Todesopfer, der Verletzten und der Verhaftungen führen und das Geschehen beobachten. Ingenieure dokumentieren täglich die Zerstörung und die Luftangriffe, so dass wir die Kosten für den Wiederaufbau unseres Landes berechnen können. Als wir angefangen haben, haben wir Spenden von den im Ausland lebenden Leuten aus Kafranbel erhalten. Wir haben beschlossen, eine Organisation zu gründen, um diese Spenden an alle Leute zu verteilen, besonders an die Bedürftigen. Respektable Leute aus der Stadt, die für ihre Seriosität bekannt waren, haben sich dieser Aufgabe angenommen. Ich selbst bin seit Juli 2012 hier im Medienbüro aktiv. Zwischenzeitlich haben wir noch ein Nothilfezentrum gegründet, weil so viele Flüchtlinge aus den umliegenden Dörfern nach Kafranbel gekommen waren. Wir hatten fünfzehntausend Flüchtlinge hier, die ernährt werden mussten. Als die Kämpfe zunahmen, haben die Flüchtlinge die Stadt wieder verlassen. Aber wir mussten auch die militärischen Einheiten ernähren, die gekommen waren, uns zu helfen. Wir haben das alles allein geleistet, ohne jede Erfahrung und ohne Hilfe von außen. Natürlich hoffen wir immer noch, die Unterstützung der Bevölkerung zurückzugewinnen. Aber jetzt sind wir mit einem viel größeren Problem konfrontiert, das unsere Kräfte übersteigt. Diese Dschihadisten und das ganze Chaos sind eine echte Gefahr. Aber was mich betrifft, so werde ich die Hoffnung nicht aufgeben. Wir haben viele wichtige Erfahrungen gemacht, auf die wir aufbauen können. Ich werde nicht verzweifeln, aber ich werde auch nicht sagen, dass es leicht sein wird, die Bevölkerung wieder auf unsere Seite zu ziehen.» Er schwieg einen Augenblick, dann fügte er hinzu: «Ich glaube, das reicht. Mehr gibt es nicht zu erzählen.»

Ich legte den Stift nieder, und wir zündeten uns eine Zigarette an.

Der Himmel leuchtete. Ich war nicht in der Lage, auch nur ein Wort zu sagen. Raed blickte zu dem Olivenbaum und schüttelte nachdenklich den Kopf. Die plötzliche nächtliche Stille mutete seltsam an. Es war eine Nacht ohne das Donnern der Detonationen. In meinem Herzen war ein Loch, das immer größer wurde. Ich hatte das Gefühl, diese lange Nacht würde niemals ein Ende nehmen.

Bei Razan fühlte ich mich wohl. Ich war überzeugt, dass ihr Zuhause, wie alle Wohnungen, die ich besucht hatte, Teil meiner bitteren Sehnsucht war. Durch diese privaten Wohnungen wurde ich für ganz Syrien entschädigt. Jedes Haus hatte seine eigene Bedeutung – das Haus von Abu Ibrahim in Saraqib, die Medienbüros, die Orte, wo wir stundenlang während der Luftangriffe ausharrten, das Haus von Umm Khalid, die ausgebrannte Wohnung von Ajusch ... In all diesen Häusern bewegten wir uns, als lebten wir ein ganz normales Leben, so auch bei Razan. Das Bombardement hörte nicht auf, aber wir mussten in aller Ruhe den Kaffee auf einem kleinen Kocher zubereiten. An den Morgen, an denen die Detonationen zu hören waren, war eine Tasse Kaffee wichtiger als der Gedanke an den Tod und das Leben!

Razan war eine kleine Frau Anfang dreißig. Sie engagierte sich in der Nothilfe und der Dokumentationsarbeit. Sie konnte gut Leute zusammenbringen und war eine der wichtigen Persönlichkeiten der Revolution. Im Januar 2011 hatte der Politische Geheimdienst von Damaskus sie an der jordanisch-syrischen Grenze verhaftet und ins Gefängnis von Deraa gesteckt, wo sie mit kriminellen Frauen zusammensaß, die des

Mordes angeklagt waren. Sie wurde mehrmals verlegt, jeden Tag in ein anderes Gefängnis, bis sie schließlich nach Damaskus kam, wo man sie freiließ. Zwei Monate später wurde sie erneut verhaftet, diesmal vom Luftwaffengeheimdienst, und wieder freigelassen. Aber sie hatte nie aufgehört, aktiv zu sein. «Die Freie Armee war mitten in Damaskus», erzählte Razan, «und wir waren schon auf den Sturz des Regimes vorbereitet. Wir hielten unsere Sitzungen im befreiten Stadtbezirk Yarmuk ab.» Razan floh dann über die Grenze und kehrte über den Norden nach Syrien zurück, um hier, im Umland von Idlib, tätig zu werden. Sie träumte immer noch von einem Erfolg der Revolution, trotz aller widriger Umstände und der realen Ereignisse. Anders als ich. Meiner Meinung nach war die Revolution in eine sehr schwierige, zerstörerische Phase eingetreten, und das, was in Syrien geschah, wurde jenseits der Landesgrenzen und des Revolutionsgedankens geplant. Trotzdem war es auch für mich undenkbar, das Engagement für die Revolution aufzugeben.

Razan begleitete mich den staubigen Weg entlang, der bis zur Straße führte, an der mich Abu Tarik abholen sollte. Abu Tarik war früher ein beliebter Schneider gewesen und führte jetzt eine Kämpfergruppe an. Er träumte noch immer von einem vereinten Syrien und sah in den Geschehnissen nichts weiter als einen Krieg von Unterdrückten gegen ein tyrannisches Regime. Er wollte nichts von Religionsangelegenheiten hören, wenngleich er betete und fastete. Er sagte: «Wir wollen unseren Staat aufbauen, nicht ihn zerstören.» Heute wollte ich mit ihm nach Maarrat al-Nuuman fahren, wo ich mit dem Anführer der dortigen Ahrar-al-Scham-Gruppe verabredet war. Razan ging wieder zum Haus zurück, und wir fuhren los.

Maarrat al-Nuuman lag in Trümmern. Hier verlief die Front, und die Stadt wurde noch immer jeden Tag heftig bombardiert. Das ging seit drei Monaten so, obwohl von dieser historisch bedeutsamen Stadt nicht mehr viel übrig war, das sich noch zu bombardieren lohnte. Kurz bevor wir in die Stadt hineinfuhren, gab es eine heftige Detonation. Wir hielten nicht an, sondern setzten unseren Weg fort.

Es war offensichtlich, dass hier eine Willkürherrschaft ganz anderer Art Einzug gehalten hatte. Keine wie auch immer geartete Vermischung von Männern und Frauen war erlaubt, das war nun Gesetz. Auch durften Frauen nicht ohne Kopftuch aus dem Haus gehen. Jede unverschleierte Frau wurde verfolgt, und jeder Aktivist und jede Aktivistin lief Gefahr, entführt, verhaftet oder getötet zu werden. Trotzdem hatte ich auf diesem Gespräch mit dem Anführer der lokalen Ahrar al-Scham bestanden. Ich hatte mir jedoch vorgenommen, nichts über mich zu erzählen, ich wollte auch Abu Tarik nicht in Schwierigkeiten bringen. Abu Tarik genoss das Vertrauen aller und hatte es auch verdient. Er war gegenüber der Revolution und den Menschen loyal. Wenngleich er in seiner Loyalität recht verzweifelt war.

Wir fuhren zum Ort der kurz zuvor gehörten Explosion. Eine Rakete war neben einer Schule eingeschlagen, die von Aktivisten des Vereins Basmat Amal geleitet wurde. Der Angriff hatte eine Mauer zerstört, und ein Teil des Daches war auf die bunten Stühle herabgefallen. Es war kaum vorstellbar, wie dieser farbenfrohe Ort inmitten dieser zerstörten Häuser hatte entstehen können. Es handelte sich um ein altes Haus mit einem begrünten Innenhof. Die Wände waren bunt angestrichen, zwischen den Steintrümmern erkannte man Bilder mit Kinderkrakeleien. Vor dem Schultor saß ein alter Mann, der die Hände in den Himmel streckte. Noch immer stiegen Staub und Rauch von dem Ort auf. Der Sohn des Mannes war bei dem Bombardement umgekommen.

Wir befanden uns in der Mitte dreier Frontverläufe, und auf dem Weg von dem Schulhaus bis zum Büro des Anführers der Ahrar al-Scham wurde die Zerstörung immer deutlicher. Überall leere Straßen, auf denen nur Schutt und Müll lagen.

Das Büro, in dem der Kommandeur der Ahrar-al-Scham saß, glich dem eines Direktors einer Regierungsbehörde. Die Sessel und das Sofa waren aus schwarzem Leder. Der saubere Schreibtisch aus Holz glänzte. Nur die Maschinengewehre passten nicht dazu, und vor dem Büro standen Wachen. In einem Nebenraum gingen Familien ein und aus, die Unterstützung von der Gruppe erhielten.

Der Anführer wurde «Emir» genannt. Er hieß Abu Ahmad, war achtunddreißig Jahre alt und stammte aus einem Dorf in der Umgebung. Vor der Revolution hatte er im Libanon als Fliesenleger gearbeitet und hatte dort einige Bauprojekte. Nach Beginn der Revolution kehrte er im August 2011 nach Syrien zurück und schloss sich sogleich der militärischen Bewegung an. Er hatte an keiner einzigen friedlichen Demonstration teilgenommen und verfügte auch sonst über keine Beziehungen zur zivilen Bewegung. Das interessierte ihn nicht, wie er sagte.

Abu Ahmad war blond, hatte einen mittellangen dichten Bart und eine untersetzte Figur. Während wir miteinander sprachen, schaute er mich nicht an. Er fragte nicht danach, wer ich sei. Abu Tarik hatte ihm erzählt, ich würde ein Buch schreiben und wolle ihn dafür interviewen, und er hatte zugesagt. Ich bat ihn, von sich und von der Ahrar-al-Scham-Bewegung zu erzählen, was immer er wolle. Ich wusste, dass die

Gruppe gerne Werbung für sich machte, und hatte gehofft, dass er sich die Gelegenheit nicht entgehen lassen würde. Er begann mit ein paar unwesentlichen Informationen und sah dabei immer nur Abu Tarik an. Zwischendurch kam einer der Kämpfer herein, ging grußlos zum Sofa und legte drei Maschinengewehre darauf ab, dann ging er wieder hinaus.

Ich sah auf mein weißes Blatt Papier. Mir war mulmig. Nicht weit entfernt hörte man Detonationen, wir befanden uns zwischen mehreren Frontverläufen, und ich saß hier bei dem Emir einer dschihadistischen Gruppierung. Ich begann zu schwitzen, und mein Mund wurde trocken. Aber ich lächelte und versuchte den Emir aus der Reserve zu locken. Schließlich begann Abu Ahmad zu erzählen, und ich fing an zu schreiben:

«Ich habe mich dem Kampf angeschlossen, um das Regime von Baschar al-Assad zu stürzen und das Gesetz Gottes auf Erden zu verbreiten. Wir haben mehr als vierundvierzig Jahre unter den Ungerechtigkeiten und Verbrechen von Hafiz al-Assad und seinem Sohn gelitten, das ist genug. Nur weil ich die Bücher von Ibn Taimiyya und Ibn Qayim al-Dschauziyya las, wurde ich vom Geheimdienst verhört. Ich wurde mehrmals vorgeladen, obwohl ein Teil meiner Familie dieses Regime sogar unterstützte. Jetzt führe ich einen Dschihad für Gott. Als Abu al-Baraa und ich uns das erste Mal getroffen haben, besaßen wir nur drei Gewehre und ein Auto. Er ist einer der Gründer der Ahrar al-Scham. Das war im August 2011. Wir haben darüber diskutiert, ob es uns erlaubt sei, Soldaten zu töten, und sind zu dem Schluss gekommen, dass wir sie, sofern sie desertieren, nicht töten. Würden sie aber im Kampf sterben, hätten wir keine Sünde begangen, dann wäre ihr Tod von der Religion erlaubt. Die Bewegung der Ahrar al-Scham hat mit nur fünf Leuten begonnen. Man hatte mich gewarnt, Abu al-Baraa sei ein Dschihadist, der anderen den Glauben abspreche, und wir sollten uns von ihm fernhalten. Aber wir sind zusammengeblieben und haben Sprengstoffanschläge gegen den Geheimdienst verübt. Wir hatten nicht damit gerechnet, dass die Armee intervenieren und Zivilisten bombardieren würde. Die Luftangriffe Anfang 2012 waren der Beginn eines Vernichtungskrieges, und wir haben unsere Pläne geändert. Ich war der sechste, der sich der Ahrar al-Scham anschloss, ich gehöre zu den Gründern und habe die Emire kennengelernt, die die Ahrar al-Scham ins Leben gerufen haben. Abu al-Baraa und ich haben weiterhin Sprengstoffanschläge verübt. Wir sind mit einem Saba herumgefahren und haben alle zwei Wochen dessen Farbe gewechselt. Wir sind berühmt geworden für unsere Anschläge. Und jetzt bin ich der Emir von Maarrat al-Nuuman, und wir haben hier ein Bataillon aus tausend Kämpfern.»

«Aber was bedeutet das Wort ‹Emir› hier? Warum nennen sie sich bei der Ahrar al-Scham, der Nusra-Front und bei ISIS Emire?», fragte ich ihn.

Er streifte mich mit einem flüchtigen Blick. Dann nickte er und fuhr fort: «Der Emir ernennt den Militärverantwortlichen, der die Operationen plant. Dann gibt es noch einen Verantwortlichen für das Gesetz, das ist der Kadi. Wir haben im Bataillon so etwas wie einen Schura-Rat, aber in der Regel ist die Entscheidung des Emirs maßgeblich.»

«Was ist dann der Unterschied zwischen Ihnen und Hafiz al-Assad oder seinem Sohn, wenn am Ende doch Ihre Meinung gilt?», fragte ich.

Er antwortete ruhig: «Das ist nun mal das Gesetz ... Die Stimme des Emirs zählt doppelt.» Ich wollte nicht mit ihm diskutieren, damit das Gespräch nicht abbrach. Er fuhr fort: «Der Emir ist auch der politisch Verantwortliche. Aber die Kampfaktionen sind das Eigentliche. Wir haben viele freiwillige Dschihadisten unter den Kämpfern. Geld ist uns nicht wichtig, aber es hilft uns dabei, Anhänger des rechten Glaubens zu rekrutieren. Wir zahlen jedoch keinen Sold.»

Ich unterbrach ihn: «Aber ich habe gehört, dass Ihre Kämpfer sehr wohl einen Sold erhalten und dass Sie Vereine und Geschäfte betreiben. Das ist allgemein bekannt.»

Er schaute mir zum ersten Mal in die Augen und antwortete genauso ruhig: «Das nennt man Deckung der Bedürfnisse der Kämpfer, das ist Geld für ihre Familien, für ihren Lebensunterhalt. Und die Vereine betreiben wir, um den Menschen zu helfen.»

«Und die Geschäfte, die Sie machen?», hakte ich nach.

Er unterbrach mich scharf: «Mit Beginn der Kämpfe haben wir angefangen, Waffen von der Armee zu erbeuten. Das ist Vermögen, das den Muslimen gestohlen wurde und ihnen zurückgegeben werden muss. Hier in Maarrat al-Nuuman habe ich mehrere Wassertanks gekauft, um Wasser von der Quelle zu den Menschen zu transportieren, denn es gibt hier ja kein fließendes Wasser. Unsere Investitionsprojekte dienen den Menschen. Unser Weg ist lang, und *Wenn ihr Gott helft, wird Er euch helfen*. Unter unseren Leuten gibt es auch nicht-syrische Dschihadisten, die uns treu verbunden sind. Und wir haben viele Söhne syrischer Muslimbrüder unter uns, die ins Ausland gegangen waren. Diese sind im Exil groß geworden und nun zurückgekehrt, um mit uns zu kämpfen. Insgesamt sind etwa achtundneunzig Prozent unserer Leute Syrer. Es gab hier auch drei Tschetschenen, aber die hatten syrische Wurzeln, ihre Väter waren Anfang der sechziger Jahre ausgewandert.»

Abu Tarik mischte sich von Zeit zu Zeit ein, um einen Gedanken hinzuzufügen oder etwas zu erklären. Ich versuchte, so ruhig wie möglich zu wirken, obwohl mich die Atmosphäre erdrückte. Draußen war es ruhiger geworden. Die Welt schien für einen Augenblick friedlich, so still war es tagsüber nur selten.

«Wie sieht der Staat aus, den Sie wollen?», fragte ich.

Er sah mir direkt in die Augen. «Was wir wollen, ist der Sturz des Tyrannen.»

Ich beharrte auf meiner Frage und wiederholte sie noch einmal.

«Natürlich wollen wir ein islamisches Emirat. Wir werden einen ‹Herrscher der Gläubigen› haben und einen Schura-Rat.» Er schwieg.

«Und dann?», fragte ich.

«Was und dann? Es wird Gesetze geben, die die Religionsgemeinschaften schützen. Und die Frauen werden nicht ohne Kopftuch auf die Straße gehen dürfen, das wird verboten sein. Das ist das Wichtigste.»

Abu Tarik hatte immer wieder zu mir geschaut, während ich Abu Ahmads Worte notierte und ihn ab und zu verstohlen ansah. Aber als dieser seinen letzten Satz beendet hatte, warf mir Abu Tarik einen warnenden Blick zu. Ich lächelte.

Abu Ahmad fuhr fort: «Die Alawiten werden keinen Platz in Syrien haben. Die Christen werden behandelt werden, wie es im Islam üblich ist. Und wir werden bekannt geben, dass wir einen rechtgeleiteten Kalifen haben werden.»

«Und was ist mit den Alawiten und Drusen, die auf der Seite der Revolution stehen?», fragte Abu Tarik.

«Es gibt nur wenige Alawiten auf Seiten der Revolution. Sie müssen verschwinden. Wir werden die Alawiten und die

Kurden bis zum letzten Blutstropfen bekämpfen.» Ich wunderte mich darüber, dass er die Kurden erwähnte, aber ich schrieb weiter. «Wir haben fünfundzwanzig Männer im Schura-Rat. Ein sogenanntes Parlament erkennen wir nicht an. Wir akzeptieren auch nicht den Weg der Muslimbrüder, mit ihnen sind wir nicht einverstanden. Wir besitzen im Moment vierzig Fahrzeuge und vierzig Tonnen Sprengstoff.»

Schweißtropfen liefen mir von den Ohren über die Brust auf meinen Bauch, und meine Finger zitterten. Mir war die ganze Zeit bewusst, dass jede falsche Bewegung oder Reaktion tödlich sein könnte. Ich konzentrierte mich auf die Buchstaben, die ich niederschrieb. Ich war jetzt einfach nur eine Schriftstellerin und Journalistin, die ihr Interview beenden und sich dann zurückziehen musste, das war das Wichtigste. Die Frau, die hier atmete und schwitzte und vor Wut und Angst zitterte, musste ich ignorieren.

Der Emir der Ahrar al-Scham von Maarrat al-Nuuman fuhr fort: «Mit der Nusra-Front sind wir uns im Glauben einig, aber in manchen Dingen sind wir unterschiedlicher Meinung. Es sind mutige Männer.»

«Wie heißt der Emir der gesamten Ahrar al-Scham?», fragte ich.

«Unser oberster Emir ist Hassan Abbud Abu Abdallah», antwortete er glücklich. «Er saß früher im Gefängnis, wurde aber zu Beginn der Revolution freigelassen. Wir haben wichtige religiöse Eliten unter uns und haben uns von Anfang an um ihre Unterstützung bemüht. Im Mai 2011 noch haben wir sehr hartnäckig im Untergrund gearbeitet, um am Ende des Jahres die Gründung unserer Gruppe bekannt zu geben. Wir sind jetzt ein Teil der Syrisch-Islamischen Front. Ursprünglich waren es vier verschiedene Gruppen, die sich dann später in der

Bewegung Ahrar al-Scham zusammengeschlossen haben: die ‹Harakat al-Fadschr al-islamiyya› (‹Bewegung des islamischen Morgengrauens›), die Gruppe ‹al-Talia al-islmaiyya› (‹Die islamische Vorhut›), die ‹Kataib Ahrar al-Scham› (‹Die Bataillone der Freien Syriens›) und die ‹Kataib al-Iman al-Muqatila› (‹Die kämpfenden Bataillone des Glaubens›).»

«Fanden Sie es nicht seltsam, dass das Regime Scheich Hassan Abbud ausgerechnet zu jener Zeit freigelassen hat?»

Er sah mich verwundert an.

«Also ausgerechnet zu dem Zeitpunkt, als der Aufstand gegen Assad losbrach?»

«Nein, das fand ich nicht seltsam.»

Ich fragte ihn nach ISIS und welche Haltung sie zu ihnen einnähmen.

«Die Brüder des Islamischen Staats in Irak und Syrien sind ebenfalls hier in Maarrat al-Nuuman, und wir haben gemeinsam gekämpft. Ein großer Teil von ihnen kommt aus dem Ausland. Sie wollen gegen die Nusairier[3] kämpfen.»

«Wir sind spät dran, wir müssen jetzt gehen», sagte Abu Tarik plötzlich ungeduldig. Ich nickte ihm kurz zu, um anzudeuten, dass wir gleich fertig seien.

«Ich stehe Ihnen zu Diensten», meinte Abu Ahmad lachend.

«Wie stellen Sie sich die Situation nach einem Sturz Assads vor?», fragte ich.

«Es wird große Konflikte geben. Schon jetzt bekriegen sich einige Bataillone. Aber ich denke nicht darüber nach, was nach dem Sturz passiert. Ich bin ein Märtyrer von Gottes Gna-

3 Abfällige alte Bezeichnung für die Alawiten, abgeleitet von ihrem Gründer Muhammad ibn Nusair an-Numairī (gestorben um ca. 864). (A. d. Ü.).

den – erhaben sei Er. Ich bin sechs Mal verwundet worden, nach dem letzten Mal habe ich nur noch an einem Kampf teilgenommen.»

«Stimmt es, dass es jetzt Warlords gibt?»

«Ja, die gibt es. So ist das im Krieg.»

«Syrien als Staatsgebilde ist für Sie also nicht mehr akzeptabel?»

«Was meinen Sie damit», fragt er verwundert.

«Ich meine, dass Sie einen islamischen Staat wollen, und das bedeutet ein komplettes Auseinanderfallen Syriens.»

«Nein, wir hissen nur die Flagge des Islam. Syrien bleibt, wie es ist, allerdings islamisch. Die Alawiten verlassen das Land.»

«Das sind mehr als zwei Millionen Menschen. Und was ist mit den Christen und den anderen Religionsgemeinschaften?», wollte ich nun noch einmal genau wissen.

«Sie sollen raus aus Syrien oder zum Islam übertreten oder die Kopfsteuer zahlen.»

«Und wer das nicht tut?»

«Der wird sein Schicksal finden.»

«Das heißt, er wird umgebracht?»

«Das ist deren Strafe», antwortete er wütend.

«Und die Frauen und die Kinder?»

«Raus, sie sollen alle raus aus Syrien.»

«Und die Drusen und die Ismaeliten, was machen Sie mit denen?», fragte ich laut.

«Wenn sie zum Islam zurückkehren, sind sie willkommen. Wenn nicht, werden sie wie Ungläubige behandelt. Wir rufen sie zum rechten Glauben auf. Aber die Alawiten sind Abtrünnige, die getötet werden müssen.»

In dem Versuch, meine Anspannung zu überspielen, lachte ich und sagte: «Aber die Frauen und die Kinder, welche Schuld haben die denn?»

«Die Frauen gebären die Kinder, und diese Kinder werden zu Männern, die uns töten.»

Abu Tarik stand jetzt entschieden auf. «Möge Gott Sie beschützen, Madame, wir müssen gehen.» Ich verstand, dass ich nicht mehr weiterreden durfte. Abu Tarik blickte mich verstört an.

Ich war ganz ruhig. Ich erhob mich schwerfällig und sagte zu Abu Ahmad: «Aber das ist keine tolerante Religion. Und das ist nicht Gottes Wille. Das ist das absolute Böse.»

«Überlassen Sie die Kriegsangelegenheiten den Männern!», antwortete er kopfschüttelnd.

Kurz bevor wir aufbrachen, erwähnte er noch seinen Plan, eine Koranschule zu eröffnen. Damit wolle er die Kinder von Maarrat al-Nuuman gewinnen. «Ich habe gehört, dass Sie sich für die Schulbildung interessieren», sagte er.

«Sehr, Abu Ahmad, Schulen zu bauen ist das Wichtigste, was wir tun können.»

«Wir wollen eine Schule eröffnen, in der die Kinder den Koran auswendig lernen.»

«Möge Gott Sie belohnen, aber der Koran ist für die Religion, die Schulbildung für den Verstand. Und wir brauchen den Verstand. Belassen Sie Gott im Herzen!» Er schüttelte empört den Kopf. Ich überlegte kurz, ihn über meine Identität aufzuklären, aber Abu Tariks warnende Blicke hielten mich zurück.

Wir brachen eilig auf. Während der Fahrt sprachen wir kein Wort. Abu Tarik wirkte niedergeschlagen. Als wir aus der Stadt heraus waren, öffnete ich meine Hände und schrieb das Datum des 4. August auf meine Handflächen. Dick unterstrichen.

Abu Tarik war etwa vierzig Jahre alt. Er war bis zur elften Klasse zur Schule gegangen, hatte eine Schneiderei für Braut- und Festmode betrieben, außerdem eine Werkstatt für die Herstellung von Mosaiken und Marmorverarbeitung besessen. Er war reich. Gleich am ersten Tag hatte er sich an den friedlichen Demonstrationen beteiligt, er wollte einen zivilen Staat. «Es ist unmöglich, die syrische Gesellschaft mit der Scharia zu regieren. Das widerspricht der Natur der Gesellschaft», sagte er. Er war ein ganzes Jahr mit den Revolutionären auf die Straße gegangen und wurde gesucht, bevor das Militär abzog. Obwohl er eine militärische Einheit anführte und Tausende Soldaten unter seinem Befehl standen, wollte er nach dem Sturz Baschar al-Assads die Waffen niederlegen und zu seiner Arbeit zurückkehren.

Das Funkgerät krächzte, Abu Tarik sprach mit den Kämpfern. Er nannte Zahlen und fragte, was seine Leute benötigten. Er verabredete ein Treffen mit ihnen nach dem Fastenbrechen. Eine andere Stimme meldete sich aus dem Funkgerät, wieder wurden Zahlen wiederholt. Ich bat ihn, an der Frontlinie vorbeizufahren. Er antwortete, wir würden in die Nähe fahren, aber nicht zu nah heran.

Die Straßen sahen so zerstört aus wie damals, vielleicht noch etwas mehr. Überall streunten Katzen herum, magere, fette, sie sahen aus wie aufgebläht. Schutt und Trümmer, Haufen von seltsamer Hässlichkeit.

Als wir uns der Front näherten, sahen diese Haufen nur noch schwarz aus. Es waren die letzten Stadien verbrannter Materie, nichts war mehr übrig als Eisengestänge, Zement und Steine. Immerhin wurde hier auch der Schmutz zu Asche. Von Häusern war nichts mehr zu sehen. Abu Tarik, der seit Beginn der Kämpfe sieben Freunde verloren hatte, machte einen gefassten Eindruck, als er mich davor warnte auszusteigen. «Wir können nur ein paar Minuten bleiben.» Er hatte seinen Satz kaum beendet, da ging von der anderen Seite das Gewehrfeuer los. Abu Tarik ließ den Motor an und machte kehrt.

Im Medienbüro von Kafranbel erzählte man mir, ein ausländischer Mann habe nach mir gefragt. Er sei wegen Marcin Suder aus Dänemark hergekommen und suche nach einer Spur von ihm. Er wolle mich sehen, um zu erfahren, was passiert sei. Ich hatte ganz vergessen, dass man von meiner Anwesenheit in der Region Wind bekommen hatte und wie gefährlich es war, hier zu bleiben. Aber erstens wollte ich meine Arbeit mit den Frauen und Kindern zu Ende bringen, und zweitens wollte ich mich in meiner Sturheit einfach nicht damit abfinden, dass jene Gebiete, die wir als «befreit» bezeichneten, für eine Frau wie mich nun ebenso gefährlich sein sollten wie jene, in denen das Assad-Regime regierte. Abu al-Madschd, der Anführer der «Fursan al-Haqq»-Brigade versicherte mir, ich müsse keine Angst haben, solange ich bei ihnen sei, sie würden mich beschützen. Ich wusste, dass ich bei ihnen in Sicherheit war, aber natürlich waren sie selbst in Gefahr.

Ich saß mit den Männern noch lange zusammen, und als ich spät nachts zu Hause bei Razan ankam, schliefen unter den Laken dort schon mehrere junge Frauen. Es waren Frauen aus Amerika, Europa und den von den Assad-Truppen kontrollierten Gebieten Syriens, die freiwillig hierhergekommen waren, um die Menschen der Region in der Notfallmedizin und Nahrungsmittelversorgung zu unterstützen. Ich legte mich auf die nächste freie Matte und schlief tief bis halb zehn am nächsten Morgen. Heute würden wir den Emir der Nusra-Front in al-Bara treffen.

Seit mehr als sechs Monaten hatte ich mich um dieses Treffen bemüht. Abu Tarik wollte mich nach al-Bara bringen. Als ich ins Auto stieg, schrieb ich mir auf die Handfläche: 5. August. Die Schrift würde am Ende des Tages verwischt sein und sich in einen blauen Fleck verwandelt haben, aber ich wollte mir alles ganz genau einprägen und, wenn ich am Ende des Tages all meine Notizen ordnete, das Datum nicht durcheinander bringen. Mein Gedächtnis hatte begonnen, all die zurückliegenden Ereignisse meiner langen Reise zu verwirren, das schwarze Loch in meiner Erinnerung wurde zunehmend größer. Zwei Löcher breiteten sich aus, eines in meinem Herzen, das andere in meinem Verstand.

Mit uns fuhr Ibrahim al-Assil, ein junger Syrer, der sich freiwillig bereit erklärt hatte, die Leute in Verwaltungsfragen zu schulen. Er fuhr mutig durch die Region und trainierte die lokalen Journalisten und Aktivisten.

Auf der Fahrt sprach Abu Tarik über das Funkgerät mit verschiedenen Personen, denn es war nicht leicht, zum Emir der Nusra-Front vorzudringen. Er war bei seiner letzten Schlacht am Bein verletzt worden, bestand aber darauf, sich in der Nähe der Flugabwehrraketen aufzuhalten, in einer Kampfzone an der Front.

Das Dorf al-Bara lag in weiten Teilen in Trümmern. Aus dem Funkgerät hörte man Kämpfer schimpfen und fluchen. Es hatte einen heftigen Zusammenstoß zwischen der FSA und ISIS gegeben. «ISIS hat die Revolution gestohlen», sagte Abu Tarik, «und man kann sie nicht einfach weitermachen lassen. Man weiß kaum noch, ob man gegen die Armee Assads oder gegen die Extremisten kämpfen soll, die die Revolution von ihrem Weg abgebracht haben. Wir werden zermürbt zwischen den Flugzeugen, Fassbomben und Raketen aus dem Himmel und diesen dschihadistischen Kämpfern am Boden ...»

Die Fahrt zu dem Emir glich einer Schatzsuche. Ein Kämpfer, der zur Propagandazentrale der Nusra-Front gehörte, leitete uns über Funk durch alle möglichen Straßen, wir sollten uns genau an seine Anweisungen halten. Wir drangen bis ins Zentrum von al-Bara vor, dann mussten wir wieder hinaus in die Außenbezirke der Ortschaft fahren. Die Luftangriffe hielten an. Nach über einer Stunde hielt neben uns ein Auto, aus dem zwei Männer stiegen. Auch Abu Tarik stieg aus und verschwand eine Weile mit ihnen, dann kehrte er zurück, und wir fuhren hinter ihnen her. Wir passierten einen Olivenhain und fuhren einen kleinen Hügel hinauf. Ein Auto überholte uns, auf dessen Ladefläche junge Kämpfer hockten. Sie hielten eine schwarze Flagge hoch, auf der «Es gibt keinen Gott außer Gott» geschrieben stand. Das Auto verschwand in einem Feldweg inmitten der Haine. Es war schon Mittag, und wir wussten, dass wir rechtzeitig eine Stunde vor dem Fastenbrechen zurück sein mussten.

Der Mann der Propagandazentrale tadelte uns, dass wir so spät seien. Er wollte uns vor dem Treffen fotografieren, das sei üblich bei al-Qaida, wenn sie Journalisten empfingen. Ich wollte es nicht, und er bestand nicht darauf, schließlich war ich ja nur eine Frau. (Später würde ich ihm meinen tatsächlichen Namen nennen, ohne weitere Details. Ich hatte das Gefühl, hierher zu gehören und meine Identität preisgeben zu wollen, das war Teil meiner Freiheit. Natürlich war ich mir der Gefahr bewusst, aber meine innere Verzweiflung über die ganzen Ereignisse trieben mich zu dieser Offenheit.) Am Rande des Olivenhains befand sich ein antikes Mausoleum. Es war ein prächtiges römisches Grabhaus, das jedoch von einer

Granate beschädigt worden war. Die Stelen aus dem Innenraum waren gestohlen worden. Hinter dem Grabhaus lag ein Haufen Trümmer. Die ganze Grabstätte war etwa zweitausend Jahre alt, wurde aber jetzt von der Nusra-Front genutzt.

«Wer hat denn die Artefakte gestohlen?», fragte ich den Mann.

«Das weiß man nicht. Alle Kriegsparteien stehlen, so ist das eben.»

In diesem Moment kam ein untersetzter dunkelhäutiger Mann durch die Olivenbäume auf uns zu. Er trug einen grauen Umhang und stützte sich auf einen Stock. Ein Bein reichte nicht ganz bis zum Boden. Es war Abu Hassan, der Emir der Nusra-Front in al-Bara.

Abu Hassan hatte früher als Bauunternehmer in Beirut, im Schuf-Gebirge, in Dschazzin und in Dair al-Qamar gearbeitet, er hatte Wohnungen konstruiert und renoviert. Siebzehn Jahre lang hatte er im Libanon gelebt. «Als ich nach Syrien zurückgekommen bin, haben sie mich auf dem Weg nach al-Bara als Salafist verhaftet», erzählte er. «Einmal haben sie mich sieben Tage lang festgehalten. Ich habe mich nie für Politik interessiert. Ich habe für die Wohlhabenden im Libanon gearbeitet. Meinen Bruder haben sie vier Jahre lang eingesperrt und damals im Mai freigelassen.»

«Sie meinen, drei Monate nach Beginn der Revolution?»

«Ja.»

Diese wiederholten Berichte über die Freilassung von Salafisten und Islamisten in den Monaten April, Mai und Juni 2011 untermauerten ein weiteres Mal die Aussagen über die Verhaftungen, die Folter, Ermordung und Vertreibung der friedlichen Aktivisten und im Gegenzug die Freilassung strenggläubiger Islamisten.

Abu Hassan fuhr fort: «Als ich zurückgekehrt bin, hatten sich die Menschen schon entschieden, gegen das Assad-Regime auf die Straße zu gehen. In Dschisr al-Schurur haben wir friedlich demonstriert, genauso in al-Bara und in Dschabal al-Zawiya. Die Armee war für uns eine nationale Armee, und wir haben nicht damit gerechnet, dass sie sich gegen die eigenen Leute wenden würde. Doch im Juni 2011 haben sie begonnen, willkürlich auf uns zu schießen und unsere Häuser zu stürmen. Und nach dem Massaker von al-Mastuma beschlossen wir, zu den Waffen zu greifen. Ich besaß damals nur ein Jagdgewehr, das hatte ich ausschließlich zum Jagen und bei Hochzeitsfeiern benutzt. Wir sind einfache Leute, wie Sie sehen. Als das Militär am 29. Juni nach Dschabal al-Zawiya kam, haben wir einige der Regimeschergen mit Kalaschnikows getötet. Wir wollten keine Konfrontation mit der Armee. Wir konzentrierten unsere Aktionen auf die Geheimdienstapparate. Wir haben geglaubt, in Syrien würde es so verlaufen wie in Ägypten, Tunesien und Libyen. Aber die Armee hat das Dorf gestürmt, und hiesige Spione haben uns verraten. Deshalb mussten wir unsere Häuser verlassen. Als ein Armee-Scharfschütze eine Frau tötete, eine Witwe aus der Hallak-Familie, sind die Dorfbewohner wütend geworden. Daraufhin haben wir den Checkpoint der Armee angegriffen und wahllos drauflosgefeuert. Sie haben uns dann aus Schützenpanzern beschossen. Wir waren völlig überrumpelt, dass plötzlich Panzer im Dorf standen, das war wie eine richtige Besatzung. Deshalb haben wir Männer zu kämpfen begonnen, während die Frauen und Kinder zu Hause blieben. Das Gleiche passierte in den anderen Dörfern und Ortschaften. Auf der einen Seite stand die Bevölkerung, auf der anderen die Armee und die Geheimdienste. In allen Dörfern begannen sich Männer zu bewaffnen, um ihre Familien und ihre Ehre zu verteidigen. So hat alles begonnen. Wir haben den Checkpoint der Armee in al-Bara angegriffen und ihre Waffen beschlagnahmt, weil wir selbst nicht genügend Waffen und Geld besaßen. Wir haben auch die Polizeistationen und die Parteizentralen der Baath-Partei gestürmt und dortige Waffen erbeutet. Aus den Mobilisierungszentren haben wir zusätzlich Waffen erhalten. Natürlich gab es auch Spitzel unter uns, und wir waren sowieso nicht besonders viele, aber wir konnten die Checkpoints in Dschabal al-Zawiya erobern. Anfangs haben wir die Sicherheitskräfte nicht getötet, sondern freigelassen. Das hat sich später geändert. Ich habe in Idlib, Hama und Aleppo gekämpft. Die Brutalität des Regimes wurde immer schlimmer. Jeden Tag gab es Massaker, wurde getötet, bombardiert und verhaftet. Eine Kalaschnikow-Patrone war teuer, sie kostete tausend Pfund. Wir haben die Waffen von unserem eigenen Ersparten und dem Erlös der Olivenernte gekauft. Wir haben uns gegenseitig ausgeholfen. Wir glaubten, unser Sieg sei nah. Aber dann ist alles anders gekommen.»

«Was ist passiert?»

«Das ist eine lange Geschichte ... Entscheidend ist, dass wir nicht genug Waffen hatten. Unser Bataillon hieß ‹Die Märtyrer von Dschabal al-Zawiya›. Wir wurden aufgerieben, die meisten von uns sind tot. Vor einem Jahr habe ich mich der Nusra-Front angeschlossen. Manche Männer sind später zur Ahrar al-Scham gewechselt. Damals, im September 2011, kamen noch keine Waffen aus dem Ausland nach Syrien.»

«Sie haben also damals so etwas wie einen Guerillakrieg geführt, Sie haben Checkpoints angegriffen, Waffen erbeutet und damit das Regime bekämpft.»

«Ja, genau.» Abu Hassan fuhr fort: «Die Wohlhabenden im

Dorf sagten zu uns: ‹Kauft Luftabwehrraketen, wir unterstützen euch.› Aber wir konnten keine bekommen. Das Problem war, dass man sie uns nicht verkaufen wollte. Dann habe ich zwei von den Bärtigen kennengelernt, einer der beiden war mit meinem Bruder im Gefängnis befreundet gewesen. Sie stellten sich mir vor und sagten, sie gehörten zur Nusra-Front im Umland von Damaskus. Damals war die Nusra-Front noch nicht in Dschabal al-Zawiya aktiv und in Idlib insgesamt nicht sehr präsent. Sie fragten, ob ich mich ihnen anschließen wolle. So bin ich zur Nusra-Front gekommen, um mit vereinten Kräften weiterzukämpfen.»

«Und was ist mit ISIS? Wie ist Ihre Beziehung zu dieser Organisation?»

Abu Hassan antwortete nicht direkt. «ISIS agiert nicht an der Front, sondern an den hinteren Linien. Ihre Leute gehörten vorher alle zur Nusra-Front. Die meisten von ihnen sind Ausländer und keine Syrer. Wir haben eine tolerante Religion und wir werden mit den anderen Religionen barmherzig sein. Aber wir wollen die Leute zum Islam einladen, und wir wollen Baschar al-Assad töten.»

«Aber Sie bezeichnen die anderen Menschen doch als Ungläubige.»

Der Emir stutzte kurz und musterte mich etwas länger, dann antwortete er mit breitem Grinsen: «Ich bin gemäßigt, Madame. Im Vergleich zu anderen bin ich gemäßigt. Ich mache mich damit nicht bei allen beliebt. Diejenigen, die andere des Unglaubens bezichtigen, schlachten Menschen ab und peitschen sie aus. Es gibt Gruppen bei uns, die zu weit gehen ... Ich möchte einen Islam, der die ganze Welt umfasst, aber durch Missionierung. Wir von der Nusra-Front wollen einen Schura-Rat statt eines Parlamentes. Und wir dulden die Anwesenheit von Christen unter uns nicht. Wir rufen zur Religion des Islam auf. Wer zum Islam übertreten möchte, soll es tun, die anderen müssen die Kopfsteuer zahlen. Und wir haben ein ‹Haus des Geldes› für die Muslime.[4] Die Alawiten haben bei uns keinen Platz.»

Während ich alles notierte, wusste ich, dass Abu Tariks Blicke auf mir lagen. Ich konzentrierte mich auf die äußere Form der Worte, die ich niederschrieb, anstatt etwas zu sagen, damit Abu Tarik nicht meinetwegen mit ihm diskutieren musste. Abu Hassan fuhr fort: «Ich bin Kämpfer, Soldat und militärischer Verantwortlicher der Nusra-Front. Und jetzt, nach zweieinhalb Jahren Krieg, sage ich Ihnen, dass das ein sunnitisch-alawitischer Krieg ist, ein langer Krieg, der sicher noch zehn Jahre dauern wird ...» Er machte eine Pause. «Im Dorf Billin haben sie dreiundfünfzig Männer angezündet ... Einfach so! Wir wissen, dass die ganze Welt für Baschar al-Assad ist und dass er nicht stürzen wird. Nicht weil er stark ist, sondern weil er von Iran, Russland, Amerika und China unterstützt wird. Aber wir werden nicht aufhören, ihn zu bekämpfen. Wenn er stürzt, kehre ich zu meiner Arbeit als Bauunternehmer zurück. Ich habe einen Olivenhain, und meine Frau und die Kinder warten auf mich ... Einmal haben wir ein alawitisches Dorf gestürmt, und ich habe die Frauen und Kinder nicht umgebracht. Ich bin gegen das Morden. Der Islam ist eine tolerante Religion, und es gibt keinen Zwang im Glauben. Aber was ich hier sage, wird mit der Zeit keine Bedeutung mehr haben, denn so wie es aussieht, wird meine Stimme und die anderer Gemäßigter nicht mehr gelten. Deshalb sehe ich schwarz für die Zukunft. Wer wird den Preis zahlen?

4 Islamische Institution für den Geldverkehr.

Nicht Baschar al-Assad. Die Alawiten werden den Preis dafür zahlen. Weil sie Ungläubige sind und keine Religion haben.»

«Nein, sie sind keine Ungläubigen», antwortete ich eilig und blickte zu Abu Tarik, um ihm anzudeuten, dass ich meine Grenzen nicht überschreiten würde.

Er antwortete: «Woher wollen Sie das denn wissen? Ich kenne die besser als Sie.»

«Ich kenne sie auch ein bisschen», wandte ich ein, «mir scheint nur, dass das syrische Volk nicht viel über sich selbst weiß, Abu Hassan.»

«Und warum sind Sie hier? Was soll Ihr Buch nutzen?», wollte Abu Hassan nun wissen.

«Ich möchte mit meinen Aufzeichnungen denen eine Stimme geben, die keine haben. Den Menschen, die die Revolution gemacht haben.»

«Und meinen Sie, dass man Ihnen glauben wird?»

«Das ist nicht wichtig», antwortete ich kurz.

Er schaute mich neugierig an. «Sie sind aus Damaskus?»

«Was glauben Sie?», fragte ich zurück.

«Ich weiß es nicht. Sie haben einen etwas anderen Dialekt.»

«Ich komme von überall her», antwortete ich.

Er lächelte. «Ganz schön mutig von Ihnen, sich hierher zu wagen.»

«Und Sie, sind Sie nicht mutig?»

Er lachte. «Ich bin ein Mann, das ist normal.»

Ich entgegnete: «Und ich bin eine Frau, da ist es auch normal.» Da lachte er nicht mehr.

Wir brachen auf. Abu Hassan war wirklich ein mutiger Mann. Er hatte gesagt, er würde niemals Kinder und Frauen töten, was auch immer geschehe, aber er wusste, dass das mit der Zeit passieren würde.

Im Erzählen tauschten wir die Rollen, diese Kämpfer und ich. So stand die Welt plötzlich Kopf. Ich benutzte ihre Leben, um sie in Worte zu fassen, und setzte so mein eigenes Leben fort. Ich nahm diese ganze Zerstörung und machte daraus etwas Neues. Zumindest Zeugnis würde diese Erzählung sein, so war sie nicht gänzlich umsonst. Die Stimmen von Abu Hassan, Abu Ahmad und Abu al-Madschad wurden zur Stimme Scheherazades. Und ich war König Schahrayar, der zuhörte. Ich war im wahrsten Sinne des Wortes ein zweigeschlechtlicher Schahrayar. Der zuhörte, um zurückzukehren und in Scheherazade wiedergeboren zu werden und zu erzählen. Im Grunde wechselte ich ständig die Rollen. Mal schlüpfte ich in ihn, mal in sie. Mal lauschte ich, mal schuf ich die Geschichte. Ohne das wäre ich nicht nach Syrien zurückgekehrt, sondern in meinem Exil geblieben. Es war diese ästhetische Zweideutigkeit meines verrückten Wunsches, die Wahrheit zu erfahren und zugleich Geschichten zu erzählen. Eine hässliche Zweideutigkeit.

Ich wollte noch ein letztes Mal nach Saraqib. Ich hatte einen Mechanismus entwickelt, um der Idee, diesen Ort endgültig zu verlassen, zu trotzen. Die Vorstellung, gegen meinen Willen von hier vertrieben zu werden, wollte ich einfach nicht akzeptieren. Eine Wohnung in Saraqib oder Kafranbel zu mieten, war unmöglich geworden. Hier zu bleiben und ein normales Leben führen zu wollen, schien eine Spielart des Wahnsinns zu sein – und hat nicht jeder Mensch das Recht, seinen Wahnsinn auszuleben? Aber für die Männer, die für meine Sicherheit bürgten und mich überallhin begleiteten, war ich zur Belastung geworden. Viele Leute hatten mittlerweile mitgekriegt, dass ich mich in der Gegend aufhielt. Andererseits wollte ich die Arbeit mit den Frauen unbedingt zu Ende bringen.

Als wir nach Saraqib hineinfuhren, wurde wieder einmal bombardiert. Das war normal hier. Im Haus angekommen, eilten wir augenblicklich in den Schutzraum hinunter, denn der Beschuss war sehr intensiv. Nura und Abu Ibrahim saßen schon dort.

In der Nacht konnte ich lange nicht einschlafen. Bis um vier Uhr morgens lag ich in voller Kleidung wach, die Mücken waren unerträglich, überall juckte es mich, sogar auf den Augenlidern hatte ich Stiche. Als ich schließlich doch noch einschlief, wachte ich eine Stunde später von den Detonationen wieder auf. Mein Körper fühlte sich schwer an, ich konnte mich kaum mehr bewegen. Ich wollte mich waschen; es gab zwar nicht viel Wasser, aber es genügte, um den Schmutz von zwei Tagen loszuwerden. Die Prozedur des Waschens war kompliziert, Nura hielt an der Badezimmertür Wache. Das Bombardement ging weiter, wenn auch nicht allzu nah. Ich wusch mich in aller Eile, dann liefen wir in das große Familienzimmer zu den beiden Alten, wofür wir den Hof überqueren mussten – auch das wie immer eine riskante Angelegenheit. Wir tranken bei den beiden Alten in Ruhe unseren Kaffee, und ich konnte eine Zigarette rauchen. Für einen Augenblick war ich traurig darüber, dass ich in ein paar Tagen abreisen würde.

Für diesen Tag hatte ich mir viele Frauenbesuche vorgenommen. Es war nun die zweite Hälfte August, und den Erzählungen der Frauen entnahm ich, wie wenig sich verändert hatte. Jeden Tag die gleiche Mühsal, einzig die Todesarten variierten. Die gleichen Berichte über den abenteuerlichen Kauf eines Kilos Gemüse und den gefährlichen Weg vom Haus bis zum Markt. Der immer wieder aufgeschobene Tod und das nicht enden wollende Hasch-mich-Spiel mit den MiG-Flugzeugen. Gräber wurden geöffnet, andere zugeschüttet. Leichen wurden in Tälern entdeckt und auf Hügeln. Religiöse Grabstätten wurden von dschihadistischen Gruppen zerstört und an ihrer Stelle neue ISIS-Lager errichtet. Und durch all diese Berichte pulsierte immer noch der Widerstand. Noch immer gab es Soldaten, die nicht von dem Willen und den Interessen der Großmächte abhängig sein wollten. Soldaten und friedliche Aktivisten, die von ISIS verhaftet und getötet wurden. Syrische und ausländische Journalisten, die entführt und getötet wurden oder für die Lösegeld gefordert wurde. Und wer einfach nur blieb, der wurde von Assads Flugzeugen getötet.

Junge Kämpfer Anfang zwanzig verkauften ihre Möbel und aßen Wildpflanzen, um ihre Familien und sich durchzubringen. Und hier wurde nun alles undurchsichtig, nichts war mehr eindeutig. Bataillone kämpften gegen Bataillone, die Revolution wurde durch das Militärische vernichtet. Die religiösen Extremisten und ihre fanatischen Kämpfer wurden zu Bestien. Kinder trugen Waffen und verschwanden nachts in den Gassen; die Ältesten von ihnen waren keine sechzehn Jahre alt. Kriminelle, die sich die Namen fiktiver Bataillone zugelegt hatten, wurden zu Söldnern des Regimes. Das Land, das kein Land mehr war, war zur Kampfarena rivalisierender Brigaden geworden. Und alle unterlagen der absoluten Herrschaft eines tödlichen Himmels.

Die Menschen hier würden all das ertragen müssen, während ich meine kleine Tasche packen und sie verlassen würde, um ins Exil zurückzugehen. Sie und ich, wir wussten, dass wir den Tod nicht miteinander teilen würden. Unsere Partnerschaft war nur eine zeitlich begrenzte, aber sie wünschten, dass ich am Leben blieb. Nicht lang vor meiner Abreise sagte eine der Frauen zu mir: «Bitte, sterben Sie nicht hier! Sie müssen unsere Verbindung zur Außenwelt bleiben. Sie müssen das Seil bleiben, das zwischen uns hängt.» Ich schaute die Frauen um mich herum an, die verschiedene Gerichte gekocht und für meinen Abschied ein üppiges Mahl vorbereitet hatten, und war beeindruckt. Woher wusste diese Frau, die über sechzig Jahre alt war und weder lesen noch schreiben konnte, was ich war? Ich war dieser Faden, der in der Luft hing, ohne Anfang und Ende und ohne festen Ort. Ich hatte keine Gestalt, keine Identität außer meiner Sprache.

In den letzten vier Tagen des Monats August litt ich an Schlaflosigkeit, ich bekam kein Auge zu. Ich entdeckte deshalb, dass ein Teil des Lebens in der Nacht stattfand, weil der Himmel zu dieser Zeit ein wenig schwieg. In der Nacht war es den Menschen möglich, sich zu bewegen, die Häuser zu verlassen, um den nächsten, vom Tod bedrohten Tag vorzubereiten. In der Nacht begleitete ich ein paar Aktivisten, die die Säuberung der Straßen von Saraqib überwachten. Dadurch wollten sie das Infektionsrisiko durch Krankheiten und Seuchen verringern. Wir fuhren in der magischen Dunkelheit von Straße zu Straße und kamen, sobald bombardiert wurde, bei fremden Menschen und bei Bekannten unter. Wir kamen bei Leuten unter, die eine Trauerfeier für ihre Söhne abhielten, in Häusern, wo junge Kerle mit verstümmelten Gliedmaßen auf ihren dünnen Matten schliefen. Dann setzten wir die Säuberungsaktion fort, wobei wir die Scheinwerfer der Autos aus Angst vor den Flugzeugen ausgeschaltet ließen.

Auch die Kinder schliefen nicht. Sie standen vor den Haustüren, beobachteten den Abtransport des Mülls in einem abgewrackten Auto, das auf drei Rädern fuhr, weil das vierte Rad einen Granatsplitter abbekommen hatte. Immerhin, es fuhr und knatterte. Der schrecklich stinkende Müll, der nicht aufgesammelt wurde, wurde sogleich verbrannt.

Als ich am Tag meiner Abreise in der sengenden Sonne Richtung Grenze fuhr, fühlte ich nichts. Ich beobachtete nur und bewegte mich mit dem Instinkt eines Tieres. Mit einer Professionalität, die zwei Dinge erforderte – Schnelligkeit und Genauigkeit –, hatte ich meine Arbeit beendet. Nichts anderes war wichtig. Für Trauer war keine Zeit, auch nicht zum Nachdenken und zur Besinnung. Solange man hier war, waren Verstand und Denkvermögen außer Kraft gesetzt. Das Äußerste, was man sich wünschen konnte, war, nicht morgens als Leiche unter den Trümmern aufzuwachen oder den Enthauptungen von ISIS zu entgehen. Die Reise zur Grenze war im Vergleich dazu geradezu ein Ausflug, trotz der Enge und Hitze im Auto und obwohl wir mehrmals anhalten mussten, um vor den Bomben Schutz zu suchen.

Ich war ganz ruhig und dachte nicht mehr daran, ob ich leben oder sterben würde. Ich betrachtete die Olivenhaine und die Menschen auf den Straßen. Ich begriff, wie durch den Tod eine verbissene Freundschaft entstehen konnte, allein durch das Aussetzen des Verstandes. Hier klaffte das Loch des Nichts, hier wurde es verständlich, dass all das Massensterben und die Gewalt, wie sie die Erde hier atmete, einen entscheidenden Bruch mit der Vergangenheit bewirkten. Ich stand kurz vor diesem Bruch, ich wusste das, ich berührte ihn bereits, atmete ihn.

Wir waren noch mit einem Kämpfer verabredet, dessen Bericht ich aufzeichnen wollte; das war das Einzige, woran ich dachte. Ich hielt nicht einmal mehr nach den hübschen jungen Männern mit den abgerissenen Gliedmaßen Ausschau, wie ich es sonst immer tat. Ich musste diesen Schmerz von mir fernhalten, ihn von meinem Blut trennen. Ihn wie einen Feuergürtel vermeiden. Ich würde nicht zu den vielen flüchtenden Menschen schauen, sondern beim Auto auf den Kämpfer warten.

Er kam pünktlich. Er wurde nur Hadschi genannt und stammte aus der Hafenstadt Latakia, meiner Heimat. 1978 war er dort in dem palästinensischen Flüchtlingsviertel al-Raml geboren worden, sein Vater war ein einfacher Taxifahrer. Hadschi befehligte jetzt ein Bataillon. Er trug weder Bart noch Schnurrbart. Als ich ihm sagte, wer ich sei, begrüßte er mich freundlich, denn wir hatten uns früher schon einmal an der syrisch-türkischen Grenze getroffen. Er war ein Bekannter von Maisara und schien sehr erpicht darauf, seine Geschichte zu erzählen. Er sprach selbstsicher, entschlossen, aber auch Hass und Trauer schwangen in seinen Worten mit. Er erzählte:

«Ich habe die Schule nicht beendet, weil ich von klein auf arbeiten musste. Ich habe als Tagelöhner am Hafen gearbeitet. Dschamil al-Assad und der Assad-Clan haben sich den Hafen unter den Nagel gerissen und uns zu Sklaven gemacht. Ich hasse das Regime und die Alawiten, sie haben uns erniedrigt und gedemütigt. Die Söhne von Munsir al-Assad und Dschamil al-Assad betrachten Latakia als ihr Eigentum und uns als ihre Leibeigenen. Eigentlich halten sie ganz Syrien für ihr Eigentum, aber in Latakia war es noch schlimmer, die Unterdrückung ging noch weiter. Ich habe mit eigenen Ohren gehört, wie Handlanger der Assads die Sunniten als ‹sunnitische Schweine› beschimpften. Sie kommen ja selbst aus Latakia und wissen das. Die Tochter eines hohen Offiziers kann da einfach den bedeutendsten Mann beleidigen. Von 2003 an stellte sich heraus, dass zehn Hussainias[5] in Latakia gebaut werden sollten, und wir glaubten unsere Religion in Gefahr, denn die Präsenz der iranischen Schiiten war schon deutlich sichtbar, besonders als nach dem Tod von Hafiz al-Assad sein Sohn die Macht übernommen hat. Für mich geht es hier ganz eindeutig um den Glauben. Wir fanden das nicht akzeptabel. Ich dachte sogar schon darüber nach, einen Anschlag zu verüben, nachdem ich im Ziraaiya-Viertel ein Schild mit der Aufschrift ‹Institut zum Erlernen der persischen Sprache› gesehen hatte. Die Iraner haben sogar in alawitischen Dörfern ihre Moscheen gebaut. Wir haben uns das jahrelang gefallen lassen, obwohl unsere eigene religiöse Identität missachtet wurde. Wir wissen, dass das syrische Regime schon seit Hafiz al-Assad Extremisten und Dschihadisten in den Irak geschickt hat. Unsere sunnitischen Scheichs hatten ja immer gute Beziehungen zum Regime, ja sie waren ein Teil von ihm. Wir wollten aber nie extremistisch und Teil des Regimes sein. Deshalb haben wir uns, als die Revolutionen in Tunesien, Ägypten und Libyen begannen, überlegt, was wir in Latakia tun könnten. An einem Freitag beschlossen wir, in der Muhadschirin-Moschee im palästinensischen Raml-Viertel für die Toten von Deraa zu beten. Nach dem Gebet kam es zu einer spontanen Demonstration, die in Richtung Taxi-Platz zog, wir sind bis zum Geheimdienst gekommen. Als sie begannen, auf uns einzuschlagen, haben wir das Gebäude in Brand gesetzt und die Sicherheitskräfte verprügelt. Der Demonstrationszug lief dann bis zur Khalid-Ibn-al-Walid-Moschee und von dort ins Slaibe-Viertel, alles

5 Versammlungsräume für rituelle Zeremonien der Schiiten. (A. d. Ü.).

ungeplant, ganz spontan. An dem Tag hatten wir das Gefühl, als würde uns die Welt gehören. Zum ersten Mal konnten wir rufen: ‹Gott, Syrien, Freiheit – mehr nicht!›. Am nächsten Freitag gingen von mehreren Moscheen Demonstrationszüge aus, mit rund zwanzigtausend Demonstranten. Da hat die Armee auf uns geschossen, etwa fünfzehn Personen wurden getötet und eine große Anzahl verwundet. Waffen gab es im palästinensischen Raml-Viertel schon vor der Revolution, dort herrschte große Armut und Arbeitslosigkeit, und es wurde auch mit Drogen gehandelt. Wir haben weiterdemonstriert und alles im Geheimen geplant. In der dritten Woche der Demonstrationen haben wir dann Waffen unter unseren Kleidern verborgen, wir wollten sie aber nur zur Selbstverteidigung benutzen. Wir vereinbarten, von mehreren Moscheen aus loszuziehen. Wir haben uns auf dem Platz von Bin al-Albi versammelt, auch Frauen und Kinder waren dort, sie hatten den Koran dabei und riefen: ‹Wir bleiben hier bis zum Sturz des Regimes!› Es war schon spät abends gegen halb zwölf, als ich erfuhr, dass das Militär die Kundgebung umstellt habe, und bin sofort dorthin. Die Menschen riefen: ‹Armee und Volk sind eins› und ‹Friedlich, friedlich›. Die Armee befahl ihnen, den Protest zu beenden, doch sie weigerten sich. Da hat das Militär auf sie geschossen. Etwa zweihundert Menschen sind an dem Tag getötet worden. Ich war Zeuge. Es waren auch Frauen und Kinder unter den Toten. Die Leichen lagen übereinander. Die Leute, die auf den Balkonen der angrenzenden Häuser standen und alles mitangesehen hatten, wurden auch getötet. Das war das Militär, ich habe es mit eigenen Augen gesehen. Ein sechzehnjähriges Mädchen, das dem Oberst gegen die Brust trommelte, wurde auch getötet. Der Oberst hat zuerst den Soldaten, der sich weigerte, das Mädchen zu töten, erschossen und dann das Mädchen. Eine Viertelstunde später kam ein Auto und transportierte die Leichen ab. Feuerwehrautos säuberten den Platz, und innerhalb von Minuten war nichts mehr zu sehen. Nach diesem Tag, dem 17. April 2011, haben wir unsere Waffen ganz offen getragen, wir sahen einfach keine andere Lösung mehr. Wir besorgten uns Kalaschnikows und Pump Guns, mit denen wir die Demonstrationen sicherten. So hinderten wir Militär und Geheimdienst, das al-Raml-Viertel zu betreten. Sechs Monate haben wir standgehalten. Aber wir waren zu wenige und hatten auch Spitzel in unseren Reihen. Wir besaßen nicht genügend Waffen und wurden ununterbrochen beschossen. Ich fuhr die ganze Zeit mit dem Motorrad herum, habe nur tagsüber eine halbe Stunde geschlafen. Ich war total erschöpft. Ich schlief nie am gleichen Ort und bin nie dorthin zurückgegangen, wo ich hergekommen war, denn nach drei Mordanschlägen war ich vorsichtig geworden.»

Hadschi hatte sich in seinen Bericht hineingesteigert und hörte nicht auf zu reden. Etwas unterschied ihn von den anderen Kämpfern, deren Berichte ich aufgezeichnet hatte. Er war lebenslustig, er liebte das Leben. Er vertraute mir lächelnd an, dass er nicht heiraten wolle, um frei zu bleiben. Das war seine Natur. Aufgebracht setzte er seinen Bericht fort: «In al-Raml haben sich die Menschen gegenseitig geholfen. Es gab dort zwar viele, die Drogen konsumierten, aber wir haben die Drogen verboten, und als die Diebstähle zunahmen, haben wir Wachen aufgestellt, die für Sicherheit sorgen sollten. Ich forderte die Leute auf, ihre Häuser für ihre Landsleute zu öffnen und ihnen zu helfen. Wir haben weiterdemonstriert und die Armee daran gehindert, das Viertel zu betreten. In Schichten haben wir die Ein- und Ausgänge bewacht, sogar von der Seeseite aus. Ganze sechs Monate haben wir im palästinensischen al-Raml-Viertel einen eigenen Staat gehabt und unser Leben selbst organisiert. Im vierten Monat der Revolution haben wir den ersten Militärrat gegründet. Ich war einer der Kommandeure, denn ich hatte Erfahrung im Umgang mit Waffen. Ich bin ein Waffennarr. Wir haben versucht, den Angriff der Armee hinauszuzögern und ihnen zu vermitteln, dass wir keinen Krieg wollen. Im Sakanturi-Viertel war die Situation schlecht, dort leben sehr einfache, arme Leute, und die meisten sind arbeitslos. Zwischen uns ist es zum Kampf gekommen. Wir besaßen ausschließlich Dynamit, die andere Seite aber Kriegsboote und DSchk-Maschinengewehre. Sie haben uns von al-Sakanturi aus angegriffen. Daraufhin haben wir Waffen kostenlos verteilt. Meine Männer wollten schon angreifen, aber ich habe es verhindert, weil wir zu schwach waren und ich erst abwarten wollte, ob wir Nachschub bekämen. Ehrlich gesagt hatte ich auf die Freie Syrische Armee gehofft und darauf gesetzt, dass uns die Leute aus den anderen Regionen helfen, aber weder das eine noch das andere ist passiert. Wir fühlten uns verraten und im Stich gelassen. Wir besaßen gerade mal zehn Gewehre und Pumpguns. Aber wir haben beschlossen, uns nicht zu ergeben, sondern bis zum bitteren Ende zu kämpfen.»

Hadschi seufzte. Er rauchte ununterbrochen und versuchte meine Reaktion auf seine Worte abzuschätzen. Ich verzog keine Miene und schrieb weiter: «Wir waren eben nur ein Stadtviertel – in einer Stadt beziehungsweise einem Land, das vom Militär beherrscht wird. Unsere einzige Chance war, das Militär so lange wie möglich von al-Raml fernzuhalten. Wir haben unsere Kämpfer auf die einzelnen Quartiere verteilt, in denen sie lebten. Als dann der erste Panzer im Viertel auftauchte, haben sie auf ihn geschossen. Das war ein Fehler. Wir verloren die Kontrolle über die Männer, sie hielten sich nicht an die Befehle und schossen einfach auf die Soldaten und die Panzer. Von Sonnenaufgang bis zum nächsten Mittag konnten wir Widerstand leisten. Von der Seeseite aus wurden wir von Schiffen und vom Land aus von Panzern beschossen. Schließlich stürmte die Armee das Viertel und gelangte bis zum Taxi-Platz. Wir haben fünfundvierzig ihrer Männer umgebracht, und sie töteten dreizehn von uns. Dann haben sie Busladungen voller Soldaten herangekarrt und auf den Dächern und zwischen den Häusern Scharfschützen postiert. Frauen und Kinder haben wir in der Ain-al-Tamra-Straße versammelt, um sie aus dem Viertel hinauszubringen. Meine Mutter und meine Schwester waren auch dabei. Wir haben den Checkpoint des Militärs angegriffen, um ihn zu passieren. Vier Tage lang haben wir nicht geschlafen und nicht gegessen. Wir leisteten Widerstand und kämpften, doch viele sind auch geflohen. Ich wusste nicht, was tun. Wir haben uns in verlassenen Gebäuden und in Rohbauten versteckt. Währenddessen haben sie fünfundvierzig Männer aus dem Raml-Viertel verhaftet. Wir anderen sind darauf über die türkische Grenze geflohen. Ich war für sechshundert Mann verantwortlich und völlig ratlos. Ich besaß kein Geld, das ich ihnen geben konnte. Also bin ich nach Antakya gereist, und dort erlebte ich die nächste böse Überraschung, denn es gab dort bereits jemanden, der an meiner Stelle die militärischen Operationen leiten wollte. Ich habe so viel Verrat und so viele Lügen in der Revolution erlebt ... Ich habe mich auch mit vielen desertierten Offiziere getroffen und ihnen Schlachtpläne unterbreitet. Außerdem habe ich Geld erhalten, um Waffen zu kaufen. Ich wollte den Kampf unter keinen Umständen beginnen, bevor der Waffennachschub garantiert war. Man hatte uns zugesagt, uns Waffen über das Meer zu schicken, aber das habe ich abgelehnt, weil ich wusste, dass das unmöglich sein würde. Die ganze Welt hat uns im Stich gelassen, und die Kämpfer und die Anführer verzweifelten. Wir wussten nicht, was wir essen und wo wir schlafen sollten. Ich habe alle um Hilfe gebeten, aber keine bekommen, und meine Verantwortung wuchs. Also habe ich die Kämpfer, die mit mir das Land verlassen hatten, um mich geschart und ihnen die Wahl gelassen, sich irgendeiner anderen Truppe anzuschließen, weil ich keine Waffen hatte. Ich bin dann Anfang 2012 zurück nach Syrien, um im Gebirge, im Dschabal al-Akrad zu kämpfen. Dort bin ich bis zur Schlacht von Dorien im Juli geblieben. Wir haben immer wieder Checkpoints oder Geheimdienststützpunkte angegriffen. Wir haben auch Autos gestohlen und manchmal die Insassen getötet, weil wir unbedingt Geld brauchten.»

Er schwieg und sah mich prüfend an. Ich hob den Kopf nicht. Mit dem Stift in der Hand sagte ich: «Und was ist dann passiert?» Doch er antwortete nicht. Wir schwiegen einige Minuten. Also blickte ich ihn direkt an. Er hielt meinem Blick stand, ohne mit der Wimper zu zucken. Ich sagte: «Erzählen Sie weiter!»

«Vor den Luftangriffen kamen wir gut voran, aber danach wurde es richtig schwierig. Nach der Schlacht von Dorien hatte ich keine Munition mehr, man ließ uns im Bombardement im Stich. Ich ließ die Jungs in den Bergen zurück und ging in die Türkei. Dort besorgte ich Geld und Waffen und bin dann zurück, um zu kämpfen. Ich habe die Waffen vom Dschabal al-Akrad zum Dschabal al-Turkoman transportiert. Dort fand die erste Schlacht beim Berg 45 und die zweite bei Nabaa al-Murr nahe Kassab statt. Wir sind nach Beit Osman hinein, ein alawitisches Dorf, das bereits verlassen war. Die wenigen jungen Männer, die noch dort waren, haben wir getötet. Wir haben ihre Hühner gegessen und so viele Lebensmittel wie möglich mitgenommen. Die Männer setzten auch ein paar Häuser in Brand. Nach einiger Zeit wurde der Berg 45 von einem der Bataillone ‹verkauft›. Wir wunderten uns, dass die Armee zum Berg 45 zurückkam. Überall gab es Verrat. Ganze Regionen wurden verraten und verkauft, nachdem sie schon befreit worden waren. Es gab Leute, die handelten mit Schlachten und Frontverläufen und mit unserem Blut. Wir waren total frustriert, weil wir kein Vertrauen mehr hatten und nicht mehr wussten, wer Verräter war und wer nicht. Währenddessen hatte die Schlacht von al-Zainiya stattgefunden und wir kontrollierten das Regiment 135 für zwei Stunden und töteten viele seiner Männer.»

«Sie sprechen so einfach über das Töten, fast fröhlich. Sind Sie ein Mörder?», fragte ich ihn.

Er schaute mich wütend an. «Ja, ich bin ein Mörder. Ich verteidige das Recht. Aber Sie werde ich nicht töten.»

«Vielleicht weil wir uns in der Nähe der türkischen Grenze befinden und Sie Angst haben. Wären wir im Landesinneren, würden Sie mich töten!»

«Ich töte Sie nicht. Ich habe Mitleid mit Ihnen, wenn ich an Ihre Zukunft denke. Der Tod wäre noch eine Erleichterung für Sie. Sie sind in keiner beneidenswerten Situation, aber Sie scheinen sich darüber nicht im Klaren zu sein. Was hier passiert, ist ein reiner Religionskrieg.»

Ich blickte ihn unverwandt an. Ich wollte ihm in die Augen sehen, während er über mich sprach. Er fügte hinzu: «Ja, ich habe Mitleid mit Ihnen und wünschte, Sie wären weit weg von diesem schmutzigen Krieg. Ich kenne einen alawitischen

Offizier, der desertiert ist und sich dann umgebracht hat. Wir fanden seine Leiche bei der Freien Armee.»

«Hat er sich umgebracht oder wurde er umgebracht?»

«Es war ganz sicher Selbstmord. Es war noch ziemlich am Anfang. Ich werde Ihnen eine Geschichte erzählen, die mir am Berg 40 passiert ist. Sie lieben doch Geschichten ... Ich bin mit fünfzehn Männern zu den Faranlaq-Wäldern losgezogen. Dort hielt sich die Regierungsarmee auf, und wir hatten davon Wind bekommen. Plötzlich befanden wir uns mitten im Gebirge, vor uns gab es einen Steilhang, und wir wurden von drei Seiten aus unter Beschuss genommen. Wir versteckten uns hinter den Felsen, und ich sagte den Männern, sie sollten zu mir aufrücken. Die Soldaten schossen immer weiter auf uns. Da haben wir ihnen zugebrüllt: ‹He, Soldaten, desertiert! Wir sind eure Brüder!› Aber sie haben uns nur beleidigt. Wir haben dann mit Beleidigungen geantwortet. Ich habe ihnen schließlich zugerufen, sie sollten sich ergeben, weil wir sie umzingelt hätten, aber sie haben wieder nur gelästert. Also haben wir auf sie geschossen. Können Sie glauben, wie wütend es mich machte, dass wir als Syrer Syrer getötet hatten? Aber was sollten wir machen? Danach haben wir uns auf unseren Stützpunkt zurückgezogen, und sie haben uns eingekreist und mit DSchKs und Mörsergranaten beschossen. Wir sind abgehauen und konnten uns gerade noch retten. Diese Schlacht hat mich sehr aufgewühlt, weil wir ja ihre Stimmen gehört und mit ihnen gesprochen hatten. Bei der Schlacht von al-Zainiya, die ich schon erwähnt habe, konnte uns keiner entkommen, wir haben sie alle umgebracht. Normalerweise transportiert die Armee ihre Toten nach einer Weile mit LKWs ab, aber damals blieben die Leichen einfach alle in der Landschaft liegen, so weit das Auge reichte ... In dieser Zeit konnten wir in der vom Regime beherrschten Zone vierzehn Kilometer vorwärtsrücken, und drei weitere Bataillone haben sich mir angeschlossen. Schließlich war ich nur noch einen Steinwurf vom Regime entfernt, und ich habe vom Generalstab Unterstützung angefordert. Es wurde ununterbrochen bombardiert und geschossen. Es wäre glatter Selbstmord gewesen, niemand wollte mit uns vorrücken. Die Bataillone sind im Dorf Kandisa geblieben, und ich bekam das Gefühl, meine Leute und ich sollten einfach nur dem Tod überlassen werden. Schließlich habe ich den Militärrat darüber informiert, dass ich mich zurückziehen würde, und das habe ich auch getan. Danach hatte ich einen Haufen Schulden, deshalb habe ich das Mörsergeschütz und das russische Gewehr verkauft. Dann bin ich zum Stützpunkt des Generalstabs zurückgekehrt und habe mich ihnen unterstellt. Jetzt heißt mein Bataillon ‹Ahrar al-Ladhiqia› (‹Die Freien von Latakia›). Ich kämpfe jetzt nur noch, wenn ich dazu beauftragt werde. Wir sind jetzt in Maschqita, das etwa fünfzehn Kilometer von der Stadt entfernt liegt.»

«Wenn ich Sie richtig verstehe, wird in der Küstenregion ein anderer Krieg geführt, als es scheint?»

«Ja, das stimmt. Ich glaube es zumindest. Meiner Meinung nach wollen die anderen, dass die Syrer sich gegenseitig bekämpfen. Deshalb sollen wir die ganze Zeit Katz und Maus spielen. Ich bin wirklich sehr traurig deshalb, weil so viel Blut umsonst vergossen wird. Und da ist noch etwas Seltsames: ISIS befindet sich zwar ebenfalls an der Küste, aber nicht an vorderster Front. Sie haben mehr als fünfhundertfünfzig Männer dort, und sie schauen nur zu. Ich weiß nicht, was sie noch vorhaben. Auch die Ahrar al-Scham ist dort. Wir Leute aus Latakia aber, die einen syrischen Nationalstaat wollen, werden vertrieben. Und was noch merkwürdiger ist, ist die

Tatsache, dass ISIS jetzt Kämpfer der Freien Armee umbringt. Sie tun das anstelle des Militärs. Vor einiger Zeit haben sie BM 21-Raketen hergebracht und wollten damit ein von Alawiten bewohntes Dorf beschießen. Ich war dagegen, aber eines Tages werden sie es tun und dann sogar Latakia bombardieren. Ich habe zu ihnen gesagt, sie sollten woanders hingehen. Es waren Tunesier, Libyer und Saudis darunter. Die Konflikte zwischen uns wurden immer größer, bis wir sogar aufeinander losgegangen sind.»

«Was werden Sie nach dem Sturz des Regimes tun, Hadschi?», fragte ich ihn.

Er lachte, bis er ganz rot im Gesicht wurde. Dann blickte er mich finster an. «Es wird nicht so schnell stürzen. Unser Weg ist noch lang. Dieser Krieg wird sicher noch zwanzig Jahre dauern. Und was ich danach mache, weiß ich noch nicht. Ich gehe mal davon aus, dass ich nicht so lange am Leben bleibe. Schade eigentlich, denn ich liebe das Leben. Aber ich bin immer an der Front. Ich bin dem Tod geweiht. Hätten wir hier einen Anführer, wäre die Situation einfacher.»

Das Gespräch mit dem Hadschi, das letzte, das ich aufzeichnete, kostete mich auch meine letzten Kräfte. Aber es war nicht zu trennen von der Absurdität der Ereignisse. Ich war vom Nichts umgeben und musste nur noch das letzte Tor durchschreiten.

Die Zustände im Flüchtlingslager Atmeh waren immer noch desolat. Die Anzahl barfüßiger Kinder war noch gewachsen, überall standen eng gedrängt provisorisch aufgebaute Zelte. Die Bewachung des Lagers hatten verschiedene bewaffnete Einheiten unter sich aufgeteilt, es waren hauptsächlich Dschihadisten. Auch etwas außerhalb des Lagers befand sich ein großer Stützpunkt von ISIS. Es war ein großes, einstöckiges Gebäude, das zwischen Olivenbäumen stand und streng bewacht wurde. Niemand durfte ihm zu nahe kommen, und niemand von den anderen Bataillonen wusste, was im Inneren vor sich ging. Ringsum standen Fahrzeuge mit Vierradantrieb, LKWs kamen und fuhren wieder fort, alle bedeckt mit dickem kakifarbenem Leinentuch. Überall im Umkreis des Flüchtlingslagers waren ISIS-Leute und kontrollierten die Straße, die aus Syrien herausführte. Zu dieser Zeit Ende August 2013 pflegte ISIS noch freundliche Beziehungen zu den anderen dschihadistischen Bataillonen wie der Nusra-Front und der Ahrar al-Scham. Das sollte sich später ändern, ISIS würde die anderen bekriegen und sich als Organisation mit dem grenzenlosen Konzept entpuppen, einen eigenen Staat zu gründen.

Auch der vorletzte Checkpoint, an dem wir angehalten wurden, war von ISIS. Vier Männer fuchtelten mit ihren Waffen in der Luft herum. Sie standen breitbeinig da, bereit, sofort zu reagieren. Zwei von ihnen waren komplett vermummt, von den beiden anderen war ein Teil des Gesichts zu sehen. Es waren keine Syrer. Ich blieb gegen meine Gewohnheit ganz ruhig, starrte auf einen bestimmten Punkt vor mir auf der Straße und achtete nicht darauf, was sie wollten und was sie zu unseren Männern sagten. Mir fiel nur auf, dass sie noch selbstherrlicher und sicherer wirkten als sonst. Sie brüllten laut herum, benahmen sich herrisch. Ihre Bärte waren weniger lang als gewöhnlich. Sie sprachen in einem seltsamen Dialekt, den ich nicht verstehen konnte. Sie machten uns ein Zeichen, dass wir weiterfahren dürften.

Auf beiden Seiten der Grenze standen mit Holzkisten beladene Lastwagen. Einer wurde vorsichtig entladen. Es handelte sich um Waffen. Das geschah am helllichten Tag und inmitten alter Männer, Frauen, Kinder, Händler, Schmuggler, Mitarbeiter der Hilfsorganisationen und Journalisten.

Am Rand eines Olivenhains saßen junge Kämpfer verschiedener Nationalitäten in der Sonne, die darauf warteten, nach Syrien hineinzukommen.

Meine Freunde begleiteten Maisara und mich bis zu der Stelle an der Grenze, die wir schon auf dem Hinweg passiert hatten. Ich war Teil einer Reisegesellschaft, die aussah wie von Goya gemalt. Wie ein Tier trabte ich der Masse von Menschen hinterher, die die Grenze überqueren wollten. Das Nichts war paradoxerweiser zugleich von Leben erfüllt. Das Nichts war eine Masse aus Einzelteilen, die sich durch die verschiedenen Tode fortpflanzte und jetzt in Form umherirrender Menschen vor mir herkroch. Sie starben nicht und lebten auch nicht. Sie waren die Schatten ihrer selbst. Das Leben pulsierte und der Tod drängte, Leben und Tod lagen ganz nah beieinander. Sie trafen zusammen, waren kaum noch zu unterscheiden. Waren das lebende Menschen oder Leichentücher, die sich hier vor mir bewegten? Die fürs Erste dem Tod entronnen waren und vor den Bomben in das Elend des Exils, der Armut und des Umherirrens flohen? Die Menschenmassen rückten vor, verschoben sich zu einem fiktiven Bild der Auferstehung. Und gleichzeitig strömten in die entgegengesetzte Richtung, in Richtung Tod, Scharen von Kämpfern, die über die Brücke des Todes in das vermeintliche Paradies der Ewigkeit einzogen. Motorisierte Fahrzeuge, Verkäufer, Menschenschmuggler und Waffenhändler, sie alle trafen an diesem wimmelnden Knotenpunkt zusammen. Ich beobachtete das alles immer noch fassungslos.

Über eine Stunde musste ich vor dem Grenzübergang warten. Ein hübsches, etwa vierzehnjähriges Mädchen stand mit ihrer Mutter in der Schlange. Sie hieß Fatima, wie so viele Mädchen hier. Sie erzählte mir, dass sie Atmeh verließ, um zu heiraten. Ihr Vater war im Bombardement umgekommen. Sie war die Älteste von sechs Geschwistern. Ich fragte sie nach ihrem zukünftigen Mann, und sie sagte, er sei Jordanier, lebe aber in Antakya und treibe Handel zwischen Amman und der Türkei. Um sie nicht in Verlegenheit zu bringen, fragte ich sie gar nicht erst nach dem Alter des Mannes. Dafür wollte das junge Mädchen wissen, warum ich hier sei. Ich behauptete, ich sei aus Dschabal al-Zawiya. Sie schwieg und beachtete mich nicht mehr. Auf der anderen Seite der Grenze sah ich, dass ein Taxi auf sie wartete. Darin saß ein Mann, der sicher über sechzig war. Auf seiner Stirn prangte ein Gebetsfleck, und er trug eine weiße Galabija. «Ist das dein Mann?», fragte ich sie. Der Mann im Auto wurde schon unruhig, aber das Mädchen blickte mir nur flüchtig in die Augen und murmelte leise «Mhm», bevor sie mir den Rücken zukehrte.

Der Mann am Grenzposten, der die Namen notierte, musterte mich. Ihm standen Schweißperlen im Gesicht. Ich hatte immer noch das schwarze Gewand an, das mich von Kopf bis Fuß bedeckte. Hinter mir eine lange Schlange von Frauen, Männern und Kindern in der sengenden Sonne, die keine Papiere besaßen, mit denen sie sich ausweisen konnten. Eine Frau, die hinter der kleinen Braut stand, trug einen Säugling im Arm, dem sie zur Beruhigung leise etwas vorsang. Ich drehte mich zu ihr um, die Arme des Säuglings waren von der Schulter bis zu den Fingern verbunden. Ich senkte den Blick und starrte wieder auf meinen neuen Namen, unter dem ich das Land verlassen würde. Ich musste plötzlich lachen, als ich an die verschiedenen Namen dachte, die ich in meinem kurzen Leben bereits angenommen hatte, den ersten davon bei der Flucht aus meinem Elternhaus.

Der Mann, der die Namen notierte, schaute mich wütend an: «Lassen Sie mich mitlachen!», sagte er. Ich wusste ja selbst nicht, warum ich lachte. Ich hatte das von den jungen Kämpfern übernommen: Wenn ich das Gefühl hatte, zu ersticken, begann ich zu lachen. Ich lachte noch lauter und sagte zu ihm: «Das Problem ist, dass Sie, wenn ich es Ihnen erzähle, nicht lachen werden. Sie werden es nicht komisch finden.» Dann trat ich aus der Reihe, um weiterzugehen, in Richtung Türkei. Maisara war bei mir, die anderen Jungs blieben auf der anderen Seite zurück, wo sie etwas abseits von der Menge standen und mir nachsahen. Ich versuchte, die Momente des Abschieds nicht in die Länge zu ziehen. Winkte ihnen nur kurz. Maisara sagte kein Wort, als er sah, wie meine Tränen plötzlich wie in einem Zeichentrickfilm hervorzusprudeln begannen. Vielleicht würde ich die jungen Männer nie wiedersehen. Ich winkte noch einmal und versuchte dann, so gefasst wie möglich weiterzugehen.

Ich war von einem einzigen Gedanken besessen: Nachdem ich die Kindsbraut mit ihrer Mutter und ihrem sechzigjährigen Mann gesehen hatte, wollte ich unbedingt meine kleine Zauberin Alaa sehen. Meine Heldin, die mit ihren Geschwistern und ihrem Vater in Antakya bleiben würde. Ich legte mir schon die Geschichten zurecht, die ich ihr bei meiner Ankunft bei ihnen erzählen würde. Ich überlegte, wie ich ihr ihr Haus in Saraqib beschreiben würde und was wir gemacht hatten in ihrer Abwesenheit, Nura – die Frau ihres Onkels –, die beiden Alten und ich. Ich würde ihr kleine Anekdoten theatralisch vorspielen. Ich versuchte die Details zu sortieren, bis wir bei ihnen zu Hause ankamen. Eines Tages würde Alaa erwachsen sein und ihrerseits die Geschichte ihrer Flucht und ihres Exils erzählen. Vielleicht würde sie aber auch nichts erzählen und alles aus ihrer Kindheit verdrängen wollen.

Das Auto fuhr die Grenze entlang. Syrien lag zu meiner Linken. Ich war der Feind, in meinem Blut revoltierten alle Mörder und Ermordeten, ich atmete sie einen nach dem anderen ein. Ich war das zersplitterte, halbierte Ich, das von diesem Ort vertrieben war. Das seine Wurzeln ausriss und in neuer Erde wachsen würde. Und auch diese Wurzeln wieder ausreißen würde. Ich war die, die eine Identität suchte und vor einer anderen floh. Die zwischen Flughafenhallen und Bahnsteigen lebte. Mein Traum von einer Rückkehr war geplatzt. Ich musste mir eingestehen, dass ich endgültig ins Exil ging und ein Land der verbrannten Erde und der Rätsel hinter mir ließ. Das war kein befreites Territorium mehr, kein syrisches Territorium. Salafistische dschihadistische bewaffnete Truppen hatten es überfallen. Gebiete im Norden, Dörfer und Städte, die die Syrer mit ihrem Blut befreit hatten, waren ein weiteres Mal besetzt worden. Die Träume der Revolution waren zunichte gemacht. Jetzt zogen dort Großmächte die Fäden und finanzierten fiktive Fronten. Die türkische Seite ließ alle Sorten von Kämpfern und Waffen über die Grenze. Wer stand dahinter? Wer waren die finanziellen Unterstützer von ISIS? Wer finanzierte die Nusra-Front? Wer ließ die Führer der Freien Syrischen Armee ermorden? Wer tötete die Journalisten und die friedlichen Aktivisten? Wie konnte eine politische Revolution pervertiert und in einen Religionskrieg umgewandelt werden? Die Fragen, die mich heimsuchten, blieben unbeantwortet. Was mich betraf, so würde ich innerhalb von zwei Tagen in Paris sein. Unser Auto würde zunächst in die türkische Landschaft eintauchen, ich würde mit Maisara nach Hause gehen, wo Alaa und neue Geschichten auf mich warteten; ich würde ihr von den Nachbarn in Saraqib erzählen, Maisara und ich würden viel lügen. Ich würde ihr nichts von den Leichen der gestorbenen Kinder erzählen. Ich würde mich lebhaft von ihr verabschieden und ihr versprechen, in einigen Monaten wiederzukommen; dann würde ich in Antakya das Flugzeug nach Istanbul nehmen.

In den ersten vier Monaten der Revolution war ich in einen ersten Kreis der Hölle getreten und hatte darüber in dem Buch «Schrei nach Freiheit» berichtet. Für meinen zweiten Bericht war ich nun in einen noch tieferen Kreis der Hölle gedrungen. Und erneut habe ich mich ins Exil begeben, in ein Exil, das kein wirkliches Exil ist und für das eine völlig neue Definition gefunden werden muss. Denn ein Exil, das von neuen sozialen Kommunikationsmitteln, Berichten und Fotos der sich überschlagenden Ereignisse überschwemmt wird, ist kein Exil mehr!

Während die Grenze hinter uns in die Ferne rückte, dachte ich einen Augenblick lang, dass die allmähliche Verdunstung in dieser Hitze mir vielleicht nützlich sei. Dass sich die Einzelteile der Fleischmasse, die ich war, auflösen und zu Staubkörnern im leeren Raum werden würden. Es wäre wunderbar und würde sich so anfühlen, als schaukelte ich in einem dünnen Laken, von dem aus ich in das Nichts hinausschlüpfen könnte. So empfand ich in diesem Moment den Gedanken, dass wir Ende August hatten und ich vielleicht niemals mehr zurückkehren würde. Dass das Land besetzt war, der Himmel besetzt, und dass sich mein Kopf, der sich zurückwandte, nicht mehr bewegte, als sei ich eine schwere Marmorstatue. Meine Augen waren starr. Sie blinzelten nicht. Sie starrten in das Nichts, das ich hinter der Grenze zurückgelassen hatte.

NACHBEMERKUNG

Ich habe dieses Buch Ende September 2014 beendet. Nach meinem letzten Besuch in Syrien hatte ich zunächst aufgehört zu schreiben, es vergingen Monate, in denen ich mich nicht in der Lage fühlte, meinen Aufzeichnungen eine geordnete Form zu verleihen. Ich glaubte damals, sie seien bedeutungslos und es sei völlig zwecklos, darüber zu berichten, was in Syrien geschieht. Meine Finger waren steif, ich war geistig wie gelähmt. Ich konnte diesem ganzen Irrsinn nur den gleichen Irrsinn entgegensetzen und an nichts denken als an den Tod. Ich musste all die tragischen Ereignisse verarbeiten, die einem den Verstand raubten, all das Sterben, all das Böse, das überall hervorgesprossen war und immer Grauen erregender wurde, von den zwischenmenschlichen Beziehungen bis hin zu den todbringenden Fassbomben. Die himmelschreiende Ungerechtigkeit und die täglichen Massaker hatten mich verstummen lassen. Ich musste die Fähigkeit zum Schreiben erst langsam wieder entwickeln.

Ein Jahr ist vergangen, seit ich Syrien verlassen habe. Ich bin nur eine von Millionen von Syrern, die das Land verlassen haben. Dieser Massenexodus wird ein Markstein in der Geschichte des syrischen Volkes sein. Ich beobachte, was passiert. Doch die Bilder zu sehen, die Nachrichten zu lesen und mit jenen Kontakt zu halten, die geblieben sind, ist nicht das Gleiche, wie dort zu sein. Zu lesen, dass über zehn Tage hinweg in der Stadt Saraqib, in der man gelebt hat, Fassbomben fallen, ist nicht das Gleiche, wie die Detonationen dieser Bomben am eigenen Leib zu spüren. Die in den Trümmern liegenden Leichen auf einem Foto zu sehen, ist nicht das Gleiche, wie sie zu berühren. Der Geruch der Erde nach dem Niedergang von Streubomben erreicht einen nicht durch die Aufnahmen, die jene Aktivisten in die Welt schicken, die immer noch am Leben sind und alles dokumentieren. Der Brandgeruch, die panischen Blicke der Mütter, die plötzliche, nur kurz anhaltende Stille nach jeder Detonation. Die Fotos und Filme, die uns auf den neuesten Stand der Geschehnisse bringen, vergrößern nur noch die Absurdität, denn eine scheinbare, nicht zu greifende Nähe vermischt hier das Reale mit dem Fiktionalen, die Sinnlosigkeit mit einer Logik, den Tod mit dem Leben.

Die Welt will nicht wahrhaben, dass das, was in Syrien vor ihren Augen passiert, ihrem innersten Wunsch entspricht, die eigene Erlösung zu beobachten. Die Syrer sterben an ihrer statt. Während der Rest der Welt weiterlebt. Hauptsache, die Welt kommt davon, und das genügt! Sie ergötzt sich daran, sich anhand der Leichen der Syrer der eigenen Existenz zu versichern. Die Welt schaut zu. Ja, das tut sie. Sie präsentiert das künstliche Bild eines Krieges zwischen Assad und dem Islamischen Staat, um ihr nicht vorhandenes Gewissen zu beruhigen. Das ist nicht neu in der Geschichte der Menschheit, doch jetzt geschieht es vor unser aller Augen. Die weltweite Veröffentlichung bestialischer Bilder bringt neue besinnungslose Bestien hervor. Die internationale Medienmaschinerie lässt uns die Opfer vergessen machen, indem sie ihren Tod ausweidet, denn die grausame Veröffentlichung der Bilder führt zur Abnutzung und Gewöhnung.

So steht es nun um die Syrer. Vor vier Jahren hatten sie

eine friedliche Revolution gegen einen Diktator begonnen, die zu einer bewaffneten Revolution wurde, bevor sie von den Dschihadisten vereinnahmt wurde. Syrien ist zu einer Bühne für Bluthochzeiten geworden, und jetzt beherrscht der IS die Szene.

Der Islamische Staat in Irak und Syrien (ISIS), der im April 2013 auf der Bildfläche erschien, ist jetzt als Islamischer Staat (IS) ein Staat im Staat und eine Besatzungsmacht, und die ausländischen Kämpfer, die über die türkische Grenze ins Land strömen, werden zu zerstörerischen Tötungsmaschinen. Allseits herrschen Extremismus und Gewalt.

Der IS hat syrische Städte besetzt. Die Allianz unter Führung der USA bombardiert den IS, flirtet mit ihm, greift ihn an und zieht sich zurück, die Dschihadisten rücken vor, das Morden hält an, die Mühlen der internationalen Politik mahlen langsam, das Blut fließt, Millionen sind zu Flüchtlingen geworden, zu Vertriebenen, und Syrien ist nicht mehr das, was es einst war. Es ist zerstückelt und geteilt. Die ganze Welt interessiert sich für den IS, während Assads Flugzeuge weiter Zivilisten im Umland von Idlib, Damaskus, Homs und Aleppo bombardieren.

Ich halte weiterhin Kontakt zu den Männern und Frauen vor Ort. Mohammed hat Saraqib nicht verlassen, er weigerte sich, sein Auge im Ausland behandeln zu lassen, mit dem er immer noch nicht sehen kann. Bei unserem letzten Gespräch meinte er, er habe das Gefühl zu ersticken, sobald er sich außerhalb Syriens befinde. Jetzt heben er und die anderen Gräben aus, in denen sie nachts schlafen. Tagsüber bergen sie die Opfer der Bombardements, dokumentieren die Verbrechen und helfen den Menschen. Auch Suhaib hat das Land nicht verlassen wollen. Er ist nicht nach Europa zurückgekehrt, wo er vorher lebte. «Lieber sterbe ich hier, als fortzugehen», hat er gesagt. Maisara, seine Frau und meine kleine Zauberin Alaa sind noch immer in Antakya. Alaa hat ein Brüderchen bekommen und ist glücklich. Sie und ihre Geschwister lernen Türkisch und gehen zur Schule. Maisara fährt von Zeit zu Zeit nach Saraqib. Auf Raed Fares wurde ein Mordanschlag verübt, und er wird noch immer vom IS und anderen salafistischen Gruppen bedroht. Aber er weigert sich, Kafranbel zu verlassen. Auch die anderen wollen nicht weg, Abdallah, Khalid, Izzat und Hammud, Abu Tarik und Abu Wahid, sie halten an ihrem Traum zu bleiben fest. Ihre Möglichkeiten sind begrenzt, aber sie alle sagen den gleichen Satz: «Lieber sterbe ich hier, als fortzugehen. Das ist unser Land.» Sie wollen nicht weg, aber sie wollen auch mit diesem ganzen Söldnertum und den dschihadistischen Gruppen nichts zu tun haben. Ahmad und Abu Nasser kämpfen noch immer. Ahmad wurde im Kampf verwundet. Abdallah hat geheiratet und ist Vater geworden. Er hinkt noch immer, weil er sein Bein nicht behandeln ließ. Manhal hat sich in der Türkei niedergelassen. Razan hat Kafranbel verlassen, sie weigerte sich, ein Kopftuch anzuziehen, und lebt jetzt in einer türkischen Stadt in der Nähe der syrischen Grenze.

Abu Ibrahim und Nura, bei denen ich gewohnt habe, haben ihr Haus in Saraqib verlassen und leben nun auf einem Bauernhof auf dem Land, weit außerhalb von Saraqib. Doch die Bomben haben sie eingeholt, ganz in ihrer Nähe wurde ein Massaker verübt. Auch Ajusch ist mit ihnen dorthin gezogen. Die alte Mutter haben sie mitgenommen, sie lebt bei ihnen auf dem Hof. Die Tante, die schöne Alte, ist gestorben. Sie hat einen Monat nach ihrem Umzug auf den Hof ihren letzten Atemzug getan. Abu Ibrahim will nicht aus der Gegend fort, und Nura, die ihn leidenschaftlich liebt, sagte mir in einem Skype-Gespräch, dass sie ihren Mann trotz der sie ständig begleitenden Angst niemals allein lassen werde. Sie habe mit ihm gelebt und werde auch mit ihm sterben.

Dies sind einige Protagonisten der größten Tragödie des 21. Jahrhunderts. Und ihr Schicksal ist der beste Beweis für den moralischen Verfall der Menschheit. Sie haben ihre Revolution mit dem Traum von Freiheit und Gerechtigkeit begonnen und für deren Scheitern mit ihrem Blut bezahlt. Sie sind die Helden, die ich nicht vergessen kann, hier in Paris, wo die Schönheit noch aus den winzigsten Details hervorquillt – und wo dennoch Hässlichkeit und Trauer meine Brust besetzen und mich nicht atmen lassen. Diese Stadt der Schönheit kann mich meine Heimat nicht vergessen lassen. Mir war früher nicht klar, wie tief das Exil in die Identität eingreift, die sich aus Sprache, Nationalität, Religion oder einem bestimmten Territorium zusammensetzt. Ich dachte immer, meine Identität seien mein Schreiben und meine Erzählkunst. In der Welt des Romans hatte ich mich über zwanzig Jahre lang geborgen gefühlt. Nun, nach einem Jahr des Exils, weiß ich, was Exil bedeutet. Es bedeutet, zu wissen, dass man fremd ist.

Hier im Exil denke und bewege ich mich wie in einem tiefen Schlaf – vielleicht ist es auch der Tod, das macht keinen Unterschied. Ich befinde mich in einem Zustand außerhalb der Wirklichkeit. Ich laufe hier mit abgeschnittenem Kopf herum. Ich berühre meinen Körper, meine Finger, aber ich erkenne sie nicht wieder.

Mein Text bewirkt eine zusätzliche Fremdheit. Je näher ich mich den Menschen darin fühle, desto fremder bleibe ich im Exil.